Landolf Scherzer

LEBEN IM SCHATTEN DER STÜRME

ERKUNDUNGEN
auf der
KRIM

aufbau

Aus aktuellem Anlass widme ich dieses Buch
den Ukrainern und Russen, die sich gegen
jeden hasserfüllten Nationalismus und für
ein friedliches Zusammenleben ihrer Völker
einsetzen.

L. S., Dietzhausen, 10. März 2022

Wenn du die Erinnerung tötest, tötest du dich.

***Tatarische** Weisheit*

Ein Volk, welches seine Vergangenheit nicht kennt, hat keine Zukunft.

***Russische** Weisheit nach Michail Lomonossow*

Ohne Kenntnis der Vergangenheit gibt es keinen Weg in die Zukunft.

***Ukrainische** Weisheit nach Isaak Babel*

Inhalt

Ich stehe am Fenster.

Der Sturm, ein gewalttätiger Bruder des gewöhnlich friedlichen Schwarzen Meeres, reißt die Folien von den alten Gewächshäusern und wirbelt sie wie Segelfetzen in der kalten Winterluft himmelwärts. Schließlich landen sie doch vor Gartenzäunen, Hundehütten, Schutthaufen, Weinstöcken und Mauerresten zwischen löchrigen Eimern, gerodeten Sträuchern, Pappkartons, Zeitungsseiten, Plastekanistern und verschlissenen Tatarenmützen. Strandgut der Krimstürme der letzten Jahre …

Seit gestern wohne ich bei Babuschka Gulnada und ihrer vierköpfigen Familie in Nowaja Derewnja. Das aus Muschelkalksteinen gebaute kleine Haus steht an der Sowjetskaja, der wegen tiefer Schlaglöcher nur noch sehr langsam und in engen Schlangenlinien zu befahrenden Dorfstraße. Nowaja Derewnja gehört zur Stadt Saki, in der ich mich mit meinem russischen Visum als ausländischer Tourist auf der – sowohl von der Ukraine als auch von Russland beanspruchten – Halbinsel Krim innerhalb von drei Tagen behördlich anmelden muss.[1]

Als es dunkel wird, legt sich der Sturm. Die schwarzen Krähen und die grau gefiederten wilden Tauben setzen sich scharenweise auf die Gasleitungen, die wie Triumphbögen in drei Meter Höhe die Straßen queren und die Häuser

1 Am 16. 3. 2014 war die Autonome Republik Krim, die zur Ukraine gehörte, nach Darstellung des Kremls durch einen Volksentscheid der Russischen Föderation **angegliedert** und nach Ansicht der Ukraine, der EU, der USA und anderer Länder von Russland völkerrechtswidrig **annektiert** worden.

miteinander verbinden. Zwar meiden die vorsichtigen Vögel die dünnen Stromkabel, mit denen die Holzmasten an den Häusern oder die Häuser an den Holzmasten festgebunden sind, doch plötzlich erlischt die an einem Kabel baumelnde Glühbirne in meinem Zimmer. Auch in den gegenüberliegenden Häusern wird es dunkel. Vor einem Gebäude wirft ein Mann den Motor seines Notstromaggregats an. Ich will das Fenster öffnen und fragen, ob eine Leitung gerissen oder der Strom abgeschaltet worden ist. Doch ich kann das Fenster ebenso wenig öffnen wie das im Nachbarzimmer. Oder das auf der Toilette. An allen Fenstern sind die Griffe abgeschraubt. Von wem? Und weshalb? Ich habe keine Ahnung und finde auch keinen Vierkantschlüssel zum Öffnen.

Die Fenster bleiben mir – was ich erst später merken werde – nicht nur in dem kleinen Haus auf der Krim vorerst verschlossen.

Trotzdem hoffe ich, dass ich die Bitten, die mir mein Freund Wassja in seinem Abschiedsbrief geschrieben hatte, erfüllen kann.

Seit dem Abflug in Berlin am 3. Februar 2019 steckt dieser Brief wie ein kostenloses Eintrittsbillett ordentlich gefaltet in meiner Hosentasche.

Leipzig, den 1. Dezember 2018

Lieber Landolf, ich schreibe eilig und kurz. Wir werden uns vielleicht eine lange Zeit nicht mehr sehen. Nach 25 Jahren Deutschland wandere ich aus. Ich fühle mich hier nicht mehr gut. Für die deutsche Politik und ihre Medien ist mein Russ-

land nur noch ein alter neuer Feind. Schon in zwei Tagen werden meine Frau Sieglinde und ich nach Australien fliegen. Wir wollen dort in der kleinen Stadt Albany leben. Bestimmt wirst Du fragen: Weshalb Australien und nicht zurück nach Russland? Weil meine Frau dort nicht leben will. Sie ist ängstlich, dass unsere Kinder sie in Russland nicht mehr besuchen können und wir wegen der EU-Embargopolitik nicht nach Deutschland fahren dürfen …

Mein Freund, ich muss Dir jetzt noch sagen, dass ich Dir nie die Wahrheit über mich und meine Vergangenheit gesagt habe. Ich bin nicht, wie Du denkst, ein Russe. Ich bin ein Krimtatar! Aber ich wurde auch nicht auf der Krim, sondern 1981 in Usbekistan geboren. In der Verbannung!

Im Mai 1944, zwei Wochen nachdem die Rote Armee die Krim endlich von den deutschen Faschisten befreit hatte, ließ Stalin alle auf der Krim lebenden Tataren nach Sibirien und Mittelasien verbannen. Insgesamt mehr als 200 000. Auch meine späteren Eltern. In den 70 fest verschlossenen und überfüllten Güterzügen mit Viehwaggons starben während der wochenlangen Transporte Zehntausende. In Deutschland ist dieses Leiden der Krimtataren nur wenigen Menschen bekannt. 1948 hatte Moskau die Krimtataren zu »Umsiedlern auf Lebenszeit« erklärt. Erst 1989 durften sie wieder in ihre alte Heimat. Auch mein Vater Suleman und meine Mutter Akscheschek – »weiße Blüte« – gingen mit mir zurück. Damals war ich sieben Jahre und die Krim für mich ein fremdes Land. Dort habe ich später meine Mutter und meinen Vater begraben. Danach arbeitete ich als Ingenieur in Deutschland und heiratete Sieglinde.

Viele Bekannte von mir leben noch auf Krim. Auch meine

besten Freunde, die sechs Brüder Baraschew[2]*, von denen drei im kleinen Dorf Nowaja Derewnja bei Saki zu Hause sind: Alexander der Große, der jüngste und einzige rothaarige Baraschew. Wait, der Geschichtsbruder, der sich in jeder freien Minute mit der russischen und tatarischen Krimhistorie beschäftigt. Jussuf, der Kuhbruder, der Biokäse verkauft. Hussein, der Autobruder, der einen Oldtimer fährt. Ibrahim, der lustige Bruder, der die Regeln des Islam streng befolgt, und Kerim, der Hauptstadtbruder, der in Simferopol wohnt. Ich versprach schon vor einigen Monaten, zu ihnen zu kommen und die letzte Bitte meines Vaters zu erfüllen: das vergangene Leiden der Krimtataren und das Leben der Menschen auf der Krim überhaupt zu beschreiben und es ins Deutsche übersetzen zu lassen. Ich schaffe es nun nicht mehr. Vielleicht kannst Du für mich auf die Krim fliegen? Und alles aufschreiben. Damit niemand die Vergangenheit vergisst. Und auch die Deutschen besser verstehen, was heute auf der Krim geschieht. Ein Schlafbett hast Du bei Reschit – tatarisch »der Mann, der den Weg kennt« – und der Babuschka Gulnada – gul ist »schön« und nada »weise«. Fahre irgendwann! Und atme die Krim. Ein Paradies. Das Schwarze Meer ist blau und warm und weich. Die Berge schützen das Ufer vor den kalten Stürmen des Nordens. Dort wachsen Steppengras und duftende Kräuter. Gastfreundliche Menschen leben seit Tausenden Jahren auf der Krim. Griechen, Türken, Russen, Tataren … Obst und Wein gedeihen. Paradies Krim. Küsse die Erde von mir. Und lebe weiter nützlich.*

Dein Wassja

2 Die Namen und die Wohnorte der Familie Baraschew sind verändert.

Vor seinem Abflug nach Sydney hatte ich ihm nur noch eine SMS schreiben können:

Mein Freund Wassja! Ja, wenn ich ein Visum erhalte, werde ich irgendwann auf der Krim sein, Deine Freunde grüßen und versuchen, über ihr Leben früher und den Alltag heute zu schreiben. Gute Reise Dir und Deiner Frau

Von einer Plüschente, die die Überwachungskamera in der Meldebehörde von Saki bewacht, einer Krimtatarin, die blau gesäumte gelbe Umhänge für Putin häkelt, und Timur-Leng, dem hinkenden Welteroberer

Nach einigen Minuten flackert die Glühbirne auf. Kurz darauf erlischt sie wieder. Ich könnte zur Babuschka hinuntergehen und sie nach dem Grund für den Stromausfall fragen. Doch ich bleibe vor dem Fenster stehen und schlucke die Dunkelheit. Erinnere mich, was mir Bekannte, selbst ernannte »Russlandexperten«, und das deutsche Auswärtige Amt vor meiner Reise privat und offiziell geraten oder verboten hatten. Unter anderem sollte ich niemand fragen, ob er lieber auf einer ukrainischen oder der russischen Krim leben möchte … Als Tourist dürfte ich keine Interviews führen … Und ich sollte einem Krimtataren um Allahs willen keinen Schnaps anbieten, denn die würden, anders als wodkaliebende Russen, niemals Alkohol trinken … Am kompliziertesten sei jedoch die Einreise auf die Krim: Ausländische Touristen dürften nicht von der Ukraine aus auf die »russische Krim«. Und wer, wie ich, mit einem russischen Visum über Moskau auf die Krim fliegt, macht sich nach ukrainischem Gesetz des illegalen Grenzübertritts in die Ukraine schuldig. Mindestens zwei Jahre dürften diese »Grenzverletzer« keinen ukrainischen Boden betreten, und sie könnten dort verurteilt werden.

Der ukrainische Botschafter in Deutschland, Andrij Melnyk, hatte 2018 gefordert, dass deutsche Personen des öffentlichen Lebens, die mit einem russischen Visum von Moskau auf die »ukrainische Krim« fliegen, bei ihrer Rückkehr auch in Deutschland vor Gericht gestellt werden. Was nicht geschieht. Doch das Auswärtige Amt in Berlin warnt alle Bundesbürger offiziell vor einer Reise auf die Krim. Man sei dort, weil illegal in die Ukraine eingereist, ohne deutschen diplomatischen, medizinischen und rechtlichen Schutz.

Ich bin ein Illegaler!

Aber in meiner Hosentasche steckt Wassjas Brief als ordentlich gefaltetes Eintrittsbillett. Eintritt wofür? Es gibt Billetts, um Theater, Museen und Stadien zu besuchen … Aber wahrscheinlich keine Eintrittskarten in fremdes Leben.

Das Licht brennt wieder. Ich ziehe den Vorhang vor das nicht zu öffnende Fenster und gehe hinunter zu Gulnada. Sie sitzt mit ihrer Tochter Sera, deren Mann Reschit und den zwei Enkeln in der Küche. Ohne zu fragen, ob ich hungrig bin, bringt sie mir sofort usbekischen Plow: Reis mit Möhren, Zwiebeln, Rosinen, Lammfleisch. Dazu tatarisches Fladenbrot. Danach usbekischen grünen Tee. Und zum Schluss noch russische Mischka-Pralinen.

Ich frage, ob sie Ukrainerin, Tatarin, Usbekin oder Russin ist.

Statt ihrer antwortet Reschit: »Wir sind Usbeken und Russen und Ukrainer. Aber zuerst Tataren! Krimtataren! Muslime!«

Die zwei Frauen wiederholen ständig: *»Kuschai! Kuschai!* – Iss! Iss!« Also noch einmal Kekse und noch einmal

Konfekt. Und noch einmal Tee und noch einmal Plow. Dann in Scheiben geschnittene Äpfel.

Wenn ich wenig esse, beleidige ich sie, sagt die wohlbeleibte Babuschka. Das will ich nicht. Auch nicht, als sie noch einmal Tee nachgießt und Eierkuchen und Feigenkonfitüre auf den Tisch stellt. Danach holt sie eine Flasche aus dem Vorratsraum.

»Wein von den eigenen Weinstöcken vor unserem Haus. Und aus von eigenen Händen geernteten Weintrauben. Und mit eigenen Händen gekeltert«, sagt sie beim Einschenken.

Süßer roter Krimwein! Für alle!

Das erste Glas auf den Gast.

Nachdem ich ihnen von der Reisewarnung des Auswärtigen Amtes für die Krim erzählt habe, stoßen wir mit dem zweiten Glas auf meine Illegalität an.

Ich erinnere mich an die Ratschläge deutscher Experten und frage unsicher: »Muslimische Krimtataren trinken Alkohol?«

Die Babuschka: »Selbst gemachter Wein ist kein Alkohol.«

Ich: »Aber auch kein Traubensaft.«

Sie: »Erst im Geschäft verkauft, wird er zu Alkohol.«

Und Reschit ergänzt: »Nur dem Mann, der zu oft und zu viel trinkt, zürnt Allah.«

Als die Babuschka die leere Flasche zur Seite stellt, holt sie keine neue. Aber sie schneidet Salami in dünne Scheiben und brüht noch einmal Tee.

Die Teekrümel quellen im heißen Wasser zu großen Blättern.

Es ist inzwischen halb zehn. Das Licht brennt ruhig. Die Kinder toben nicht mehr. Das zierliche siebenjährige Mädchen sitzt mit ordentlich geflochtenen Zöpfen in einem blumengemusterten Kleid auf dem Schoß der Mutter und schreibt geduldig die Zukunftsformen des russischen Verbs »leben« in ihr Aufgabenheft.

Ihr zwei Jahre jüngerer Bruder ist genauso groß wie sie. Doch sein weites gelbes T-Shirt spannt über dem Bauch. Wenn die Großmutter ihn nicht beobachtet, stibitzt er unentwegt Salamischeiben und Konfekt. Er kniet auf der Sitzbank vor dem Fensterbrett. Darauf liegt ein Computerspiel.

»Er beschäftigt sich vom Aufstehen bis zum Schlafengehen nur noch damit«, schimpft Gulnada. »Sogar wenn der Strom weg ist. Das Ding läuft auch mit Batterien.«

Auf dem Bildschirm schießen gelb gekleidete kleine Monstersoldaten auf Bäumen (!) wachsende rote Rüben und grüne Melonen ab, und Frauen sammeln das Gemüse in Körbe. Danach marschieren die gelben Monstersoldaten übers Feld zum Waldrand. Dort stehen Soldaten in blauen Uniformen. Minuten später liegen Tote und Verwundete zwischen den Bäumen. Der Junge strahlt. Die Babuschka schimpft …

Um zehn hat das Mädchen die Hausaufgaben erledigt. »Rechnen und Schreiben mag ich nicht. Aber Zeichnen und Sprachen.«

»Fremdsprachen?«

»Ja. Wir lernen in der Schule Russisch. Und Ukrainisch. Und Tatarisch.«

Ich verkneife mir die Frage: Nicht nur Russisch?, wie

man mir in Deutschland erzählt hatte, denn Reschit ergänzt, dass es zu ukrainischen Zeiten keinen Tatarischunterricht gegeben habe. Den hätten erst 2015 die Russen eingeführt.

Ich sage dem Mädchen auf Deutsch: »Guten Tag! Danke! Bitte! Auf Wiedersehen!«

Sie wiederholt es dreimal und sagt stolz: »Nun spreche ich schon vier Sprachen. Ich werde später in Russland, der Ukraine, Tatarstan oder Deutschland leben können.«

Russisch: *»Dobroho dnja! Spassibo! Pashalujstwo! Do swidania!«*

Ukrainisch: *»Choroschy den! Djakuju! Laskawo prossymo! Pobatschennja!«*

Tatarisch: *»Chercher! Rachmat! Sau bul! Kureschkendje!«*

Und Deutsch: »Gutted Ach! Tanke! Bjitte! Auf Widdersän!«

Sera bringt die Kinder ins Bett.

Gulnada streut Salz in die Gemüsesuppe, die in einem sehr großen – Thüringer würden sagen – Kloßtopf auf dem Herd köchelt.

»Für morgen. Ich koche jeden Tag für alle.«

Sie klopft auf ihren Bauch und meint lachend: »Man sieht es doch.«

Ich frage, weshalb sie heftig genickt hatte, als Reschit behauptete, dass sie sowohl Usbeken als auch Ukrainer, Russen und Tataren wären.

Sie fischt für mich ein Fleischstückchen als Kostprobe aus dem Topf und pustet vorsorglich. »Verbrenn dir nicht den Mund!«

Während ich kaue, klärt sie mich auf, dass sie nach der

Deportation ihrer Eltern in der Usbekischen Sowjetrepublik geboren wurde. »Wir hatten dort einen usbekischen Sowjetpass. Als wir 2008 auf die Krim kamen, lebten wir mit einem ukrainischen Pass in der Ukraine. Inzwischen mit einem russischen Pass in Russland. Aber immer sind wir Tataren, Krimtataren, geblieben. Und werden es bleiben.«

Reschit erinnert mich, dass ich unbedingt morgen in der Meldebehörde von Saki die Aufenthaltsgenehmigung für Ausländer beantragen muss. »Nur damit kannst du deine Euro hier gegen Rubel eintauschen und später ohne Probleme zurückfliegen.« Die Behörden auf der Krim würden die neuen russischen Vorschriften peinlich genau befolgen. Bei der Ein- und Ausreise und auch beim Umtausch des Geldes wären sie kleinlicher als die Russen in Russland. Bis 2014 hätte jeder auf der Krim Euros oder Dollars in ukrainische Griwni tauschen und die westlichen Touristen dabei auch mal übers Ohr hauen können. »Doch jetzt dürfen Ausländer ihr Geld nur noch in der Bank zum staatlichen Kurs in Rubel wechseln.«

Ob er mich morgen früh nach Saki fahren und mit mir zur Meldebehörde gehen kann, weiß er noch nicht. »Ich muss zuerst die Tochter zur Schule und die Frau zur Arbeit bringen. Sera ist Verkäuferin.«

»Und du?«

»Ich fahre manchmal Touristenbusse und repariere Autos für die Urlauber. Aber leider nur im Sommer.« Dann würden sich Hunderttausende auf der Krim erholen. Nach dem EU-Verbot von organisierten Touristenreisen kämen jetzt vor allem Russen. »Ihre Autos sind oft schon sehr alt. Aber unsere Straßen immer noch sehr schlecht. Und unsere Berge auf der Krim sehr hoch. Also kann ich im Sommer sehr viel reparieren.«

Reschit telefoniert nach einem Ersatzfahrer für mich und sagt danach erleichtert: »Alexander der Große, der jüngste der Baraschew-Brüder, wird dich morgen um 9 Uhr hier abholen.«

Wieder in meinem Zimmer mit dem nicht zu öffnenden Fenster, packe ich meinen Rucksack aus, lege den bunt bebilderten Krimreiseführer von 2012 und meine noch leeren Hefte (eines für meine Recherchen, das andere für kurze Tagebuchnotizen, die ich Wassja schicken will) in das Nachtschränkchen neben meinem Bett. Danach stapele ich etliche Kataloge, in denen Designerstoffe angeboten werden, in den Kleiderschrank. Die Kataloge und Adressen seiner früheren Kunden auf der Krim hatte mir mein Freund Gerd auf dem Flugplatz in Berlin in die Hand gedrückt. Mit seiner russischen Frau Lidia verkauft er seit der Wende exquisite Stoffe nach Osteuropa. Ich solle das Geschäft auf der Krim wiederbeleben. Mehr sagte er nicht.

Am Ende meiner nächtlichen Einräumaktion steckt nur noch ein dickes ungeöffnetes graues Kuvert im Rucksack. Ich lege es auf das Kopfkissen. Absender: Nasur Yurushbaev. Ein tatarischer Filmemacher und Poet, der über 30 Jahre in Deutschland (zuerst in der DDR) arbeitete. Ich hatte ihn in Leipzig kennengelernt. Seit einigen Wochen lebt er wieder in Kasan, der Hauptstadt des autonomen tatarischen Gebietes der Russischen Föderation. Seine deutschen Kinder leben heute in Rostock, Potsdam und Düsseldorf. In Kasan schreibt er jetzt ein Theaterstück und einen Roman über sein Leben. Er wird aus einer ungewöhnlichen Perspektive erzählen: aus einem beim Abzug der russischen Truppen in Stendal gekauften T-34-Panzer, in dem er nach der Trennung, ohne Wohnung und »krank mit den Nerven«, einen Monat lang campiert habe …

Vor meiner Reise bat ich ihn um Informationen zu Geschichte, Traditionen und dem Alltag der Tataren, damit ich seine Landsleute nicht missverstehe. Die Bräuche und die Geschichte der Tataren und seine persönlichen Erfahrungen könne er mir gern beschreiben. Doch ich sollte mir davon für meinen Aufenthalt nicht zu viel versprechen. Auf der Krim gebe es 60 Prozent Russen, 25 Prozent Ukrainer und 12 Prozent Tataren und viele andere Nationalitäten. »Und jeder, gleich wo er früher in der Sowjetunion gelebt hat, wird dir eine andere Geschichte erzählen. Oder schweigen. Ich schreibe dir meine kurz auf. Aber was auch immer du auf der Krim bei deinen Erkundungen erfahren oder nicht erfahren wirst, tröste dich mit einer Weisheit der Tataren: ›Auch ein Pferd kann trotz vier Beinen einmal stolpern.‹«

Heute bin ich zu müde, um das Kuvert zu öffnen. Ich stecke es in den Rucksack zurück.

Am Morgen steht 5 Minuten vor 9 Uhr ein junger Mann mit roten Haaren am Hoftor. Groß gewachsen und dünn wie eine Bohnenstange.

»Du bist fünf Minuten zu früh«, begrüße ich ihn.

Er lacht. »Alle Freunde, die Deutsche kennen, sagen: Die Nemzis sind ein überpünktliches Volk. Du bist der erste

Deutsche, mit dem ich mich treffe, und ich wollte nicht schon beim ersten Mal zu spät kommen.«

Auch als er eine Verbeugung andeutet, muss ich noch zu ihm hochschauen. »Ich heiße Mansur. Mansur ist der ›Sieger‹.«

»Reschit nennt dich aber Alexander der Große.«

»Der spottet, weil ich 2 Meter und 3 Zentimeter groß bin. Aber alle Freunde nennen mich Alexander. Sag du das bitte auch.«

Wir hätten noch Zeit, um nach Saki zu fahren, meint er und schlägt vor, seinen Bruder Wait zu besuchen.

Wir benutzen die hintere, nur mit Draht zugebundene Gartentür. Reschits angeketteter Hund, der wegen des besseren Überblicks zur Verteidigung seines Territoriums gegen Nachbarsköter auf dem Dach seiner Hütte sitzt, bellt nicht. Neben dem Haus sind umgebogene Bäumchen wie Mumien in Stoff eingerollt. »Das sind wärmeliebende Feigen. Unser Vater Achtem Baraschew hat sie aus Usbekistan mitgebracht. Seitdem schützen wir sie vor den eisigen Krimstürmen«, sagt Alexander.

Wir stolpern querfeldein über mit braunem Steppengras bewachsene Flächen. An einer Stelle liegen Mauerreste zwischen dornigen Büschen.

»Das war die Station, in der die beladenen Erntewagen der Kolchosen gewogen wurden.«

Ich zeige fragend auf die kilometerweite Brache. »Viel gab es hier wohl nicht zu wiegen?«

»Doch! Tausende Zentner Weintrauben.«

»Weintrauben?«

»Ja! Hier wuchsen überall sehr süße Weintrauben.«

Lange Pause.

Dann erklärt Alexander: »Zwischen 1984 und 1988 haben die Russen die Weinstöcke herausgerissen.«

»Die Russen?«

»Ja, Gorbatschow! Bei seiner Anti-Alkohol-Kampagne wurden die Weinanbauflächen auf der Krim von fast 90 000 auf etwa 70 000 Hektar reduziert. Jahrhundertealte Weinstöcke sind damals mit Baggern herausgerissen worden. Und Gorbatschow konnte deren Vernichtung auf der Krim persönlich kontrollieren, denn an der Südküste hatte er sich zuvor seine Regierungsdatscha bauen lassen.«

Bei Wait steht die Tür zwar weit offen, aber niemand ist zu Hause. Auf dem Rückweg zum Auto laufen wir auf der Sowjetskaja-Schlaglochstraße.

Während der Fahrt schweigt Alexander. Nur als wir am Stadteingang von Weitem vier hohe rot-weiße Schornsteine sehen, sagt er, dass die Russen dort zur Stromerzeugung ein Siemens-Gasturbinenwerk aufbauen. Wegen der Handelsblockade der EU gegen die Krim sei es von der deutschen Firma zuerst nach Russland geliefert worden. Von dort wohl illegal hierher. Man erzähle, dass auf der Baustelle keine Krimtataren und keine Einheimischen arbeiten dürfen, sondern nur Spezialisten aus Russland.

Mehr sagt er nicht.

Ich schaue unruhig auf die Uhr. Wir sind nun doch spät dran.

Alexander beruhigt mich. »Du musst bei uns nicht hasten, sondern warten können. Das Leben auf der Krim bedeutet auch: geduldig auf etwas warten.«

Wir halten vor der schmucklosen grauen Fassade eines

Lenin im Zentrum

langen dreistöckigen Gebäudes mit vielleicht hundert Fenstern.

»Ein sowjetischer Bürobau«, sagt Alexander.

150 Meter daneben steht ein mit Sockel ungefähr 9 Meter großer Lenin. Er schaut geradeaus auf die goldglänzenden Kuppeln einer russisch-orthodoxen Kirche. Dem sowjetischen Verwaltungsgebäude zeigt er seine februarkalte rechte Schulter. Den Rücken hat er einem kolossartigen sozialistischen Kulturhaus zugewandt, und zu seiner Linken verkündet ein Transparent an einer Bank: »Gemeinsam mit Russland«.

Wir steigen die schon nicht mehr kantigen, sondern abgetretenen Betonstufen hinauf. An den zementgrauen Wänden hängen Hinweis- und Reklamezettel. Vor der Tür zur Meldebehörde stehen drei Wartende. Als nach einer Viertelstunde ein Mann herauskommt, gehen wir fünf gleichzeitig in die Amtsstube. In dem vielleicht 4 Quadratmeter großen Wartebereich drängeln, schubsen und stützen sich ein gutes Dutzend Bürger.

Im doppelt so großen Arbeitsbereich sitzen zwei junge Frauen hinter einer thekenähnlichen Barriere. Die Wände über ihren Schreibtischen sind mit Reklamebildern von Traumlandschaften der Krim tapeziert. Nackte Bergkuppen. Palmen. Zypressen. Sandstrände. Sonnenaufgänge und azurblaues Meer. Nach einer gefühlten halben Stunde schaut mich die jüngere schwarzhaarige Frau fragend an. Sie trägt eine sehr weite, in den ukrainischen Farben Blau und Gelb gemusterte Folklorebluse, verlangt herrisch meinen Pass und kontrolliert das russische Visum. Um Vertrautheit zwischen ihr und mir herzustellen, will ich sie nach den traumhaften Krimlandschaften fragen. Aber ich frage nicht.

Auch nach langem Suchen findet sie im Computer keinen Hausbesitzer für meine Unterkunft in Nowaja Derewnja und erklärt kategorisch, dass ich morgen noch einmal vorsprechen muss. Ich probiere die Mitleidstour. »Ohne Aufenthaltsgenehmigung kein Geldumtausch. Und ohne Rubel kann ich weder Brot noch Wodka kaufen.«

Die ältere Frau in einem schwarzen Kostüm mit weißer Bluse schaut noch einmal in den Computer und findet den Namenseintrag. Entschuldigend sagt sie: »Bei der Umstellung der Computer auf die neuen russischen Formulare sind einige Daten verwechselt worden.« Als ich mich bedanke und zum Gehen wende, scheint es, als ob die mit allerlei Firlefanz dekorierte Plüschente, die auf der Überwachungskamera in der Ecke hockt, hämisch grinst.

Ich bezahle 150 Rubel (2 Euro) für ein Formular zur Erlangung eines Antragsformulars und laufe, nach Anweisung der älteren Frau, zwecks Erteilung einer behördlichen Aufenthaltsgenehmigung durch einen langen Gang am Redaktionszimmer der »Sakier Zeitung« vorbei bis zu einem sehr großen Raum. Er ähnelt einem Wartesaal der Deutschen Reichsbahn aus DDR-Zeiten. Allerdings ohne Sitzbänke. Die Bürger stehen und warten, bis sie aufgerufen werden und durch eine Tür, die sich nur selten öffnet, eintreten dürfen. Zuerst muss man im Wartesaal an einem Automaten den konkreten Grund des Kommens per Knopfdruck mitteilen. Weil ich nichts Zutreffendes finde, wähle ich: »Andere Fragen«. Danach erfahre ich auf einer Anzeigetafel, dass für mich im Büro die Zeit von 10.30 bis 10.45 Uhr reserviert ist. Ich warte geduldig bis 10.35 Uhr. Doch immer noch stehen die Termine für die Bürger, die um 9.45 Uhr, 10.00 Uhr und 10.15 Uhr eintreten dürfen, an der Tafel.

Nervös falte ich mein Antragsformular. Das ist, wie ich später bemerke, falsch. Der Beamte wird mein Papier vor dem Vervielfältigen wieder glätten müssen.

Um mich abzulenken, studiere ich die vielen »Achtung! Achtung!«-Zettel an der Wand neben der Behördentür. Außer allgemeinen gesetzlichen Bestimmungen stehen dort Hinweise, wie die Bürger die Abfertigung beschleunigen und Fehler vermeiden können: »Nur auf konkrete Fragen der Angestellten konkret antworten! Nichts sagen, was nicht gefragt wird!«

Unter den teilweise schon vergilbten Zetteln ist eine Verlängerungsschnur mit fünf Steckdosen angebracht. Die an der Decke hängende Klimaanlage ist dagegen fest installiert. Die Gardinen vor den Fenstern sind zerknüllt.

10.50 Uhr … Ich müsste seit 5 Minuten abgefertigt sein. Doch auch die drei vor mir warten noch …

Der Fußboden ist zur Hälfte mit Linoleum und an manchen Stellen mit Laminat belegt. Es wellt sich schon. Das alles kenne ich noch aus DDR-Büros. Damals hatten wir als Lehrlinge auch die Bürokratie vom großen sozialistischen Bruderland übernehmen müssen. Inzwischen ist das vereinigte Deutschland ein Meister im Anwenden der sowjetisch-russischen DDR-Bürokratie …

Alexander schaut seit einer halben Stunde wortlos aus dem Fenster. Um 10.55 Uhr klopft er an die Tür, öffnet sie und sagt, auf der Schwelle stehenbleibend, dass ein Ausländer auf seine Aufenthaltsgenehmigung wartet. Dieser Ausländer – also ich – würde Russland und die nun wieder russische Krim schätzen. Ob die neuen Behörden es verantworten könnten, dass der Ausländer diesen guten Eindruck ausgerechnet in Saki verliert.

Er winkt mir. Im Büro sitzen zwei Angestellte. Sie fragen mich nichts. Der eine, schlipslos, kopiert, mich strafend anschauend, mein geglättetes Antragsformular. Der andere, mit Schlips und Anzugjacke, tippt Zahlen in den Computer. Hinter ihren Schreibtischen steht ein langes Regal. Darauf liegen Akten. Die werden durch eine kleine künstliche, vom Fest übrig gebliebene russische Jolka-Weihnachtstanne und einen Gummibaum geschmückt. Zwischen Weihnachtstanne und Gummibaum steht ein gerahmtes Porträt von Putin. Ein zweites Foto des streng blickenden Präsidenten befindet sich auf dem Tisch des

Schlipsträgers. Der unterschreibt und stempelt wortlos zuerst mein Anmeldeformular und dann die Aufenthaltsgenehmigung.

Als ich in den Wartesaal zurückkomme, murrt niemand über meine Bevorzugung, also die eines Ausländers. Selbst die nicht, die eigentlich vor mir dran gewesen wären.

In Deutschland dagegen wäre …

»Hier noch nicht!«, denke ich laut. »Hier beschimpft man keine Ausländer.«

Statt eines Kommentars beginnt Alexander, die verschiedenen Nationalitäten aufzuzählen, die seit Jahrhunderten auf der Krim leben: »Litauer, Ukrainer, Russen, Türken, Griechen, Deutsche, Tataren, Polen …« Bei 15 hört er auf und lacht.

Wieder auf der Straße, bringt er mich zu dem kleinen Lebensmittelgeschäft, in dem Reschits Frau Sera arbeitet.

Ich frage, wie viel sie verdient.

»In der Woche 8000 Rubel.« (Gut 100 Euro.) Das sei viel. In der Ukraine würde sie – ich rechne im Kopf (!) ihre Rubel in Euros um – wahrscheinlich nur 70 Euro erhalten.

Aber dort koste das Kilo Butter fast 5 Euro. »Einen Euro mehr als hier.« Ein Kilo Brot (auf der Krim 0,60 Euro) sei 0,30 Euro und ein Liter Benzin (auf der Krim 0,70 Euro) 0,20 Euro teurer …

Sie spendiert mir einen Kaffee und ein Wurstbrot.

Mit Alexander vereinbaren wir, dass er mich um 16 Uhr abholt. In der Zwischenzeit könne ich Saki erkunden.

»Wie weit ist es zum Meer?«, frage ich.

»Vielleicht zwei Kilometer bis zur sumpfigen Bucht.« Die

würde ich schon von Weitem riechen. »*Saki* bedeutet auf Tatarisch ›heilender schwarzer Schlamm‹.«

Alexander warnt mich vor Gesprächen in der Stadt. »Wer nach dem EU-Reiseembargo als deutscher Tourist hier herumläuft, fällt auf und ist inzwischen ein Exot. Also sei lieber still!«

Doch schon vor der Tür spricht mich ein junger Mann an, der seine Fellmütze tief ins gerötete Gesicht gezogen hat. Als er mir wie anderen Vorübergehenden eine weiß-blau-rote russische Papierfahne in die Hand drückt, sage ich: »*Spassibo* – Danke!« Aber was machen mit der russischen Fahne? Ich bin noch nie, selbst nicht in der DDR, als Fahnenträger umhergelaufen. Einfach wegwerfen? Wahrscheinlich wäre das eine antirussische Provokation. Ich gehe also hinter die – von Lenin beäugte – russisch-orthodoxe Kirche des heiligen Ilja, stecke die Fahne dort dekorativ in die Umzäunung und hoffe, dass mich niemand beobachtet hat!

Man hat. Neben dem Zaun sitzt eine in Decken gehüllte alte Frau auf einem Kissen. Vor ihr liegen auf einem Brett silberfarbige Amulette und stehen bunte Matroschkas, die mit ihren Bäuchen protzen. Sie gleichen sich wie ein Ei dem anderen. Alle sehen aus wie Wladimir Iljitsch … Nein, nicht wie Wladimir Iljitsch Lenin, sondern wie Wladimir Wladimirowitsch Putin.

Putin auseinandernehmbar! Im großen Putin steckt ein kleiner. Im kleinen Putin steckt ein noch kleinerer. In dem kleineren Putin ein sehr, sehr kleiner. Und in dem sehr, sehr kleinen Putin ein winziger Putin. Die Frau hat allerdings nur den großen Putin aufgestellt. Und für den häkelt die frierende Frau einen schmückenden gelben Wollumhang. Ich habe schon viele Matroschkas in der Hand gehalten: Lenin, Stalin, Mao Tse-tung, Karl Marx, Che Guevara, Gorbatschow, Jelzin. Aber zum ersten Mal sehe ich, dass eine Frau mit klammen Händen wärmende Umhänge für die Holzfiguren häkelt.

Statt einen Putin zu kaufen, bitte ich die Frau um ein Amulett. Nachdem sie mich neugierig gemustert hat, sagt sie, dass sie Aigü – die Blüte des Mohns – Abduschewa heißt. Auf den Amuletten sei der berühmte tatarische Heerführer Timur-Leng abgebildet. Er würde – was ich bestimmt in der Schule gelernt hätte – direkt von Dschingis Khan abstammen.

»Als dessen Reich zerfiel, raubte Timur mit seinen Kriegern zuerst Schafherden und später Städte und Länder.« Mit Allahs Hilfe sei er bald Herrscher der halben Welt geworden, erzählt sie, während sie für mich sein Porträt blitzblank putzt.

Ich hatte gelesen, dass er mit 28 Jahren in einer Schlacht am Bein verletzt wurde, an Knochentuberkulose erkrankte und danach lahmte. Timur-Leng – Timur der Lahme. Nach dem Sieg bei Delhi hätte er 100 000 Gefangene erschlagen und bei Isfahan 56 Pyramiden aus je 1500 Schädeln der Besiegten errichten lassen. Für den Bau seiner Festungen wären an Pfosten gebundene Soldaten mit Lehm und Mörtel übergossen worden. Auf seiner Gruft im Mausoleum von Samarkand stehe: »Glücklich ist, wer die Welt verlässt, ehe sie auf ihn verzichtet!« Mit 68 Jahren sei Timur auf dem Feldzug gegen China getötet worden. Allerdings nicht vom Schwert, sondern vom Suff.

»Timur war ein Moslem?«

Sie nickt.

Näher als Timur-Leng erschien mir zur Schulzeit der Held des sowjetischen Jugendbuches »Timur und sein Trupp« von Arkadi Gaidar. Der Namensbruder des Welteroberers, ein sowjetischer Pionier, vollbrachte mit seinem Trupp gute Taten. Nach seinem Vorbild wurde in der DDR die »Timur-Hilfe« organisiert. Auch ich war als Pionier ein Timur-Helfer. Ich schippte für gebrechliche Menschen den Schnee vor ihrem Haus, ging für Kranke einkaufen, half Rentnerinnen, den Müll wegzubringen, und jätete für Schwerbeschädigte Unkraut in ihren Gärten …

Ehrenamt heißt das heute und wird staatlich gefördert.

Ich kaufe zwar auch kein Amulett von Timur-Leng, hole aber Aigü Abduschewa am Kiosk einen heißen Kaffee und mit Quark gefüllte Piroggen. Die Frau trinkt so hastig, dass sie sich den Mund verbrennt, über ihre Gier lachen muss und mich mit vollem Mund fragt, weshalb ich kein Timur-Amulett möchte. Es würde mir wieder jugendliche Kraft schenken und mich vor Gefahren schützen.

Ich sage, ich hätte gelesen, dass Timur ein Massenmörder war.

Leise, als spräche sie mit sich selbst, antwortet sie: »Ich habe über 40 Jahre in der Nähe von Timurs Grabstätte, dem Gur-Emir-Mausoleum, in einem Dorf bei Samarkand gelebt.«

»Und weshalb sind Sie von Usbekistan auf die Krim gegangen?«

»Meine Mutter ist eine Krimtatarin. Sie lebte bis zur Verbannung hier in Saki.«

»Mohnblüte« wühlt lange in der Kiste, bis sie unter den Timur-Amuletten eine Muschel findet, auf die ein Marienbild gemalt ist, drückt sie mir in die Hand und sagt: »An irgendetwas muss jeder Mensch glauben. Sonst ist er wie ein Schiff ohne Hafen. Oder wie eine Pflanze ohne Licht. Niemand kann ohne Glauben leben. Nicht die Russen und nicht wir Tataren.«

Ich erinnere mich an meine Reise in die untergehende Sowjetunion im Jahr 1991. Zwei Priester hatten mich damals in der Stadt Kaluga nach meinem Glauben gefragt. Ich sagte ihnen, dass ich meinen alten Glauben seit dem Ende der DDR verloren und noch keinen neuen gefunden hätte.

Da begannen ihre Augen missionarisch zu flackern. Einer hielt mir das Bild der Muttergottes vor das Gesicht und forderte mich auf, zu ihr zu beten. Jetzt und auf der Stelle. Dafür würden sie mir einen neuen Glauben schenken. »Wir haben heute schon ein Dutzend Kommunisten bekehrt.«

Ich vertröstete die Priester mit dem Versprechen, dass wir unser Gespräch in zwei Tagen vor der Kirche fortsetzen könnten. Und sündigte dabei bereits mit einer Lüge. Denn am nächsten Tag, das wusste ich, würde ich von Kaluga nach Moskau zurückfahren.

Mit dem Marienbild in der Hand verabschiede ich mich von Aigü Abduschewa. Als ich mich noch einmal umdrehe, sehe ich, dass sie keinen der Vorüberlaufenden anspricht. Sie häkelt mit blauem Garn den Saum des gelben Umhangs für die Putin-Matroschka.

Den Weg zum Meer suchend, ärgere ich mich, dass ich mit Aigü Abduschewa zwar über Timur, Putin und den

Glauben gesprochen habe, nicht aber den Mut hatte, sie nach ihrer Verbannungszeit in Usbekistan zu fragen.

Weshalb?

Weil vielleicht ein ängstliches Schweigen ihre Antwort gewesen wäre?

Vom Lenindenkmal, das in der »verbotenen Zone« der eingestürzten Krimsanatorien steht, von einem Rubel-U-Boot, das im Schmuckgeschäft auf- und abtaucht, und der ewigen Flamme

Das Meer ist noch nicht zu riechen. Auch nicht das sumpfige. Lenin, der neben der Kirche steht, weist mir keine Richtung. Seine Arme hängen kraftlos am Körper herunter.

Neben Lenin steht ein vielleicht 13-jähriger Junge. Ich frage ihn nach dem Meer. Er zeigt mit einer Hand – die andere behält er in der Tasche seiner Jeans – in die Richtung, der Lenin den Rücken zugewandt hat, und sagt: »Ever long the street.«

Die *street* ist eine schmale Einkaufsstraße. An ihrem Anfang wird sie von einem rechteckigen Tor überspannt, auf dessen Querbalken in lichter Höhe kunstvoll verschnörkelte Buchstaben für den »KURORT SAKI« werben. Rechts und links Foto-, Elektro-, Schmuck-, Bekleidungs- und Möbelläden. Dazwischen steht eine offene zweispännige Pferdedroschke vor einem tatarischen Restaurant. Es ist geschlossen. Gegenüber befindet sich eine Weinstube. »Krimweine zum Kaufen und Probieren« werden angeboten.

Krimweine?

Zum Glück sind trotz Gorbatschows Kontrolle damals doch nicht alle Weinstöcke vernichtet worden! Oder wurden sogar neue gepflanzt? Ich kann weder fragen noch probieren. Auch die Weinstube ist geschlossen.

Kurort Saki

Die Gold- und Schmuckgeschäfte auf der *street* sind geöffnet. Vor dem ersten wechsle ich die Straßenseite. Denn neben der Tür steht der Mann, der die russischen Fähnchen verteilt. Am zweiten Geschäft (»Sonderangebot: 1 Gramm Gold nur 1600 Rubel«) beobachte ich, ob jemand hineingeht oder interessiert vor dem Schaufenster stehenbleibt. Fünf Minuten warte ich vergeblich. Die Frauen, die hier noch wie zu Sowjetzeiten sehr mondän mit Pelzmantel, Nerzschal, Lackstiefeln, Samtröcken und Seidenblusen, deren Bündchen unter dem Pelzärmel hervorschauen, bekleidet sind, laufen am Gold vorbei.

Ich gehe hinein. Die Verkäuferin, eine junge blonde Frau mit Stupsnase und Grübchen, trägt weder goldene Ringe noch goldene Armbänder oder eine goldene Halskette. Ihr wertvollster, für die meisten russischen Verkäuferinnen untypischer Schmuck ist ein neugieriges, freundliches Lächeln. Und ein kleiner Bernstein an einem dünnen ledernen Halsband.

Trotz meiner abgetragenen grünen Kutte, der schlampigen braunen Cordhose und einem mit Ankern gemusterten Seemannstuch fragt sie: *»Solotije saponki?«* – Ob ich goldene Manschettenknöpfe kaufen möchte.

Ich lache. Und sie auch.

»Ich bin von Lenin bis hierher an drei Schmuckläden vorbeigekommen. Kauft man auf der Krim so viel Gold, Silber und Edelsteine?«

»Heute nicht mehr. Doch früher …«

»Früher?«

»Ja, gleich nachdem wir russisch geworden sind.«

Damals hätten vor allem die reicheren Bewohner der Krim die Schmuckläden gestürmt und Unmengen goldene Ringe, Ketten, Krawattennadeln und – sie lacht wieder – goldene Manschettenknöpfe gekauft. »Gold war Sicherheit für die ungewisse Zukunft.«

Die ukrainische Währung, die Griwna, sei von einem Tag zum anderen zwar gegen Rubel tauschbar, aber nicht mehr sicher gewesen.

»Und der Rubel?«

»Der war ein U-Boot!«

Weil ich das nicht verstehe, legt sie eine Hand auf den Tisch, steckt sie dann unter den Ladentisch und hebt sie wieder hoch. »Auftauchen und abtauchen und wieder auftauchen.«

»Und heute?«

»Das U-Boot ist inzwischen eine seetüchtige Fähre.

Sie bringt die Menschen jetzt vom alten Ufer zu einem neuen.«

Ich hoffe, dass ich den poetischen Rubel-Vergleich der Goldverkäuferin richtig verstanden habe. Als sie meinen fragenden Blick sieht, ergänzt sie, dass nichts auf der Welt sicher sei. »Die Liebe nicht. Geld nicht. Und Gold auch nicht.« Doch die meisten Krimbewohner würden inzwischen glauben, dass der Rubel für immer ihre Währung bleiben wird.

Bevor ich gehe, schlägt sie vor, dass ich wenigstens eine goldene Kette kaufe. »Gold ist auf der Krim billiger als in Deutschland.«

Ich habe noch nie Gold gekauft. Weder als sichere Wertanlage noch für die Trauringe.

Die *street* endet an einem Platz, auf dem sich wahrscheinlich alle Tauben und Krähen mit allen Rollstuhlfahrern aus den Kliniken des Kurortes treffen. Die Patienten streuen Brotkrümel, und die sich gegenseitig vertreibenden wilden Tauben und schwarzen Krähen picken sogar zwischen den Rädern der Rollstühle. Wenn sich eine Krähe einen besonders großen Brocken, den sie nicht auf einmal hinunterschlucken kann, erkämpft hat, fliegt sie in den Park, der hinter dem Platz beginnt. Dort hinein fahren die Versehrten durch ein Portal, das, geschmückt mit Reliefs von Frauen und Blumen, Saki »JUGEND, SCHÖNHEIT UND GESUNDHEIT« bescheinigt.

Zwischen den Bäumen kehrt eine ältere Frau das Laub nach dem gestrigen Wintersturm mit einem Besen aus Birkenreisig zusammen. Trotz des wollenen Kopftuches, einer grauen Wattejacke und ihrer groben Militärstiefel friert sie.

Die Frau antwortet mir nur einsilbig, als ich sie nach der Bezeichnung KURORT für Saki frage.

Den Titel habe die Stadt wahrscheinlich schon zur Zarenzeit erhalten. »Wegen des heilenden Schlammes am Meeresufer und der gesunden Luft.«

Das Meer könnte ich nicht mehr verfehlen, sagt sie. Ich müsste nur auf dem Hauptweg des Parks immer geradeaus laufen.

»Bis zu der Straße mit den vielen Ruinen.«

»Ruinen?«

Ohne zu antworten, dreht sie sich um und schiebt ihre Karre in einen Seitenweg.

An einem Kiosk, in dem Stapel von Prospekten und Landschaftsfotos liegen, ist die Glasscheibe zwar noch heruntergelassen, aber drinnen sitzt die Verkäuferin und trinkt Tee. Ich schaue mir neugierig die an den Wänden hängenden Fotos von alten Palästen und neuen Sanatorien an der Südküste der Krim, von Moscheen im Norden und Bikini-Mädchen am Strand von Jalta an. Die Frau schiebt die Fensterscheibe eine Handbreit nach oben. Ich bitte sie um Ansichtskarten von Saki.

»*Net.* Haben wir nicht.«

»Ich nehme auch welche von Jalta oder Simferopol.«

»Haben wir auch nicht.«

Ich sollte mir diese Orte im Original anschauen. Für die kommende Saison könnte sie mir die beliebte Reise »Auf den Spuren der russischen und sowjetischen Dichter« anbieten. »Wollen Sie buchen?«

Ich schüttele den Kopf.

Die Frau gießt einen Tee ein und reicht ihn durch die

halb geöffnete Fensterscheibe. Dann nennt sie die Namen einiger Dichter, die auf der Krim gewohnt, sich hier erholt oder in den Sanatorien Heilung gesucht haben. »Alle ließen sich von der Schönheit der Krim inspirieren: Lew Tolstoi, Maxim Gorki, Adam Mickiewicz, Alexander Puschkin, Wladimir Majakowski, Anton Tschechow …«

Als ich die Namen aufschreibe, beginnt sie – vielleicht hoffend, dass ich doch noch eine Reise buche – Einzelheiten der poetischen Exkursion zu beschreiben. Unter anderem werde man den Park von Foros besuchen. »Dort haben sich Tolstoi, Gorki und Tschechow inspirieren lassen und gemeinsam mit Künstlerfreunden neue Werke geplant. Gorki das ›Nachtasyl‹.«

Natürlich werde man auch Bachttschissarai, die Hauptstadt des früheren tatarischen Krimreiches und Residenz der – sie sagt nicht: der tatarischen Khane, sondern – tatarischen Zaren besichtigen. Dort hätte Puschkin sein schönstes Gedicht geschrieben.

»Welches ist sein schönstes?«

»Das vom Brunnen der Liebesquelle.«

Diesen »Tränenbrunnen« habe der »tatarische Zar« Qırım Giray 1764 zur Erinnerung an seine verstorbene Lieblingsfrau in Bachttschissarai errichten lassen.

»Eine Blume aus Marmor, die weint.«

Puschkin habe das Liebespoem 1821 auf der Krim geschrieben und zwei Rosen in die von Tränen gefüllte Brunnenschale gelegt.

»Seitdem schwimmen immer zwei Rosenblüten darin.«

Nicht so romantisch hätte Tolstoi die Krim als junger Offizier erlebt. »Er war 1854 im Krimkrieg dabei, als das

**Bei Gogol
im Park von Saki**

russische Sewastopol heldenhaft gegen die Engländer, Franzosen und Türken verteidigt wurde, und schrieb danach die berühmten ›Sewastopoler Erzählungen‹ über den Krieg und gegen den Krieg.«

Die Frau kramt lange in einer Kiste. Findet die »Sewastopoler Erzählungen« aber nicht und bietet mir Tolstois Roman »Krieg und Frieden« an.

»Für Sie nur 120 Rubel.«

»Nein, ›Krieg und Frieden‹ kenne ich schon.«

Ich frage noch einmal nach einer Ansichtskarte von Saki.

»In den Kliniken schreiben Patienten keine Ansichtskarten«, sagt sie und schenkt mir ein Faltblatt mit Krimversen von Puschkin.

Ich stecke das Blatt in die Hosentasche. Dann laufe ich im Park an vielen Gedenktafeln und Büsten vorbei, bleibe vor dem Denkmal von Nikolai Gogol stehen und bitte einen Mann, der im Rollstuhl fährt, mich neben dem russischen Dichter ukrainischer Herkunft zu fotografieren.

Weshalb mit Gogol?

Vielleicht weil ihn die Kioskfrau unter all den Berühmtheiten nicht erwähnt hatte …

Auf dem Weg zum Meer versuche ich Puschkins Lyrik mithilfe des Wörterbuches zu übersetzen. Doch die Worte reihen sich nicht zu einer poetischen Melodie. Sie hüpfen ungelenk.

Wieder in Deutschland, finde ich das Lieblingsgedicht der Verkäuferin.

> Zwei Rosen hab ich dir gebracht,
> Du wunderbarste der Fontänen,
> Von Liebe flüsternd Tag und Nacht,
> Versiegst du nie gleich Dichtertränen.[3]

In einem anderen Gedicht schwärmt Puschkin von:

> … jenem Friedensland, wo alles mir so teuer,
> Wo in den Tälern schlank die Pappeln Kronen
> wehn,
> Wo zarte Myrten und Zypressen dunkelnd stehn[4]

Dort, wo im Park die Pappeln und Zypressen enden, stehe ich plötzlich vor Ruinen. Löchrige Dächer, aus denen Sträucher wachsen. Fensteröffnungen ohne Glas. Wände mit roten und braunen Farbresten von Sowjetstern, Hammer und Si-

3 Nachdichtung Martin Remané.
4 Nachdichtung Friedrich Fiedler.

Baujahr 1909

chel. Trümmerhaufen, aus denen sich noch ein Schornstein zum Himmel reckt. An einem Giebel ist das Baujahr 1909 zu erkennen. Von anderen sind die Klinkerverzierungen schon herabgestürzt. Auf Hunderten Metern nur Ruinen.

Während ich fotografiere, hält ein Mann mit einem Fahrrad an, dessen Lenker hörnerförmig nach oben gebogen ist. Er zieht seine ins Gesicht gerutschte Pudelmütze hoch, reibt sich verwundert die Augen und will wissen, ob ich auch ein Kurpatient bin.

»Nein, ein Tourist aus Deutschland.«

Als ich ihn nach der Geschichte der Ruinen frage, steigt er vom Fahrrad. »Hier wurden um 1900 Sanatorien, Hotels, Bäder und Wohnungen gebaut.« Er zeigt auf Mauerreste, die zwischen Sträuchern im Park versteckt sind. »Ein ehemaliger Konzertpavillon.«

Heute wachsen dort mannshohe stachlige Kakteen, die von einer kahlen Pappel dirigiert werden.

Wladimir aus Krasnodar

»Vor 30 Jahren haben dort noch Musiker für die Kurpatienten gespielt.«

Einige Gebäude seien schon im Zweiten Weltkrieg zerstört und danach nicht mehr aufgebaut worden. Aber die meisten wären erst nach dem Ende der Sowjetunion und der Gründung der unabhängigen Ukraine geschlossen worden und danach Jahr um Jahr verfallen.

Damit mir keine Zweifel an seinem Bericht über die Geschichte der Ruinen kommen, lehnt er sein Fahrrad vorsichtig an die Wand eines ehemaligen Moorbades und reicht mir die Hand. »Ich bin Wladimir, gelernter Energetiker aus Krasnodar.«

Die meisten Jahre seines Lebens habe er im Chemiebetrieb von Saki gearbeitet. »Wir waren dort 1992 noch rund 6000 Beschäftigte.« Danach seien alle entlassen und das Werk 2001 geschlossen worden. Heute sei es eine verseuchte Ruine. Man hätte dort aus dem Brom des Heilschlamms zu Sowjetzeiten auch chemische Kampfstoffe hergestellt. Die giftigen Abfälle wären auf dem Betriebsgelände gelagert worden. Die russische Krimregierung versuche nun, in einem »Rekultivierungsprogramm bis 2030«, diese Verseuchungen zu beseitigen. In der Nähe des früheren Betriebs würde jetzt ein Gasturbinenwerk gebaut. Dadurch könnte die 2015 von der Ukraine gesperrte Stromversorgung auf der Krim wieder stabilisiert werden.

Als zwei vorübergehende Frauen hören, dass ich Wladimir zu erklären versuche, dass die vier Turbinen, so wie ich, aus Deutschland auf die Krim gekommen sind, bleiben sie stehen und sagen freundlich, aber stockend: »Guten Tag, mein Herr.«

Danach wiederholen sie Worte, die sie vor über 50 Jahren in der Schule gelernt haben: klein, groß, Frieden, arbeiten, noch einmal, schön, Aufstehen!, Setzen!

Sie beenden die Aufzählung erst, als sie sich nicht mehr an ein bestimmtes Wort erinnern können. Dabei zeigen sie immer wieder auf die beschmierten Ruinen. *»Rissunki. Rissunki.«*

»Zeichnungen?«

»Ja!« Die Schüler ihrer Klasse haben damals zwei Sanatoriumswände mit bunten Blumen verschönert. Es wären Sanatorien gewesen, in denen sich das Volk kostenlos erholen konnte. Volkssanatorien. Nach 1992 hätte man die Kurbehandlung selbst bezahlen müssen. »Und der ukrainische Staat gab für die Erhaltung der meisten Gebäude keine einzige Griwna mehr aus.«

Die schöne Katjuscha

Als die Frauen sich zu streiten beginnen, ob ihr Lieblingsdichter in Deutschland wie im Russischen »Geinrich Geine« ausgesprochen wird, verabschiedet sich Wladimir, steigt aufs Fahrrad und zieht die Pudelmütze wieder tief ins Gesicht.

Wo Frauen laut streiten, gesellen sich manchmal »Schlichtende«, also besserwissende Männer, hinzu. Zwei halten mit ihren Rollstühlen an. Beide sind über 50. Beide haben ihre dicken grauen Anoraks mit schwarzen Wollschals umwickelt, und beide sprechen sehr laut und sehr schnell. Ich kann sie schlecht verstehen und nur an den Farben ihrer mit Schaffell gefütterten Basecaps unterscheiden. Grün und lila. Der grün Bemützte behauptet, dass er, obwohl er ein pensionierter Physiklehrer sei, sich auch mit der deutschen Literatur gut auskennt. Natürlich werde »Geinrich Geine« in Deutschland »Heinrich Heine« ausgesprochen.

»Müll hineinwerfen verboten!!! Strafe: 5000 Rubel«

Mit einem Lehrer streitet man nicht. Die zwei Frauen gehen weiter. Und während ich wieder die Ruinen fotografiere, schlägt der mit der lila Mütze vor, dass wir uns statt der Ruinen die nackte Schönheit von Saki anschauen.

Sie steht nur 100 Meter entfernt in einem Rondell, in dem Wasser auf dem Boden dümpelt. Blechbüchsen und Plastetüten liegen darin, und zu Füßen der goldglänzenden lebensgroßen nackten Bronzefigur hängt ein Pappschild, auf dem in schwarzer krakeliger Schreibschrift eine Strafe von 5000 Rubel bei Verunreinigung des Brunnens angedroht wird. Das lese ich aber erst später. Zuerst bewundere ich den makellosen, einer antiken Statue nachgebildeten Frauenkörper. Die Arme hat die Schöne über dem Kopf gekreuzt.

Keiner der Rollstuhlfahrer weiß, wer sie geschaffen hat, wie sie heißt und seit wann sie hier neben den Ruinen steht.

Ein junger Mann, der ein gelbes T-Shirt trägt, sagt lachend: »Wir nennen sie Katja. Katjuscha.« Und spottet, dass wir alten Männer, auch wenn wir die nackte Schönheit stundenlang anschauten, nicht mehr jünger würden.

Als er bemerkt, dass ich Ausländer bin, möchte er mir statt der Nackten sofort die »Symbole der Jugend von Saki« zeigen.

Der junge Mann, er heißt Viktor, zieht mich am Ärmel.

Nicht weit von Katjuscha entfernt stehen die Reste von eingestürzten Hütten und kleinen Häusern. Die meisten ohne Dach. Zwischen den Wänden liegen Trümmerhaufen und Abfälle. Die Ruinen sind mit Graffitisprüchen und Malereien »verschönert«.

Viktor, er ist Ukrainer und stammt aus Kiew, erklärt sachlich und emotionslos wie ein Fremdenführer: »Das haben weder Künstler noch Kurpatienten gemalt oder gesprüht. Es war die Jugend von Saki!«

»Die Jugend? Russische Jugendliche?«

»Nein, ich sagte die Jugend von Saki. Also junge Ukrainer, junge Russen, junge Tataren …«

»Und weshalb nur auf Russisch?«

»Weil diese Sprache jeder in Saki versteht.«

Ich verstehe nicht jedes Wort. Erst in Deutschland übersetze ich die Sprüche: »Hier leben auch die Schweine.« – »Keine Wissenschaft der Welt kann beweisen, dass wir die Mächtigen und ihre Macht zum Leben brauchen.« – »Liebe. Hass. Tod.« – »Es gibt keinen Gott!«

»Weshalb haben junge Leute das geschrieben? Weshalb?«, frage ich Viktor.

Er stellt mir eine Gegenfrage. »Was machen die Jungen

»Symbole der Jugend von Saki«

in einer deutschen Kleinstadt, in der die einzigen Arbeitsmöglichkeiten, ein großes Chemiewerk und viele Sanatorien, geschlossen worden sind? In der immer noch jeder Fünfte arbeitslos ist und jeder gegen jeden um einen kleinen Job kämpft. Wobei die Jungen kaum eine Chance gegen die Älteren haben?« Er wiederholt seine Frage: »Was machen junge Menschen dann in Deutschland?«

Ich weiß keine Antwort. Erwidere nur, dass in Deutschland zuerst die älteren, besser bezahlten Arbeiter entlassen und dafür junge, billigere eingestellt würden.

»Hast du Arbeit?«, frage ich.

»Nein, noch nicht. Aber die Russen investieren viel Geld in den Bau der Autobahn quer durch die Krim. Ich kann Bagger fahren. Vielleicht nehmen sie mich. Bevor die Russen 2014 hierherkamen, gab es auf der Krim über 18 000 Arbeitslose. Inzwischen sind es weniger als 10 000.«

Am Mahnmal

Es ist längst zu spät, um noch zum Meer zu gehen. Ich fotografiere den Graffitiprotest der jungen Leute und laufe kreuz und quer durch den Park zur Stadt.

Am Hauptweg entdecke ich hinter hohen Bäumen einen Obelisken. Auf drei Marmortafeln sind Hunderte Namen eingraviert. Davor brennt die ewige Flamme für die von den deutschen Faschisten ermordeten oder als Soldaten gefallenen Einwohner der Stadt. Ich möchte näher treten, mich verneigen und schweigen. Aber vor den Marmortafeln steht eine Frau und liest die Namen. Sehr langsam. Namen für Namen. So als ob sie alle Toten kennen würde. Zehn Minuten vor der rechten Tafel, dann die Namen in der Mitte. Erst als sie die drei Reihen auf der linken Tafel studiert, nähere ich mich. Stelle mich neben sie. Die Frau beachtet mich nicht. Sie trägt einen bis zu den Füßen reichenden grünen Mantel. Die gelbe, aus dicker Wolle ge-

Der silberne Lenin vor der »gefährlichen Zone«

strickte Mütze verdeckt Haar und Stirn. Auch während die Frau die untersten Namen auf den Tafeln liest, steht sie, die Hände in den Manteltaschen vergraben, kerzengerade. Nur ihre Augen wandern Zeile für Zeile nach unten.

Als sie nach einer guten Viertelstunde geht, spreche ich sie leise an. »*Iswinitje poshalista!* – Entschuldigen Sie bitte!« Sie reagiert nicht. Wendet auch nicht den Kopf, als ich die Worte lauter wiederhole. Schließlich tippe ich ihr vorsichtig auf die Schulter. Da dreht sie sich mit ihrem ganzen Körper ruckartig um, schaut mich zornig an, schlägt – als ob ich eine ansteckende Krankheit hätte – meine Hand von ihrer Schulter, zischt: »*Nemez!* – Deutscher!« – und läuft, die Hände wieder in den Manteltaschen, eilig davon.

Der Mantel ist zu weit. Er hängt wie ein Sack an ihr herunter. Sie trippelt auf schmalen Trampelpfaden durch den Park. Ich folge ihr in großer Entfernung. Plötzlich, als hätte sie den Weg bewusst gewählt, um mich dorthin zu führen, erblicke ich einen zweiten Lenin. Er steht mitten im Unkraut auf einem Podest, von dem der Putz bröckelt. Auch Lenins silberne Farbe blättert ab. Wildwuchs von Sträuchern und Bäumen ringsum und dahinter eine … Eine Sanatoriumsruine! Und noch eine Ruine. Und noch eine. Abgesperrt mit Maschendraht und einem signalroten Schild: *»Schtoi! Opasnaja sona!* – Halt! Gefährliche Zone! Betreten verboten!«

Nachdem die Frau hinter Lenin in der verbotenen Ruinenzone verschwunden ist, gehe ich die schmalen Pfade zurück zu dem von einem fünfzackigen roten Stern gekrönten Obelisken des Gedenkens. Die ewige Flamme flackert im Wind. Ich verneige mich und stehe lange frierend vor den Namen der Toten.

Von Bauern, die auf der Krim tiefe Brunnen bohren, dem Geschichtsbruder, der nach 2014 den Fehler gemacht hat, so viel Knoblauch wie zuvor anzubauen, und dem Zaren, der 1867 Alaska an die USA verkaufen musste

Alexanders feuerroten Haarschopf erkennt man von Weitem.

»Wahrscheinlich bist du der einzige Rothaarige in Saki«, spotte ich.

»Ja, mich kann niemand übersehen. Weder die Freunde noch die Feinde.«

»Hast du Feinde?«

»Wenn du keine Feinde hast, hast du keinen Charakter, sagen wir Tataren.« Er stockt und ergänzt nachdenklich: »Unser Vater dagegen meinte immer, dass sich erst im Verzeihen, auch gegenüber seinen Feinden, der wahre Charakter eines Menschen zeigt.«

»Lebt euer Vater noch?«

»Mit 89 Jahren ist er vor einem halben Jahr gestorben. Viele Menschen verneigten sich am Grab vor ihm. Nicht nur Tataren, sondern auch Russen und Ukrainer.«

Als der Vater 1989 auf die Krim zurückgekehrt war, habe er, gleich ob in der Moschee oder bei der Dorfversammlung, immer gesagt: »Welches Unrecht euch auch angetan worden ist: Wer andere Menschen hasst, tötet! Nur wer liebt, der lebt.«

»Und was hat er euch über sein erlittenes Unrecht erzählt?«

»Darüber schwieg er. Die Geschichten vom Transport in Viehwaggons und von den ersten furchtbaren Lagerjahren in der usbekischen Verbannung hat er mit ins Grab genommen.«

»Und deine Kindheit in Usbekistan?«

»Ich ging zur Schule, lernte russische Grammatik und erfuhr in Geschichte alles über die ruhmreichen Schlachten und den Sieg der sowjetischen Armee gegen die deutschen Faschisten. Die Deportation der Krimtataren und anderer sowjetischer Nationalitäten wurde nicht erwähnt.«

Ihr Vater sei in Usbekistan zuerst Arbeiter und zuletzt der technische Leiter einer großen Baumwollfabrik gewesen. »Mit Orden, Dienstauto und einem schönen Haus, vor dem Weinreben wuchsen. Trotzdem ist er nach Gorbatschows Heimkehrererlass, wie zehntausend andere verbannte Tataren, sofort auf die Krim zurückgekehrt. Als ein Habenichts. Ohne Haus. Ohne Acker. Ohne Kühe. Ohne Auto. Ohne Arbeit. Die vor 45 Jahren Verbannten besaßen hier nichts mehr. Auch wir mussten zuerst in einer Hütte leben, die nicht größer als ein Hühnerstall war. Doch wie ein Gebet wiederholte unser Vater jeden Tag: Dank Allah sind wir wieder im Land der Eltern und Großeltern. Ich muss nicht in fremder Erde begraben werden.«

Mehr könnte er mir über den Vater und die Jahre der Deportation nicht berichten.

»Und deine älteren Brüder?«

»Wahrscheinlich auch nicht.« Es sei immer noch so, als würde einem bei diesem Thema ein unsichtbarer Geist die Hand auf den Mund legen.

»Die Angst?«

Überlandleitungen

Alexander zuckt die Schultern. »Angst? Die Faschisten waren 1944 doch besiegt. Niemand ahnte, dass danach alle Krimtataren wegen vermeintlicher Kollaboration mit den Deutschen von Stalin, also den Russen, in die Verbannung geschickt würden.«

Ich entgegne: »Stalin war kein Russe! Er war Georgier!«

»Das ist doch egal.«

Alexander fährt nicht geradewegs nach Nowaja Derewnja. Das Auto holpert über Feldwege. »Damit du etwas von unserem Land siehst.«

Ich sehe kilometerweit nur vertrocknete, versteppte Felder. Mitten im braunen Gras liegen aber dicke Wasserrohre.

Ich muss nichts fragen. Alexander ahnt anscheinend schon an unserem ersten Tag, was ich nicht verstehe. »Mit dem Nord-Krim-Kanal wurde seit 1976 das Wasser des

Dnepr rund 400 Kilometer bis hierher auf die Krim gebracht. Es versorgte die Städte und drei Viertel der landwirtschaftlich genutzten Fläche, insgesamt 270 000 Hektar. Bis 2014.«

»Und danach?«

»Sperrte die ukrainische Regierung den Kanal. 2017 ließ sie einen Staudamm bauen, der die Verbindung des Kanals zur Krim komplett unterbrach. Die Felder vertrockneten, und in einigen Städten musste das Wasser rationiert werden.«

»Und heute?«

»Inzwischen verdorrt das Land. Manche Bauern bohren wie früher tiefe Brunnen.«

Ich denke: Ein hoher Preis, den sie zahlen.

Wofür? Und wer?

Bei Gulnada ist es warm. Der Junge kniet auf der Bank vor dem Fenster und fängt fliegende Fische. Das Mädchen sagt lachend: »Gutted Ach! Tanke! Bjitte! Auf Widdersehn!« Und Sera stellt Geschirr und ein Glas für mich auf den Tisch. Die Babuschka schöpft Gemüseeintopf auf den Teller und sagt, wenn ich aufgegessen hätte, könnte ich die schon für morgen Mittag gebratenen Buletten probieren.

Das Licht brennt ruhig. Es duftet nach Suppe und Gebratenem. Wie früher in der Küche meiner Oma.

Bevor ich schläfrig werde, gehe ich hinauf in mein Zimmer mit dem nicht zu öffnenden Fenster, setze mich auf das Bett und beginne, Notizen für Wassja aufzuschreiben. Der erste Satz ist eine tatarische Weisheit, die Alexander heute bei der Fahrt durch die baumlose dürre Grassteppe vor Nowaja Derewnja erwähnt hat:

»Ein Vogel ist stark mit seinen Flügeln – der Mensch mit seinen Freunden.« Wassja, ich denke, dass ich hier Freunde finde. Alexander, den Du kennst, die Babuschka, Reschit … Aber zuerst habe ich die nicht abzulehnende tatarisch-russische Gastfreundschaft sehr genossen. Viel gegessen! Und gut! Nun muss ich aber auch Informationen über die Verbannung, die Sanatoriumsruinen, die Arbeit und so weiter gezielter sammeln. Nicht nur schauen, hören und essen, auch Fragen stellen. Über den Alltag der Menschen. Ihr Pro und Kontra zu Russland. Morgen werde ich den Geschichtsbruder danach fragen. Hoffentlich ist diesmal nicht nur sein Hoftor wieder weit geöffnet …

Darauf trinke ich einen Schluck Thüringer Kräuterschnaps aus einer der kleinen Flaschen, die ich eigentlich als Gastgeschenke mitgenommen habe. Danach versuche ich behutsam, das Kuvert von Nasur zu öffnen, ohne es zu zerreißen. Obenauf liegt ein Foto von unserer Begegnung in Leipzig. Nasur gedankenverloren, ich lachend. Unter dem Foto ein kurzer Brief, in dem er sich entschuldigt, dass er mir wahrscheinlich nicht helfen könnte, die Geschichte und das Leben der Krimtataren heute zu begreifen. Er werde mit dem Bericht über seine Familie nur eine Leiter aufstellen, die ich Sprosse für Sprosse hinaufklettern müsste, um in der Wirklichkeit der heutigen Krim anzukommen.

Ich bin im südlichen Ural geboren und gehöre zu dem dort lebenden turkotatarischen Stamm der Baschkiren. Wir sprachen Tatarisch, lasen eine tatarische Zeitung, schauten tatari-

sches Fernsehen. Mein Vater war ein baschkirischer Kosak. Seine Vorfahren hatten im Reich der Mongolen im Kasaner Khanat gelebt. Nach der Eroberung von Kasan durch die Truppen Iwan des Schrecklichen im Jahr 1552 gehörte das Gebiet dem Zaren. Die Baschkiren kämpften später als Kosaken für Russland gegen Napoleon. Wie gesagt, sie sprachen und sprechen aber Tatarisch. Das ist der sachliche Hintergrund.

Nun aber zu mir und meiner Familie: Ich wurde an einem sonnigen Septembertag im Jahr 1961 um 11 Uhr morgens in einem Dorf namens Baktscha-Aul geboren. Meine Mutter erzählte es mir so. Und ich beschreibe es Dir etwas poetischer, in Dichtersprache: Einmal ist sie zum Fluss Tol Wasser holen gegangen. Im Fluss sah sie plötzlich eine Truhe. Sie hatte glänzende Metallverzierungen. Der Mutter gefiel sie, und sie entschloss sich, die Truhe aus dem Wasser zu fischen. Sie ist nicht nur schön, dachte sie, sondern auch nützlich im Haushalt. Sie hob ihr Kleid, stieg ins Wasser und zog die Truhe ans Ufer. Dann schaute sie hinein. Und da drin lag ich! Ich sagte zu ihr: »Hallo, Mama!« Mama lächelte, grüßte zurück und brachte mich mit der Truhe nach Hause. Seitdem habe ich dort gelebt.

Mein Leben war reich, interessant und schön. In meiner Familie gab es acht Kinder. Wir waren nicht wohlhabend. Aber Butter, Brot und Honig hatten wir immer genug. Mein Vater besaß 43 Bienenstöcke. Die gesamte Umgebung wurde mit unserem Honig gefüttert. Als ich aufwuchs, fragte ich meine Mutter, wie das mit ihrer Heirat gewesen sei. Weshalb sie, eine sehr schöne junge Frau, meinen Vater genommen hat, der schon als Kind versehrt war. Und Mama erzählte: »Eines Abends bei einer der Versammlungen nach der Arbeit saßen

Der tatarische Filmemacher Nasur Yurushbaev (Foto: privat)

die Dorfmädchen und plauderten über dies und jenes. Eine von ihnen behauptete, dass ich einem Mann gefallen würde, der humpele. Dieser Mann heiße Andar und lebe im Nachbardorf. Ich entgegnete empört: ›Es ist der junge Mann noch nicht geboren, den ich heiraten möchte. Vor allem nicht diesen humpelnden Angeber. Den heirate ich ganz bestimmt nicht!‹ Das erfuhr Andar, denn die Jungs hatten es ihm sofort erzählt. Dein zukünftiger Vater sagte: ›Mein Name wäre nicht Andar, wenn ich diese Frau Marjam nicht stehle.‹ Eines Nachts nach der Kartoffelernte kam er mit zwei Pferden und Freunden durch den Wald in das Dorf, in dem ich lebte. Sie haben mich gestohlen. Danach durfte ich, so bestimmte es unsere tatarische Tradition, nicht mehr nach Hause zurückkommen. Ich musste also den humpelnden Mann heiraten. Er humpelte zwar, sah aber gut aus und war klug und ein bisschen wohlhabend. Andar war von Kind an schon ein Invalide. Seine Schlauheit bewunderten viele, denn er hatte ein phänomenales Gedächt-

nis. Bei seiner Geburt war er ein Sechsmonatskind. Seine Eltern dachten, dass er nicht überleben würde. Sie legten ihn in einem großen Hut aus Wolfsfell auf den Ofen. Wenn sie vorbeigingen, haben sie ein paar Krumen Brot und ein Stückchen Zucker hineingelegt. Sie dachten, dass er sowieso nicht überlebt. Es geschah aber, dass sich auf einmal die Wolfsmütze bewegte, und man hörte einen Schrei. Er hat überlebt. Sie holten ihn aus dem Wolfshut. Er ist danach jede Stunde weitergewachsen …«

Bevor ich weiterschreibe, muss ich Dir, was man als Jüngerer einem Älteren gegenüber als Tatar eigentlich nicht tun darf, doch einen Rat für Deinen Aufenthalt auf der Krim geben. Du solltest, um die Situation heute dort besser zu verstehen, das Leid der Tataren als Hintergrund, wie die Kulisse eines Theaterstückes, anschauen. Heute werden sie, also die Akteure, auch ein anderes Stück spielen. Sie feiern, sie pflegen ihre Tradition. Aber wie sollen sie mit ihrer aus der Geschichte gelernten Angst umgehen? Allah sei Dank im Augenblick nur mit dem Krieg der Worte zwischen Ukraine und Russland. Schweigen war immer ein Schutz für die Menschen. Ja, Du hast mit Wassjas Brief eine Eintrittskarte erhalten. Aber nur eine Eintrittskarte für das Land. Nicht für die Geschichten der Menschen dort. Wir beide haben uns schon in Leipzig in die Augen geschaut. Wir trauern gemeinsam um unseren toten Freund, den Filmemacher Hugo. Wir können uns unsere Geschichten erzählen. Ich als Tatar, Du als Deutscher. Aber mit Fremden auf der Krim? Sie werden, um mit Dir zu sprechen, nicht versuchen, gegen den Sturm zu schreien. Du musst sie im Schatten des Sturmes suchen.

Am Morgen steht das Tor beim Geschichtsbruder weit offen. Alexander weiß, er ist zu Hause, und ich mutmaße: »Durch dieses breite Tor könnte ein Lkw oder ein zweispänniger Heuwagen bequem in seinen Hof hineinfahren.« Alexander schüttelt den Kopf. »Unser jüngster Bruder besitzt zwar Hunderte von Geschichtsbüchern, aber leider weder einen Lkw noch einen zweispännigen Heuwagen.«

Gleich hinter dem Hoftor steht ein gemauertes Klohäuschen. Es ist genauso eng wie die Wachhäuschen vor den Kasernen der Sowjetarmee in der DDR. In der Mitte des Zementbodens ein kreisrundes Loch. Tritte und Haltegriffe, wie ich sie in asiatischen Ländern oder Sibirien gesehen habe, fehlen. Aber an der Wand gibt es einen Lichtschalter, und an der Decke baumelt eine Glühbirne. Vor der Toilettentür hängen an hohen Ranken noch sonnengetrocknete Weinbeeren. Unter dem Schuppendach liegen verrostete Eimer, Planen, Autoreifen, Farbbüchsen, Holzreste … Auf einem Tisch davor stehen große Stiegen mit schon grünsprossigem Knoblauch.

Der Geschichtsbruder kehrt vor der Haustür die Stufen. Er ähnelt nicht im Geringsten dem Bild, das ich mir von einem Hobbyhistoriker gemacht hatte: einem Mann, der bleichgesichtig neben einer Schreibtischlampe sitzt und in vergilbten Büchern liest. Der Geschichtsbruder ist hager, sein Gesicht gebräunt.

Als ich eine Zehe vom Knoblauch koste, sagt er begeistert: »Steck dir so viel du kannst in deine Manteltaschen! Und wenn du zurück nach Deutschland fliegst, werde ich dir noch zwei Beutel Knoblauch mitgeben. Einen für deinen Garten und einen für den Garten der Nachbarn.« (Ob wir einen Garten haben, in dem wir die Zehen stecken können, fragt er nicht.) Er beklagt, dass er von seinen im Herbst geernteten 50 Kilo Knoblauch nicht einmal 10 Kilo verkaufen konnte. »Früher brachten wir das Obst und das Gemüse von der Krim auf die ukrainischen Märkte.« Doch nach 2014 sei die Grenze auch dafür dichtgemacht worden. »Wir könnten Knoblauch und Karotten in Russland verkaufen. Aber der Weg nach Russland ist, trotz der neuen, in nur drei Jahren gebauten 19 Kilometer langen Brücke über die Meerenge bei Kertsch, sehr weit.«

In der Veranda vor dem Eingang Dutzende Schuhe in Reih und Glied. Und daneben zwei Blechschüsseln mit braunen Hühnereiern. Zwischen den Schuhen und den Eierschüsseln stehen Gläser mit sauer eingelegten Gurken, Paprika, Zucchini und Tomaten.

Der Geschichtsbruder geht zuerst in die Küche. Alexander und ich setzen uns in das schmale Vorzimmer. Auf dem Tisch stehen Piroggen, Kekse und frischer Kuchen.

»Meine Frau hat den Kuchen gebacken. *Kuschai! Kuschai!* – Iss! Iss!« Er brüht Tee. »Sie war früher eine sehr gute Lehrerin. Jetzt besitzt sie einen kleinen Gemüseladen. Verkaufen ist inzwischen nützlicher als Schule. Schaut mal.«

Er bringt Orangen, Birnen, Äpfel, Bananen, getrocknete Pflaumen und Aprikosen. Als er sich gesetzt hat, schaue ich in sein lederhäutiges Gesicht. Eingefallene Wangen, stoppeliger Bart, eng beieinanderstehende Augen, eine dicke, hakenförmig zur Seite gebogene Nase.

Ich sage: »Ein bisschen indianisch, ein bisschen tatarisch, ein bisschen jüdisch und …« Er lässt mich nicht ausreden, stellt seinen Tee zur Seite, nimmt meinen Arm und geht mit mir in das bestimmt 8 mal 5 Meter große Wohnzimmer. An der Hinterwand hängt ein grau-gelb gemusterter orientalischer Teppich. Die linke Seitenwand verstellen Regale mit Hunderten Büchern.

»Atlanten, tatarische Romane, religiöse Schriften und Geschichtsbücher. Meine Universitäten«, erklärt er und hält mir sofort einen Vortrag über die Besiedlung der Krim.

Schon Neandertaler hätten auf der Halbinsel gelebt. Später dann natürlich die Griechen, die Goten und Taurer. Die Römer, die Hunnen, die Juden, die Slawen, die mongolischen Tataren, die Krieger der Goldenen Horde, die Genueser Handelsleute, die Türken, die Russen …

»Wir haben von allen ein bisschen in uns behalten.« Deshalb sei es sehr interessant, sich mit der Geschichte der verschiedenen Nationalitäten auf der Krim zu beschäftigen. »Unser Vater sagte oft, dass nur der Mensch, der die Geschichte seiner Heimat kennt, weiß, was er heute richtig oder falsch macht.«

»Was hast du falsch gemacht?«

»Ich habe in der russischen Krimzeit so viel Knoblauch angebaut wie zuvor in der ukrainischen …« Er verbessert sich: »Ich meine die zweite russische Zeit auf der Krim, also die von 2014 bis heute.«

»Und die erste?«

»Die begann 1783 nach der Eroberung durch Zarin Katharina II. und endete 1956 mit Generalsekretär Chruschtschow. Damals schenkte der sowjetische Parteichef die Krim, die zur Russischen Sozialistischen Föderation gehört hatte, der Ukrainischen Sozialistischen Sowjetrepublik. Es bleibt ja alles in der großen Sowjetfamilie. Dachte er.«

»Von 1783 bis 1956 russisch. Waren diese fast 200 Jahre gut für die Menschen auf der Krim?«

Der Geschichtsbruder sagt nur: »Hm … hm. Stalin, also die Russen verbannten die Krimtataren nach Mittelasien, haben ihnen die Heimat geraubt.«

Ich entgegne nichts.

Auf der Stirn des Geschichtsbruders entdecke ich weder Kummer- noch tiefe Verzweiflungsfalten. Seine Stirnfalten verlaufen über den Augen wie kleine fröhliche Wellen.

»Das Volk der Krimtataren hat sich nie der Verzweiflung ergeben. Dann wäre es schon ausgestorben«, sagt der Geschichtsbruder. »Wie andere Imperien auch.«

Das Sterben des Sowjetimperiums habe er 1992 in Deutschland erlebt. Er lacht und radebrecht auf Deutsch: »Ich Soldat. Russische Garnison in Wittstock. 1992 wir in Güterwaggons alle nach Hause. Für immer. Mit Waffen, Bomben und Feldküchen.«

Er ergänzt nicht: Und die NATO marschierte mit Waffen, Bomben und Feldküchen vorwärts nach Osten.

Das ist wahrscheinlich nicht seins.

Stattdessen erzählt er mir die Geschichte der Hafenstadt Sewastopol. »Die haben die Russen 1783 wegen der strategisch wichtigen Lage als Stützpunkt der russischen Flotte auf der Krim gegründet und sie in allen Kriegen gegen alle Eroberer verteidigt. 349 Tage 1854/55 im Krimkrieg gegen die Übermacht der Türken, Engländer, Franzosen und Sarden. Und 250 Tage lang auch gegen die Wehrmacht, die

1941/42 außer Sewastopol schon die gesamte Krim besetzt hatte.«

Auch zehntausend Deutsche wären im Kampf um Sewastopol gefallen. Hitler hätte befohlen, dass diese Stadt, der wichtigste Kriegshafen der sowjetischen Schwarzmeerflotte, unbedingt zu erobern wäre.

Auch in den 60er Jahren, in der ukrainischen Zeit, sei Sewastopol der Heimathafen der sowjetischen Marine geblieben. 1991 verlor die Russische Föderation den Anspruch auf diesen Heimathafen der Schwarzmeerflotte. 1997 dann ein neuer Nutzungsvertrag bis 2017, der 2010 verlängert worden sei. 2014 habe die ukrainische Regierung, die damals eine Mitgliedschaft in der NATO anstrebte, den historischen Staatsvertrag über die ständige Nutzung des Hafens durch die russische Schwarzmeerflotte gekündigt.

Sewastopol, ein künftiger Ankerplatz für NATO-Kreuzer?

Darüber spricht der Geschichtsbruder nicht. Das ist wahrscheinlich auch nicht seins.

Lange sucht er im Regal nach einer Landkarte, die ich mir unbedingt anschauen müsse. Sie ist arg zerknittert. »Das Zarenreich um 1800«.

Immer wieder zeigt er auf den Norden der Karte und fragt, ob mir dort nichts auffällt.

Als ich verneine, fragt er direkt: »Wozu gehört Alaska?«

Ohne genau auf die Karte zu schauen, antworte ich: »Na zu den USA.«

»Nein, zum Zarenreich.«

Ich zweifle, aber er malt mit dem Finger die russische

Grenze nach, und nun sehe ich: Alaska ist auf der alten Karte noch kein amerikanischer Bundesstaat.

Er hilft mir aus meiner, wie er meint, historischen Unwissenheit. Alaska habe seit etwa 1800 zum Zarenreich gehört. »Doch nach dem Krimkrieg, in dem Russland den Besitz der Krim erfolgreich verteidigt hatte, war die Staatskasse leer. Das Zarenreich war pleite. Zar Alexander II. musste 1867, um das Reich zu retten, einen Teil von Russland verkaufen. Das 1,6 Millionen Quadratkilometer große Alaska! An die USA! Für einen Spottpreis von nicht einmal 5 Dollar pro Quadratkilometer. Der amerikanische Präsident sei damals beschimpft worden, weil er dieses nutzlose Land gekauft hatte. Für insgesamt lächerliche 7,2 Millionen Dollar – das entspreche heute 120 Millionen Dollar. Und alles nur, weil man sich im Krimkrieg verausgabt hatte. Die Krim war und ist für Russland ein sehr teures Pflaster. Damals Alaska verkaufen. Heute Milliarden Rubel für Strom und Wasser, neue Straßen, neue Tourismuszentren, den Flughafen, die Brücke bei Kertsch …«

»Krim ist ein tatarisches Wort?«, frage ich.

»Ja, es bedeutet ›großer Stein‹.«

Er gießt Tee nach. Ich frage auch ihn, was der Vater über die Deportation 1944 und die ersten Jahre in Usbekistan erzählt hat.

Der Geschichtsbruder: »Nimm noch Tee, mein Freund. Tee sollte man trinken, solange er heiß ist. Lebensgeschichten dagegen sollte man erst viele Jahre abkühlen lassen, kalt stellen, am besten einfrieren und wieder auftauen, bevor man sie erzählt.«

Der Geschichtsbruder schweigt lange. Dann: »Unser

Vater hat immer gesagt: Lebt mit euren Erinnerungen. Aber bietet sie nie wie Kwas oder Sauermilch auf dem Markt an! Das beherzigen wir.«

Er sucht mir zwei Handvoll vom noch nicht grünsprossigen Knoblauch, umarmt mich und sagt zum Abschied: »Wir Tataren wissen: Wenn du die Erinnerung tötest, tötest du dich. Die Russen sagen: Dem Volk, das nicht über seine Vergangenheit spricht, bleiben auch die Wahrheit über die Gegenwart und die Träume von der Zukunft verschlossen.«

Vom Geologen Valeri, der Pilot werden wollte, aber nun den Heilschlamm analysiert, von einem Baustellenbewacher, dessen Vorfahre den Moskauer Zirkus gegründet hat, und dem Unterschied zwischen einem klaren und einem trüben »Wässerchen«

Alexander fährt mich zurück nach Saki. Und wieder die *street*, der Lenin den Rücken zukehrt. Und wieder die Rollstuhlfahrer, denen ich höflich Platz mache. Und wieder die Schmuckläden, vor denen niemand die kostbaren Auslagen betrachtet. Und wieder ist das tatarische Restaurant geschlossen. Aber die Weinstube gegenüber hat heute geöffnet. Es ist Mittagszeit. Nur zwei Gäste, eine Frau und ein Mann, sitzen in dem kleinen Raum an verschiedenen Tischen. Hinter dem Tresen steht ein mindestens dreimal so hohes und doppelt so breites Regal. Darin liegen hundert verschiedene Wein- und Sektsorten. »Krimskije Vina« steht auf dem Schild über dem Regal. Darunter die Namen der vielen Weingüter auf der Krim. Inkerman, Novy Swet, Koktebel, Massandra, Soletschnaja Dolina, Solotaja Balka, Alma Valley …

»Nur Weine von der Krim?«, frage ich die junge Frau am Tresen. Sie nickt und schlägt vor, dass ich, bevor ich einen bestelle, mehrere probiere. Zuerst schenkt sie einen leichten trockenen Weißen ein, dann einen würzigen. Danach einen Muskateller, und als ich sage, dass ich Rotweine liebe, kredenzt sie noch einen Schluck vom trockenen und einen vom süßen Roten.

»In den Weinen der Krim scheint die Sonne auch nachts.«

Der Geologe Valeri um 12 Uhr mittags in der Weinstube

Sie schließt die Augen und bittet, dass ich ihr aus verschiedenen schon offenen Flaschen einen Schluck einschenke. Viermal atmet und kostet sie den Wein. Und viermal nennt sie den richtigen Jahrgang, das Anbaugebiet und die Rebsorte.

»Alles, was ich über Wein weiß, habe ich mir selbst beigebracht.«

Sie kennt die Vinothek in dem Weinkeller von Massandra, in der noch über hundertjährige kostbare Weine aufbewahrt werden, und hat in dem fast 200 Jahre alten weltberühmten Weinbauinstitut von Magarach bei Jalta gearbeitet. »Dort wurden in den Versuchsweingärten früher Tausende Rebsorten aus aller Welt gehegt und gepflegt.«

»Früher?«

Sie öffnet eine Flasche »Aluschta«, füllt mein Glas und bringt Käsehappen. Nach dem zweiten Glas frage ich, ob es stimmt, dass 20 000 Hektar Weinstöcke während Gorbatschows Anti-Alkohol-Kampagne auf der Krim vernichtet worden sind.

Sie winkt ab. Das wisse sie nicht, damals sei sie noch ein Kind gewesen. Ich solle ältere Weinbauern danach fragen. Und fügt hinzu, dass in dieser Zeit der Weinspezialist des historischen Weinbauinstituts von Magarach, wie auch immer, ums Leben gekommen sei …

Der Mann am Nachbartisch trinkt keinen Wein, sondern Kognak. Er trägt eine Brille mit stark getönten Gläsern. Seine hohe Stirn ist fast faltenfrei, der Mund geradlinig, mit sehr schmalen Lippen. Unter dem blau-grauen Norwegerpullover lugt der Kragen eines lila Hemdes hervor. Darüber trägt er eine silbergraue Weste mit aufgenähten Reißverschlusstaschen. Alles an ihm sieht seriös aus. Ich nehme an, dass er wahrscheinlich ein Pensionär ist. Ein Pensionär, der mittags in der Weinstube Kognak trinkt!

Als er bemerkt, dass ich ihn mustere, erhebt er sein Glas. »*Na sdarowje* – Auf die Gesundheit!« Danach reicht er mir seine Visitenkarte. »Valeri Iwanowitsch Wasenko, Hauptgeologe der hydrogeologischen Station der Krim in Saki.«

»Pensionär?«

»Ja, ich bin schon 67 Jahre. Aber ich suche trotzdem immer noch nach Steinen und Bodenschätzen und halte Vorträge für Geologiestudenten.«

Kürzlich hätte er auch vor deutschen Studenten in Moskau gesprochen. »Stundenlang über Steine. Nur über Steine. Zum Schluss wollte ich ihnen seltene Exemplare zeigen, die ich extra von der Krim mitgebracht hatte. Ich dachte, sie würden sich freuen.« Doch sie hätten energisch protestiert. »Herr Wasenko, wir wollen weder ein Wort mehr über Steine hören noch einen Stein sehen. Wir wollen endlich ein Bier trinken.«

Als ich ihn nach seinen dunklen Brillengläsern frage, erklärt er, dass sie mit einem unerfüllten Kindheitstraum und dem Beginn seines »Steinlebens« zusammenhängen.

»Mein Vater war Pilot der sowjetischen Luftwaffe. Oft wurde er von einem Standort zum nächsten abkommandiert, und unsere Familie zog mit. Das war aufregend und interessant für mich. Ich wusste schon mit zehn Jahren: Ich werde auch Pilot! Doch in der 9. Klasse verpasste mir der Augenarzt die erste Brille. Da war mein Traum, am Himmel zu fliegen, plötzlich beendet. Auf der Erde nach Steinen suchen kann man auch mit Brille. Also wurde ich Geologe.«

Valeri nimmt sein Kognakglas, setzt sich zu mir an den Tisch und sagt, dass er außer Steinen auch Worte sammelt. Sein wichtigster Spruch: »Für das Leben des Menschen sind Worte das, was für das Essen das Salz ist.«

Er möchte die Richtigkeit des Spruchs sofort mit Geschichten über die Krim beweisen, aber seine Mittagspause ist vorbei.

»Wir sollten uns wiedersehen. Ich sitze jeden Mittag Punkt 12 Uhr hier. Jeden Mittag Punkt 12.«

Das nächste Mal könnten wir anschließend zu seiner hydrogeologischen Station gehen. Sie stehe an der Bucht des flachen faulen Meeres, in der sich wertvoller Heilschlamm abgelagert habe. Schon am Ende des 18. Jahrhunderts sei dieser Schlamm von Mineralogen und Medizinern untersucht worden. »Seitdem ist er ein international anerkanntes Heilmittel gegen Krankheiten der Knochen, der Gelenke und der Muskeln.« Gewöhnlich sei Heilschlamm tote Materie mit mineralischen Stoffen. Der von Saki lebe allerdings. Millionen Mikroorganismen würden darin herumkrabbeln, und fast alle Elemente der Mendelejew-Tabelle wären in ihm enthalten.

Nach einer Schlacht wäre ein tödlich verwundeter Krieger im Schlamm liegen gelassen worden. Drei Tage später wäre er, von seinen Verwundungen geheilt, aufgestanden.

Einige seiner Kollegen würden sich mit dem Schlamm täglich ihr Gesicht einschmieren, um jünger auszusehen. »Ich brauche das nicht mehr.«

Als er geht, mahnt er, dass ich mein Glas in Ruhe leeren soll. »Wer den kostbaren Krimwein schnell trinkt, verschluckt auch das Fladenbrot, ohne es zu kauen – sagen die Tataren.«

Ich frage: »Irgendwann hier? Wieder um 12 Uhr mittags?«

Valeri nickt und rät: »Falls du zum Meer gehen willst, lass den silbernen Lenin und die Ruinen links liegen.«

»Was wird mit den Ruinen? Abreißen? Neue Häuser bauen?«

Nein, das sei auch für Russland jetzt noch zu teuer. »Am besten«, er lacht, »am besten: Wir verkaufen die Ruinen nach Amerika.«

Ehe ich ihn fragen kann, wie viel Kognak er in der Mittagspause getrunken hat, konkretisiert er seinen Vorschlag.

»Wir verkaufen alles an Hollywood. Die könnten hier ihre Action- und Gruselfilme drehen.«

Ich frage, ob die Geschichte vom Verkauf Alaskas stimmt.

»Ja, damals haben uns die Amerikaner betrogen. Aber heute würde Russland nicht einmal die Ruinen von Saki an die USA verkaufen. Keinen Fußbreit unseres Landes. Auch nicht für Millionen …«

Zehn Minuten später sehe ich das Meer. Entgegen der Ankündigung rieche ich nicht, dass es faulig ist. Es ist aber so flach, dass eine zwei Kilometer lange schmale Schotterstraße die Bucht in zwei Hälften teilt und Saki mit dem gegenüberliegenden Michailowski verbindet. Rechts und links der Straße wird das seichte rotbraune Brackwasser durch Wälle aus Erde, Holz oder Beton in rechteckigen Trockenfeldern gestaut. Dort setzt sich der faulige Heilschlamm ab. Vor diesem noch einen Meter tiefen Wasser ist ein Begrenzungsdraht gespannt, und Schilder warnen: »Baden streng verboten! Lebensgefahr!«

Lebensgefahr? Dem verwundeten Krieger hatte der Aufenthalt im faulen Meer das Leben gerettet. So ändern sich die Zeiten. Die Schienen, die von den Heilschlammfeldern immer noch geradewegs zu den Sanatoriumsruinen führen, sind in den letzten 25 Jahren mit Gras und Unkraut zugewachsen. Die danebenstehenden Loren sind verrostet, und ein Mann, der Heilschlamm auf einen kleinen Lkw schaufelt, weiß, dass für die drei Sanatorien, die in Saki noch arbeiten, eine Fuhre Heilschlamm fünf Tage reicht.

Von den Trockenfeldern laufe ich am Burdenko-Sana-

Heilschlammgewinnung in Trockenfeldern

torium vorbei zum Meer. Auf einer Tafel wirbt das Sanatorium mit der »Heilung von Erkrankungen der Gelenke und des Bewegungsapparates« um neue Patienten. Ich humpele an den vor der Klinik stehenden, weiß bekittelten, rauchenden Männern mit meinem Arthroseknie sehr aufrecht und möglichst sehr schnell vorbei.

Noch sehe ich das offene Meer nicht. Es ist durch einen scheinbar endlosen mannshohen Bretterzaun von der Stadt abgegrenzt. Um das Schwarze Meer endlich mit den Füßen zu begrüßen (ein Ritual, das ich seit meiner Hochseefischerzeit bei der Ankunft an einem Meer einhalte), versuche ich über den Zaun zu klettern, gebe es aber auf halber Höhe auf. Immerhin sehe ich, dass die Absperrung nach 100 Metern endet. Doch auch dort kann ich nicht mühelos zum Meer hinuntergehen, denn auf der Uferböschung ist die Lehmerde von Baggerketten zerfurcht und zu Haufen geschoben. Dazwischen liegen leere Kabeltrommeln, Tanks und Bretterstapel.

Vorsichtig klettere ich zum Meer hinunter. Ziehe meine Winterschuhe und die Socken aus, krempele die Hosenbeine und die Ärmel des dicken Anoraks hoch, will, bevor ich ins Wasser laufe, zuerst, über das Meer schauend, »Sei gegrüßt, Meer!« schreien. Sage es dann doch nur leise zu mir. Das war klug, denn ein Mann in grau-braun gefleckter Armeetarnjacke, mit einer hohen eiförmigen Wollmütze auf dem Kopf und einem strengen gebräunten Gesicht mit einer sehr großen Nase schnauzt mich an: »Es ist streng verboten, das Baugelände zu betreten!«

Was ich hier zu suchen hätte? Ich will sagen: »Das Meer!« Doch ich möchte ihn nicht noch wütender machen und entschuldige mich. Ich hätte am Ende des Bretterzaunes kein Verbotsschild gesehen. Er verlangt meinen Pass. Ein kleiner weißer Hund mit schwarzem Kopf rennt kläffend auf uns zu. Als er mich zweimal umkreist hat und dann, an mein Bein gelehnt, mit dem Schwanz wedelt, zieht der Mann die Mundwinkel ein wenig nach oben und sieht nun freundlich aus.

Er und sein Hund müssten diese kilometerlange Baustelle am Ufer bewachen.

»Und wer baut hier was?«

»Putin baut ein großes Tourismus- und Erholungszentrum.«

»Also Russland baut«, sage ich. »Die Russen investieren hier?«

»Ja. Putin gibt Saki Millionen dafür.«

Zukunftsvorhaben für Saki

Er stapft mit mir quer durch den Schlamm zum Eingang, an dem ich das heruntergefallene Verbotsschild übersehen hatte. Stabiler angebracht hat man dagegen eine großflächige Tafel: »Zukunftsvorhaben zur sozial-ökonomischen Entwicklung der Republik Krim und der Stadt Sewastopol bis zum Jahre 2020«. Darunter bunte Fotos von Modellen des geplanten Ferienzentrums bei Saki: Freilichttheater, Gärten, Restaurants, Promenade, Feriensiedlung, Spielplätze, Meeresschwimmbecken, Parks …

»All das wird Putin hier bauen lassen«, sagt Anatoli. Bevor ich ihn fotografiere, knöpft er seine Tarnjacke auf und präsentiert sich mit Hemd und weißem Pullover.

Auf der Promenade würden die Patienten später mit ihren Rollstühlen vom Sanatorium bis zum offenen Meer fahren. Unterwegs könnten sie, schwärmt er, Konzerte im Musikpavillon hören, Kaffee trinken und sich am Strand

Der Baustellenwächter Anatoli

in schattigen Zelten, wie sie die Krimtataren früher errichtet hätten, ausruhen.

»Alles wird noch schöner als in Jalta«, schwärmt er und ergänzt: »Putin macht das für Russland.«

»Bist du Ukrainer, Tatar oder Russe?«

»Ein Russe.«

Ungefragt beginnt er sofort von seinen russischen Vorfahren zu erzählen. Weil ich Schwierigkeiten habe, Onkel, Tanten, Nichten, Neffen, Urgroßväter und andere Verwandte auf Russisch auseinanderzuhalten, begreife ich von seinen Geschichten nur, dass einer seiner Vorfahren den Zirkus in Moskau gegründet hat. Ein anderer sei 1787 mit Katharina II. von Petersburg auf die von Russland eroberte Krim gefahren. »Die Reise mit der Pferdekutsche dauerte mehrere Monate. Begleitet wurde die Zarin damals auch von Fürst Potemkin.« Den Namen Potemkin müsste ich doch kennen. »Jeder, der einmal in der Sowjetunion war, kennt ihn.«

Obwohl ich nicke, belehrt mich Anatoli, dass auf dem Panzerkreuzer »Fürst Potemkin« 1905 in Odessa der Aufstand der russischen Matrosen gegen die Zarenherrschaft begonnen habe. »Dieser Aufstand war der Anfang von allem.«

Was er mit »von allem« meint, sagt er nicht. Er erwähnt nur noch, dass Potemkin, damit der Zarin die Fahrt durch die leeren Steppen nicht zu langweilig wurde, entlang der Route Attrappen von Häusern, Bäumen und Kirchen aufbauen ließ. »Auch ganze Dörfer.«

»Mit Menschen?«

Das weiß Anatoli nicht. Aber er beteuert noch einmal, wie gut und richtig es ist, dass Putin auf der jetzt russischen Krim viel bauen lässt. »Der ukrainische Staat hat die Krim bis 2014 nur als eine fette Kuh gemolken. Bis sie klapperdürr war.« In der ukrainischen Zeit sei keine wichtige Straße gebaut worden. Die Kliniken und Sanatorien hätten die Ukrainer genau wie den aus Sowjetzeiten stammenden viel zu kleinen Flughafen in Simferopol verfallen lassen.

Wir gehen zur Uferböschung der Baustelle zurück. Anatoli, der schon 73 Jahre alt ist und noch arbeitet, um die karge Rente aufzubessern, ruft seinen umherstreunenden Hund. Doch der hat in einem umgeworfenen Papierkorb fressbare Reste gefunden.

»Jetzt verfestigen wir erst den Untergrund, verlegen die Abwasserleitung und bauen Schächte.« Anatoli will wissen, ob mir der neue Flughafen in Simferopol gefällt. Den hätte Putin – nach meiner ersten Entgegnung verbessert Anatoli –, »haben die Russen« – und nach einer zweiten Entgegnung –, »den haben wir hier in nur drei Jahren gebaut.«

Ohne zu übertreiben, sage ich aus tiefstem Herzen: »Ja, der ist wunderbar.«

Dagegen hatte ich den Moskauer Flughafen Scheremetjewo – *scheremet* ist das tatarische Wort für Dorf – bei meiner Zwischenlandung als ein monsterartiges Labyrinth des Horrors verflucht. Um dort Terminal und Gate des Anschlussfluges nach Simferopol zu finden, schickten mich Wegweiser in russischer, englischer und chinesischer Sprache zuerst auf eine Umleitungsstrecke. Nach 10 Minuten endete sie nur 50 Meter neben dem Ausgangspunkt. Dort hing ein neuer Wegweiser in Russisch, Englisch und Chinesisch. Er zeigte in die entgegengesetzte Richtung. Rolltreppen hinauf und hinunter. Schließlich ein Hinweisschild nur noch in chinesischen Schriftzeichen. Wahrscheinlich das Abfluggate nach Peking oder Hongkong. Danach wieder dreisprachig ein Hinweis zur Haltestelle der Flughafen-U-Bahn. Angst, in die falsche Richtung zu fahren. Nach einer Viertelstunde endlich die Stationsanzeige mit dem gesuchten Terminal und dem Gate. Aussteigen. Aufatmen. Treppen hinauf und hinunter. Umleitung …

Zwischen Ankunft und Weiterflug hatte ich zum Glück zwei Stunden Zeit. Ich brauchte nur eine Stunde und 35 Minuten.

Zwei Stunden später landete ich in Simferopol. An den Aufgängen zur Begrüßung Landschaftsbilder der Krim. Dazwischen weder ein Porträt von Putin noch Hinweisschilder auf Chinesisch. Die Wände in der Abflug- und

Ankunftshalle bis zur Decke mit Efeu bewachsen. Daneben ein Café mit Blick zur Start- und Landebahn.

Vor dem Flughafen neu gebaute Straßen und noch von Baggern und Raupen aufgewühlte Erde. Auf einem der schon asphaltierten Warteplätze zwei rauchende Männer. Einer bot mir eine Zigarette an. Ich lehnte ab. Nachdem ich gesagt hatte, dass ich aus Deutschland komme, entschuldigten sie sich »als Bewohner der Krim für die Verwüstung vor dem Flughafen«.

»Die Russen!«, schimpfte der eine. Der andere ergänzte, dass jetzt auf Teufel komm raus neue Straßen, Betriebe, Häuser und Tourismuszentren auf der Krim gebaut würden.

Als ich die beiden fragte, ob sie Ukrainer oder Tataren wären, zündeten sie sich eine weitere Zigarette an und gingen …

Anatolis Hund hat die Reste inzwischen aufgefressen. Er kommt schwanzwedelnd zurück. Wir stehen noch vor der großen Schautafel, und Anatoli wiederholt: »Putin lässt bauen. Das ist gut für die Krim.«

»Und für dich?«

»Vielleicht werde ich 2020 hier mit meinem Hund auf der neuen Promenade spazieren gehen, mich in ein Café setzen und einen Wodka trinken.«

Wodka ist ein gutes Stichwort! Für die »Anbahnung freundschaftlicher Gespräche« stecken in meinem Rucksack immer einige kleine Fläschchen Thüringer Kräuterschnaps. Doch als ich mit Anatoli auf unser Treffen und auf die Krim anstoßen will, sagt er: »*Net* – Nein. Ich trinke nur zu Hause. Während der Arbeit ist Alkohol streng verboten!«

»Du bist sicher, dass deine Vorfahren Russen waren?«, frage ich erstaunt.

Er nickt und holt aus seiner Militärjacke, die er wegen der Kälte wieder zugeknöpft hat, eine Flasche Wodka und einen Kanten Schwarzbrot. »Ich trinke nur Schnaps, dessen Seele rein und klar ist. Deinen trüben werde ich erst zu Hause in Ruhe kosten.«

Wir nehmen einen Schluck von seinem »Wässerchen«. Er einen großen, ich einen kleinen. Bevor Anatoli sein Brot isst, riecht er daran und atmet tief und zufrieden aus.

Danach will er wissen, was ich in Saki mache.

Weil ich wohl zu lange schweige, sagt er: »Nimm erst noch einen Schluck!«

Dann antworte ich sehr einsilbig: »Eigentlich wollte ich über das Leben der Menschen auf der Krim schreiben, aber …«

»Was aber?«

»Aber niemand erzählt mir ohne Wenn und Aber, ob er auf einer russischen oder einer ukrainischen Krim leben möchte. Sprecht ihr nicht darüber?«

Anatoli krempelt mühevoll den linken Ärmel hoch, ballt zuerst die Hand zu einer Faust und lässt dann wie ein Puppenspieler zwei Finger in die Höhe schnellen. »Pass auf, mein Freund. Zwei Frauen, eine mit blonden Haaren, die andere mit schwarzen, wollen dich heiraten und streiten sich um deine Gunst. Das ist erst einmal sehr angenehm für dich, denn du kannst dir eine aussuchen. Aber wenn dich dann die Nachbarn fragen, welche der beiden du nehmen wirst, wärst du ein großer Esel, wenn du öffentlich verkündest: ›Ich nehme natürlich die Blonde, die ist schöner und fleißiger!‹ Denn wenn du danach erfährst, dass die Schwarzhaarige als Mitgift ein Haus, ein Auto und zehn Pferde bekommt, wirst du trotzdem die Blonde heiraten müssen. Bleibst also ein Leben lang ein Habenichts und kannst von dem Haus, dem Auto und den zehn Pferden der Schwarzhaarigen nur träumen.«

»Anatoli, du bist ein Schlitzohr«, sage ich grinsend.

Er schüttelt den Kopf. »Nein, nur ein praktisch denkender Mensch.«

Er pfeift nach seinem Hund, drückt mir sehr lange und fest die Hand und sagt, dass sie jetzt wieder die Baustelle bewachen müssen. »Damit sich keine Unbefugten herumtreiben und Material klauen.«

Weit und breit ist niemand auf der künftigen Promenade zu sehen.

Die Sonne lugt inzwischen aus der Wolkendecke, und ich gehe vom offenen zurück zum faulen Meer.

Vor den Trockenfeldern suche ich einen Platz, an dem ich – von niemand beobachtet – mein Gespräch mit Anatoli aufschreiben kann.

Ich setze mich am Weg, der das Wasser teilt, hinter einen Pfeiler an eine Ruinenwand, vor der ein Kirschbaum mit schon dicken Blütenknospen steht. Hole die Brote, die mir Gulnada mitgegeben hat, eine Flasche Wasser und das Notizbuch aus dem Rucksack und beginne zu essen. Wenn Leute aus der Stadt kommen, sehe ich sie rechts vor dem Pfeiler, dann eine Sekunde nicht mehr und danach links vom Pfeiler weiter zum gegenüberliegenden Ufer laufen. Nach einer Viertelstunde nähert sich ein schlanker Mann. Er verschwindet wie alle anderen kurz hinter dem Pfeiler und kommt dann … Nein, er kommt nicht wieder!

Erst warte ich neugierig, dann beunruhigt, dass er endlich hinter dem Pfeiler auftaucht. Hat er sich dort versteckt, um mich zu beobachten? Nach gefühlten fünf Minuten stehe ich auf, stecke die Wasserflasche, die Brote und mein Notizbuch in den Rucksack und gehe, ihn am Griff tragend, schnell zum Weg. Direkt hinter dem Pfeiler entdecke ich … niemand. Doch an der Uferböschung sitzt der Mann auf einem Stein und raucht.

Für einen Moment weiß ich nicht, ob ich über mich lachen soll. Ich halte den Rucksack immer noch in der Hand und spüre plötzlich, dass mir, obwohl die Sonne scheint, Wasser in die Schuhe läuft. Das scheinbar Unerklärliche klärt sich schnell auf. Bei der »Flucht« aus meinem Schreibversteck hatte ich die Wasserflasche nicht ordentlich zugeschraubt. Fluchend drehe ich den Rucksack um und schütte Äpfel, Brote, Ausweise, Geld, Schreibblock, Stifte, Messer, Pflaster, Batterien, Regenponcho und den Fotoapparat auf die Uferböschung. Der Mann lacht wie über einen guten Witz.

Er winkt. »Setz dich zu mir, und lass die Sachen trocknen.«

Ich frage ihn, ob er in Saki wohnt.

»Nein, ich lebe mit meinen Eltern in Antalya.«

»Und wo hast du Russisch gelernt? In einer türkischen Schule?«

»Nein. Natürlich nicht!«

»Du bist ein Russe, der in der Türkei lebt?«

»Nein. Ich bin kein Russe.«

Er holt eine Handvoll Sonnenblumenkerne aus der Hosentasche, nimmt einen davon zwischen zwei Finger, beißt – wie ich das bisher nur bei Russen gesehen habe – die Schale geschickt auf, spuckt sie in weitem Bogen aus, knabbert den Kern, greift noch einmal in die Hosentasche, gibt auch mir eine Handvoll Kerne.

Ich sage ihm nicht, dass ich jeden Winter die Vögel damit füttere, sondern versuche, so wie er die Spitze des Kerns zuerst zwischen den Schneidezähnen aufzubeißen. Doch ich spucke entweder die kaputte Schale mitsamt dem Kern aus oder schlucke sowohl Schale als auch den winzigen Kern hinunter.

Der Mann ist wahrscheinlich doch ein Russe, denke ich und fluche bei meinem nächsten erfolglosen Aufbeißversuch: »Vogelfutter!«

Er holt aus seiner Jackentasche ein golden glänzendes türkisches Konfektstück.

»Das musst du nur auswickeln.«

Ich frage ihn, was er in Antalya macht.

»Ich arbeite vor allem als Masseur für russische Touristen.«

»Und wo hast du wirklich Russisch gelernt?«

»Ich sagte doch: in der Schule. Aber nicht in der Türkei, sondern in der Usbekischen Sowjetrepublik.«

»Also bist du ein Usbeke?«

»Nein, ein Tatar.«

»Ein Krimtatar?«

»Nein. Meine tatarischen Eltern lebten bis zur Deporta-

Der Masseur Raschit

tion in Grusinien, wie die Russen Georgien nannten und es manchmal heute noch nennen.«

Man habe auch sie damals als Angehörige eines »feindlichen Volkes« aus ihrer grusinischen Heimat nach Usbekistan verbannt. »Herausgerissen wie schädliche Disteln im Maisfeld.«

Nach ihrer Rehabilitierung seien die Eltern mit ihm allerdings nicht zurück nach Grusinien, sondern in die Türkei gegangen.

»*Konez* – Ende«, sagt der 46-jährige Raschit.

»Und was machst du in Saki?«

»Ich warte, dass ich meine russische Frau Sweta und unsere drei Kinder von hier in die Türkei mitnehmen kann.«

Er begutachtet meine zum Trocknen ausgelegten Sachen und meint, dass ich alles wieder einpacken könne.

Alles außer dem Fotoapparat. Während ich ihn fotografiere, macht der Masseur ein, wie er sagt, »touristenfreundliches Gesicht«.

Auf die Frage nach seiner Frau und den drei Kindern schüttelt er den Kopf. »Heute nicht. Aber ich bleibe mindestens noch einen Monat in Saki. Du wirst mich hier immer auf dem Weg von einem Ufer zum anderen oder im Park treffen.«

Beim Abschied sagt er stolz: »Vor zwei Monaten wurde in Saki unser Sohn geboren. Ich habe ihn Ali genannt. Kennst du das Märchen von ›Ali Baba und den vierzig Räubern‹?«

Ich nicke und gehe in die Stadt zurück.

Alexander holt mich wie versprochen mit dem Auto ab. »Der Kuhbruder hat uns heute Abend eingeladen.«

Als er unterwegs fragt, wie mein Tag war, berichte ich ihm von meiner zufälligen Bekanntschaft mit dem in der Türkei lebenden Raschit Jussupow, von dem ich zuerst gedacht hatte, dass er nicht Türke, sondern Russe sei. Der aber auch kein Türke ist, sondern ein geborener Usbeke. Doch auch kein Usbeke, denn seine Eltern seien Grusinier, also Georgier. Allerdings, wenn man es ethnisch genau betrachte, wären es früher in Georgien lebende Tataren …

Ich erzähle Alexander, dass Raschits Eltern nach der Rehabilitierung nicht in die Georgische Sowjetrepublik zurückgegangen, sondern in die Türkei übergesiedelt wären. Alexander vermutet, dass diese Entscheidung wahrscheinlich nicht nur wegen ihrer islamischen Religion besser gewesen sei. »An den Heimkehrern aus der Verbannung oder den sibirischen Straflagern blieb in der Sowjetunion, auch nach ihrer politischen Rehabilitierung, der Makel des ›Volksverräters‹ haften. Selbst heute klebt er noch an ihnen und ihren Kindern und Enkeln.«

Ich solle den Kuhbruder nach seiner Ankunft auf der Krim fragen. »Vielleicht erzählt er davon.«

Von meiner Schafsbruderschaft mit dem Kuhbruder, dem zweiten Autokennzeichen des Busfahrers für die Stationen nach der neuen russisch-ukrainischen Grenze und einer Dreieinigkeit von Moschee, Synagoge und russisch-orthodoxer Kirche in Jewpatorija

Die Häuser des Geschichtsbruders und des Kuhbruders stehen nebeneinander. Ihre Hinterhöfe trennt kein Zaun, man muss nur einen Stolperdraht zur Seite biegen. Beim Kuhbruder liegt auch nicht alles brauchbare und unbrauchbare Gerümpel der letzten 20 Jahre vor dem Haus. Er hat weniger Platz. Neben seinem Wohnhaus steht noch ein kleines niedriges Gebäude. Dahinter befinden sich verwinkelte Stallanlagen.

Der Kuhbruder hat keine Gummistiefel, sondern Halbschuhe an. Trägt keine zerschlissene Wattejacke, sondern einen metallisch glänzenden Anorak und geht trotz seiner Größe auch in den niedrigen Ställen nicht gebückt, sondern sehr aufrecht.

»Ich habe sechs Kühe und zwei Schafe. Und seit gestern noch ein Lamm.«

Er führt mich durch die verschachtelten Buchten. Ich liebe den Geruch und die Wärme der Stallungen. Erinnerung an meine Schafzucht (nie mehr als vier Tiere) vor über 20 Jahren …

Das Lamm liegt in einer Ecke. Blökend stellt sich das Mutterschaf über das Frischgeborene, das sich, weil die Läufe immer wieder einknicken, vergeblich bemüht, das Euter der Mutter zu erreichen. Der Kuhbruder hebt es hoch, bis es die Zitzen im Maul hat. Ich erzähle ihm, dass ich ein Lamm, das vom Mutterschaf weggestoßen worden war, zwei Monate mit der Milchflasche aufgezogen habe.

Er gibt mir die Hand und sagt: »Mein Bruder!«

Ich frage, wovon er lebt.

»Von meinen Kunden in der Stadt. Ich bringe ihnen Biomilch und Ökokäse direkt bis an die Haustür.«

Wieder auf dem Hof, erkundige ich mich bei meinem neuen, durch die Schafzucht mit mir verbundenen Bruder, wer in dem hüttenähnlichen Haus nebenan wohnt.

»Ich vor 30 Jahren, nach der Ankunft auf der Krim. Zuerst allein, später mit meiner Frau.«

Als ob er ahnt, was ich weiterfragen will, meint er, dass es Zeit wäre, Abendbrot zu essen. Und ergänzt: »Nur wer gut gegessen hat, kann Geschichten erzählen.«

Nach dem jungen Schafskäse holt er einen schon 6 Monate gereiften, Teigtaschen und Tee. Als ich ihn beim Tee um die Geschichte seiner Ankunft auf der Krim bitte, sagt er, dass ich erst Kuchen essen, Konfekt kosten und Kaffee trinken solle. »Auch wer Geschichten hören will, darf nicht hungrig sein.«

Ich esse und trinke, und der Kuhbruder meint, dass seine Geschichte nur eine unwichtige Episode in der Geschichte des tatarischen Volkes sei. Damit ich sie verstehe, müsse er mit dem Leben der Krimtataren in der usbekischen Verbannung beginnen.

»Wir Kinder der Verbannten haben dort genau wie die einheimischen Usbeken alle einen Beruf erlernen oder studieren können. In unserer Familie gab es einen Direktor, eine Lehrerin, einen Ökonomen, einen Feldbaubrigadier, einen Baufachmann. Und wir hatten in Usbekistan durch unsere Arbeit auch Geld gespart. Keiner von uns kam 1988 als Habenichts auf die Krim. Trotzdem waren wir hier nicht willkommen. Die neuen Bewohner der Häuser, die unsere Eltern gebaut hatten, verschlossen, nachdem sie schon 40 Jahre darin wohnten, alle Türen vor uns.«

Er schenkt mir noch einmal Kaffee ein.

»Unsere Familie kehrte zwischen 1988 und 1989 aus der Usbekischen Sowjetrepublik auf die Krim in die Ukrainische zurück. Ich war von den sechs Söhnen einer der Ersten. Sozusagen ein Kundschafter für die Familie. Doch in dieser Zeit befanden sich Zehntausende tatarische Kundschafter auf der Krim. Also war ich glücklich, als ich hier in Nowaja Derewnja das kleine Haus kaufen konnte. Habe es ordentlich bezahlt, und der alte Eigentümer unterschrieb den Vertrag. Holz lag im Hof. Ich machte Feuer, brühte Tee und schlief in der Nacht ruhig und fest. Als der Morgen graute, hämmerte jemand kräftig an die Tür. Ich öffnete. Drei Polizisten standen davor. Einer schrie: ›Was machst du hier? Wer ist der Hausbesitzer?‹

Ich zeigte ihnen meine Papiere und sagte, dass ich das Haus gekauft hätte. Der kleinste der drei schnauzte: ›Du bist ein Tatar?‹ Und der zweite Polizist: ›Kommst aus der Verbannung?‹

Sie warteten meine Antwort nicht ab. Der dritte ging ins Haus, warf meine Koffer und meine Sachen auf die Straße und schloss das Haus ab. Abends kletterte ich durch das offene Fenster wieder hinein, holte die Koffer, kochte Tee und schlief. Am Morgen standen die Polizisten erneut vor der Tür. Schrien, dass wir Tataren Feinde der Sowjetunion wären, schmissen die Koffer wieder auf die Straße. So ging es eine Woche und noch eine Woche. Ich abends in mein Haus hinein, früh morgens schmissen mich die Polizisten raus. Ich wusste damals nicht, wie ich mich wehren könnte. Ein Freund riet, einen Hungerstreik zu beginnen. Also aß ich nichts mehr. Die Polizei meldete den Behörden: ›Der isst nichts mehr!‹ Die sagten: ›Er wird es nicht lange aushalten.‹ Ich hielt es aber aus. Und schrieb Gorbatschow einen Brief, in dem ich mich über die unmenschliche Behandlung der heimgekehrten Krimtataren in der Ukraine beschwerte. Obwohl seine Frau Raïssa von Tataren abstammen soll, antwortete er nicht. Aber irgendwann erhielt ich die behördliche Genehmigung, meine Koffer in das Haus zu bringen.«

Andere Tataren hätten sich auf freien Feldern außerhalb der Dörfer, in denen ihre früheren Häuser noch standen, kleine Hütten gebaut. »Doch bevor die Dächer darauf waren, haben die Russen mit Bulldozern die Wände niedergewalzt. Wie im Krieg. In den Nächten errichteten die Heimkehrer neue Mauern. Am Morgen kamen die Bulldozer und schoben das Gebaute zusammen. So sind die aus der Verbannung heimkehrenden Tataren von den inzwischen auf der Krim angesiedelten Russen empfangen worden. Mit Bulldozern!«

Ich verkneife mir die Frage: Vielleicht saßen auch Ukrainer oder Letten in den Bulldozern?

Bevor wir uns verabschieden, schenkt er mir noch ein, wie er sagt, viele Monate gereiftes Stück von seinem Biokäse.

Ich lege es bei Großmutter Gulnada auf den Tisch. Meinen zaghaften Protest, dass ich schon beim Kuhbruder gut und reichlich gegessen habe, beendet sie mit einer energischen Handbewegung und serviert Krautsuppe, süß-sauer eingelegte Tomaten, Wurstscheiben, geräucherten Fisch, Brot, Kuchen, Konfekt und kubanischen Orangensaft.

»Original aus Kuba?«

»Ja, vielleicht aus Solidarität der Menschen, die dort schon fast 60 Jahre unter der Handelsblockade der USA leiden. Wir hier erst fünf Jahre«, sagt Reschit.

Ich fühle mich bei Babuschka Gulnada geborgen wie vor 70 Jahren bei meiner Oma Liesbeth, die mir Eierkuchen buk und so lange am Gumminippel eines Glases mit ihrem eingeweckten Apfelmus zog, bis es sich zischend öffnen ließ. Und wie bei Opa Heinrich, der zwei unterschiedliche Kaffeepäckchen, die er sich in der Notzeit nach dem Krieg irgendwie »organisiert« hatte, vom Küchenregal holte und aus dem einen bedächtig 29 Bohnen und aus dem anderen genau 35 abzählte und die Kurbel der Mühle danach sehr hastig drehte. Jeden Nachmittag 64 Bohnen. Weshalb immer 29 und 35? Ich habe ihn nie danach gefragt.

»Seit wann wohnt ihr hier, Reschit?«

Anscheinend ist das keine gute Frage, denn Reschit antwortet nur kurz: »Noch nicht sehr lange.« Dann nickt er der Babuschka zu. Die geht wortlos in den Vorraum, in dem die Gläser mit dem Eingeweckten stehen, und kommt mit einer Flasche selbst gekeltertem Wein zurück.

»Bevor ich dir erzähle, wie wir zu dieser Wohnung gekommen sind, müssen wir erst einen kleinen Schluck auf einen sehr guten, weisen, großherzigen Menschen trinken.

Wir haben ihn vor sechs Monaten im Alter von 89 Jahren zu Grabe getragen.«

Reschit erhebt sein Glas und spricht leise einen Toast: »Auf unseren Wohltäter Achtem Baraschew!«

Gulnada sei mit ihrem Mann und ihrer Tochter Sera erst vor 13 Jahren aus Usbekistan auf die Krim gekommen. »Sera und ich heirateten, und unsere zwei Kinder wurden geboren. Wir lebten bei Gulnada und ihrem Mann. Aber der suchte ständig Streit mit mir und seiner Tochter Sera. Und nach einer heftigen Auseinandersetzung schmiss er uns mit den kleinen Kindern aus der Wohnung. Mitten im Winter standen wir auf der Straße.«

An dieser Stelle unterbricht die Babuschka den Schwiegersohn. »Ich habe meinem Mann gedroht, dass ich ihn verlassen werde, wenn er Reschit, Sera und die Kinder nicht zurückholt. Ich glaubte nicht, dass er so ein hartes Herz hat. Aber er hatte es.«

Ich frage: »Ein Russe?«

Reschit, der meine Frage nicht versteht: »Weshalb sollte der Hartherzige ein Russe sein? Er ist wie wir ein muslimischer Krimtatar.« Trotzdem hätte ihn das Elend seiner Enkel nicht gerührt.

»Schließlich trafen wir zufällig Achtem Baraschew, von dessen sechs Söhnen du nun schon drei kennst. Er lebte nach dem Tod seiner Frau allein in diesem Haus. Der sah unsere, die ihm fremden kleinen Kinder, fühlte die Not und sagte: ›Ihr könnt in meinem Haus wohnen!‹ Und als er wusste, dass unser Geld nicht für die Miete reichen würde, nahm er meine Hand zwischen seine und murmelte: ›Allah will, dass die Besitzenden den Besitzlosen von ihrem Vermögen abgeben.‹ Seitdem pflegen wir den Garten, erhalten das Haus und schützen die Feigenbäume von Achtem Baraschew vor dem Frost.«

Reschit verspricht, dass er mir das Grab zeigen wird. »Er liegt mit anderen muslimischen Tataren auf dem großen russisch-orthodoxen Friedhof.«

Schon im Bett, notiere ich heute in Wassjas Tagebuch nur noch: *Hätte gern mit Dir beim Kuhbruder gesessen und dessen Schafskäse gegessen. Er ist unvergleichlich würziger als der in Griechenland, Bulgarien, Spanien, der Türkei, Frankreich oder Italien … Einmalig, der Krimschafskäse vom Kuhbruder.*

Am nächsten Morgen gehe ich zur Bushaltestelle.

Außer zwei bärtigen Männern, von denen einer schon in der Frühe Wodkadunst ausatmet, steigen mit mir nur in Wolltücher und Wintermäntel gehüllte Frauen in den Bus nach Saki. Die meisten mit leeren Bastkörben und ledernen Einkaufstaschen. Nur eine schleppt zwei prall gefüllte Plastesäcke bis zu ihrer Sitzbank und versucht, die schweren Säcke auf den freien Nebenplatz zu heben. Ich will ihr helfen, doch bevor ich zupacke, zucke ich erschrocken zurück. In den Säcken liegen Hunderte abgehackte Hühnerfüße.

»Für die Suppe«, erklärt die Frau. »Ich verkaufe sie auf dem Markt in Saki.« Sie lädt mich an ihren Stand ein. »Ich werde für dich, mein Söhnchen, dann auch einen starken Tee aus hier in den Bergen gesammelten Kräutern brühen.«

Über der Frontscheibe des Busses hängt ein altes Nummernschild: UK 2501. Wahrscheinlich war es das Kennzeichen in der ukrainischen Zeit. Als wir in Saki aussteigen, frage ich den Fahrer nicht, ob er Probleme bekommen hat, weil er in einem nun russischen öffentlichen Verkehrsmittel ukrainische Nostalgie präsentiert, sondern sage, auf das Nummernschild zeigend, nur: »Erinnerung?«

Er brummt: »Nein, für die Grenze.«

»Für welche Grenze?«

Statt zu antworten, zündet er sich eine Zigarette an und geht zum Dienstgebäude der staatlichen Busgesellschaft von Saki.

Ein Mann lädt die Säcke mit den Hühnerfüßen auf eine zweirädrige Karre. Die Frau winkt und zeigt mir die Richtung zum Markt.

Aber der Markt ist noch nicht geöffnet. Ich laufe also wieder auf der *street* zu den Sanatoriumsruinen. Noch vor dem Schmuckgeschäft entdecke ich ein kleines Säulenrondell, das ich am Vortag übersehen hatte. In der Mitte des tempelähnlichen Baus steht ein Steinblock mit dem metallenen Abdruck einer Hand.

Wahrscheinlich die Hand eines russischen Dichters, der schon in Saki war.

»Von Gogol?«, frage ich eine vorübergehende Frau.

Nein, diese Hand gehöre weder einem Dichter noch einem Gelehrten, Maler oder berühmten Krieger der Krim.

»Wem dann?«

»Dem Gott der Wünsche«, sagt sie und lächelt. Man müsse die Hand in den Abdruck legen, die Augen schließen und sich etwas wünschen. »Nicht sofort, aber irgendwann wird sich der Wunsch erfüllen.«

Der Wunschstein

Als ich nach ihren Wünschen frage, sagt sie: »Keine Wünsche« und läuft weiter.

Nachdem ich eine Viertelstunde vergeblich gewartet habe, dass jemand in den Wunschpavillon hineingeht, versuche ich, zwei fröhlich schwatzende und wegen ihrer fülligen Bäuche vertrauenerweckend und gemütlich aussehende Männer zum Handauflegen zu animieren. Beide tragen dicke schwarze Seemannspullover.

Ihre Hände zur Erfüllung von Wünschen in einen Stein legen? Sie lachen. »Wir müssen unsere Wünsche alle selbst erfüllen.«

»Welche?«

»Frieden auf der Krim und keinen Krieg im Osten der Ukraine.«

Als Offiziere der russischen Marine hätten sie ihre Hände schon einmal zum Schwur aufgelegt: »Wir haben geschworen, dass NATO-Kriegsschiffe niemals vom Schwarzmeerhafen Sewastopol aus unsere nicht einmal 100 Kilometer entfernte Heimat bedrohen können!«

Beide nehmen, als sie das sagen, Haltung an. Aber als ich frage, weshalb sie hier in Zivil und nicht in ihren den Krimfrauen bestimmt imponierenden russischen Marineuniformen herumlaufen, bewegen sie sich auch ohne »Rührt euch«-Kommando. Der eine klopft vielsagend auf seinen Bauch, der Zweite meint: »Weil die Uniformen sehr eng sind …«

Sie seien in Sewastopol stationiert und hier in der Militärklinik zur Kur.

Schließlich stoßen sie sich lachend gegenseitig an, gehen in den Pavillon und legen nacheinander ihre Hand auf den Stein. Was sie sich gewünscht haben, kann ich nur ahnen.

Wenige Minuten nachdem die Offiziere weitergegangen sind, kommen sie mit einem Mann im Rollstuhl zurück. Auch er trägt einen dicken schwarzen Seemannspullover. Sie schieben ihn bis zum Stein im Rondell. Einer der beiden dickbäuchigen Männer, sie haben sich inzwischen mit Sascha und Igor vorgestellt, erklärt leise: »Sein Sohn ist ein Verräter. Sagen unsere Admiräle. Wir sagen das nicht.«

Denn er, der Vater, wäre ihr *towarischtsch*, ihr Genosse. Er sei 2010 als russischer Marineoffizier von Leningrad in den Stützpunkt Sewastopol abkommandiert worden. »Sein Sohn, der damals schon im ukrainischen Odessa lebte, diente von 2012 bis 2014 bei der Schiffsartillerie in der ukrainischen Armee auf der Krim. Nachdem die Krim 2014

Russland angegliedert worden ist, sind alle ukrainischen Soldaten von der Krim auf das ukrainische Festland zurückbefohlen worden. Aber der Sohn blieb in Sewastopol. Für das ukrainische Militär war er ein ›fahnenflüchtiger Verräter‹. Die russische Armee hat ihn als Soldaten übernommen. Doch als die russischen Generäle später die Zuverlässigkeit der Armeeangehörigen auf der Krim überprüften, haben sie viele der ›ukrainischen Überläufer‹ entlassen. Einmal Verräter – immer Verräter!, sagten sie.«

»Und der Vater?«

»Der hat sich beim Herunterlassen eines Rettungsbootes einen Rückenwirbel verletzt.«

»Und sein Sohn?«

»Der arbeitet inzwischen in einem Reparaturbetrieb im Ural.«

Während unseres Gesprächs hat der Vater seine Hand auf den Stein gelegt. Er verharrt lange, als ob er betet. Richtet sich auf und drückt seine Hand noch einmal in die Hand des Wunschgottes.

Als die Marineoffiziere den Rollstuhl mit ihrem Genossen aus dem Rondell geschoben haben und in eine Seitengasse abgebogen sind, gehe ich geradeaus zum Park und bleibe wieder vor dem Mahnmal für die Opfer der faschistischen Besetzung im Zweiten Weltkrieg stehen. Das ewige Feuer brennt. Die Sturmböen, die vom sumpfigen Meer herüberwehen, lassen die Flamme zwar flackern, aber können sie nicht ausblasen. Den Brennstoff für die ewige Flamme entdecke ich erst, als ich weitergehe. Unter Bäumen steht neben dem Mahnmal ein großer gelber Kasten. Darauf steht in kyrillischen Buchstaben: »*ГАЗ*«.

Gas für die ewige Flamme

GAS!

Millionen Tote!

Am Ende des Parks treffe ich den »Türken« Raschit Jussupow wieder. Wenn er seiner Frau Sweta nicht beim Kochen in der Klinik helfe, gehe er jeden Tag zum Meer.

»Erst in vier Wochen darf ich Sweta und unsere Kinder mit nach Antalya nehmen. Bis dahin warten und spazieren gehen. Spazieren gehen und warten.«

Ich erzähle ihm vom Wunschpavillon. Er nickt. Die Tataren würden bei der Berührung nicht nur von den Steinen, sondern auch von der Erde, den Pflanzen, dem Wasser und den Bäumen natürliche Kräfte erhalten. »Nur die Kräfte. Deine Wünsche musst du dir mit der von der Natur geschenkten Kraft dann selbst erfüllen.«

Raschit fragt, ob wir am Ufer Sonnenblumenkerne knabbern oder im kleinen Parkrestaurant Kaffee trinken wollen.

Im Café bestelle ich Kuchen, und er legt die in Goldpapier gewickelten türkischen Pralinen dazu. Die habe er bei seinem ersten Treffen in der Türkei auch Sweta geschenkt. »Sie war als Touristin in Antalya. Und ich wusste, dass *swet* auf Russisch ›das Licht‹ ist.«

Die Entfernung zwischen der Krim und dem nächstliegenden türkischen Küstenort betrage zwar über 500 Seemeilen – über Land sogar 1500 Kilometer –, doch das hätte in den letzten 300 Jahren Zehntausende Krimtataren nicht davon abhalten können, übers Meer oder den Kaukasus in die Türkei zu fliehen.

»Obwohl die Russen an ihren orthodoxen Gott und die Türken und wir Tataren an unseren muslimischen Gott glauben, verstehen sich unsere Länder inzwischen politisch und ökonomisch immer besser. Putin ist gut für Russland!«

Pause.

»Und Erdogan?«

»Erdogan ist gut für die Türkei!«

Pause.

»Und für die Demokratie, die Menschenrechte und das Wohl der kleinen Leute?«

Um mir das klarzumachen, müssten wir austrinken und uns draußen auf die Bank setzen, meint Raschit Jussupow.

»Und die Schalen russischer Sonnenblumenkerne ausspucken?«, spotte ich.

Nein, er möchte mir nur die nützliche und die unnütze Politik von Staatsmännern am Beispiel seiner Arbeit demonstrieren. Er stellt sich hinter mich, fragt, ob ich – was in meinem Alter normal wäre – an Verspannung und Schmerzen in der Schulter leide.

Ich nicke. Er fasst unter Anorak und Pullover und beginnt, mir den Nacken und die Schulter zu massieren.

Zuerst, wie er sagt, die demokratische Methode. »Sanft streicheln und dabei ständig wiederholen: ›Es wird alles gut, es wird alles gut.‹ Streicheln. ›Es wird alles gut.‹ Streicheln. Aber nichts wird dadurch wieder gut!«

Danach beginnt er mit starken Griffen meine Schultermuskeln schmerzhaft zu traktieren. Rücksichtslos. Trotz meiner Proteste.

Er lacht und sagt: »Das ist die Politik von Putin und Erdogan.«

Streicheln und schöne Worte wären heute wirkungslos. Nur kräftiges, schmerzhaftes Handeln könne helfen. »Oder anders gesagt: Was nützen dem kleinen Mann demokratische Menschenrechte und Alles-wird-gut-Versprechen, wenn niemand dafür sorgt, dass er Geld im Portemonnaie und Suppe im Topf hat.« Die Lieblingssprüche der Russen seien *»awos«* – vielleicht – oder *»Dai bog!«* – Gebe es Gott! Es brauche eine »harte Hand«, um diese jahrhundertealte Mentalität zu ändern, meint Raschit Jussupow.

Als er mir erklären will, dass Demokratie und Menschenrechte inzwischen Huren in den Diensten der mächtigen Staaten sind, um damit missliebige ökonomische und politische Gegner zu beseitigen, schlage ich vor, dass er mir doch lieber noch einmal zeigen solle, wie er auf russische Art und Weise Sonnenblumenkerne zerbeißt, die Kerne im Mund behält und die Schalen ausspuckt.

Er schreibt mir seine Telefonnummer in Antalya auf. »Vielleicht meldet sich dann Sweta. Du kannst Russisch mit ihr sprechen. Ich werde ihr später Türkisch und Tatarisch beibringen.«

Während er das sagt, strahlt er mit der Sonne um die Wette. Wiederholt, dass er seinen jüngsten Sohn Ali genannt hat, und fragt noch einmal, ob ich die Geschichte von Ali Baba und den vierzig Räubern wirklich vom Anfang bis zum Ende gelesen habe, und beginnt, als ich nicht sehr laut »Ja« gesagt habe, mitten im Text: »Sesam öffne dich, rief Ali Baba, und der Fels vor der Schatzhöhle bewegte sich zur Seite …«

Im nächsten Jahr solle ich ihn in Antalya besuchen. »Du kannst bei uns wohnen, Sweta wird für dich kochen, und ich werde dich massieren. Wir Tataren, gleich wo wir leben, sagen: ›Der Alltag ist die Wüste, und der Gast ist der Regen. Der lässt auch in der Wüste Blumen blühen!‹«

Obwohl Licht in der Weinstube brennt, es inzwischen kurz nach 12 ist und der Geologe Valeri dort bestimmt seinen Mittagskognak trinkt, laufe ich daran vorbei. Alexander und der Geschichtsbruder wollen mir am Nachmittag das 20 Kilometer von Saki entfernte Jewpatorija zeigen. In der Stadt am Meer gebe es sowohl eine Moschee als auch eine russisch-orthodoxe Kirche und eine Synagoge.

Wie immer, wenn wir nach Saki hinein- oder aus Saki hinausfahren, sehe ich zuerst die neuen Wahrzeichen der Stadt: die vier rot-weißen Schornsteine auf der Baustelle des Gasturbinenwerkes.

Inzwischen weiß ich von Alexanders Freund, einem Elektroingenieur, dass die Turbinen wirklich bei Siemens in Deutschland produziert worden sind. »Doch weil die USA und die EU ein Umgehen des Exportverbotes für Warenlieferungen jeder Art auf die Krim streng bestrafen, durften auch diese Turbinen nicht auf die Krim gebracht werden. Die Politiker interessiert es wahrscheinlich nicht, ob die Menschen hier in ihren Wohnungen frieren und bei Kerzenlicht sitzen müssen.«

Nur um Geld zu verdienen – nicht aus Mitleid mit den Menschen –, habe Siemens die Turbinen trotzdem geliefert. »Zuerst für ein angebliches Werk nach Russland, und die Russen haben die Turbinen dann hierhergebracht.« Siemens müsse sich wohl für die Umgehung des Exportverbotes vor europäischen Gerichten verantworten.

Nicht nur die Schornsteine des künftigen Kraftwerkes von Saki, sondern auch die Minarette der Moschee von Jewpatorija sehen wir auf der schmalen Landenge, die beide Städte verbindet, schon von Weitem. Rechts die Salzseen von Saki. Links das offene Meer. Erst am Stadtrand von Jewpatorija verschwinden die zwei Minarette für einen Augenblick hinter der Kuppel der russisch-orthodoxen Kirche. Die Synagoge, an der wir in der Stadt vorbeifahren, ist dagegen so unauffällig, dass ich sie ohne den Hinweis des Geschichtsbruders übersehen hätte. Er umreißt in einem Kurzvortrag die Geschichte der Stadt, in der außer dem muslimischen, dem orthodoxen und dem jüdischen Gotteshaus auch ein Gebetshaus der Karäer stehe. Was Karäer sind, weiß ich nicht. Aber der Geschichtsbruder wird mir auch das bestimmt noch erklären.

Die Stadt sei um 500 vor Christus von den Griechen als

Handelsniederlassung Kerkinitida gegründet worden. Im 14. Jahrhundert hätten Türken und Tataren neben dem durch Überfälle der Skythen teilweise zerstörten Kerkinitida die neue Stadt Geslew gebaut. »Sie machten aus ihr ein Zentrum des Sklavenhandels im Krim-Khanat. Die Tataren überfielen Russland, die Ukraine und andere Nachbarstaaten und verkauften die Gefangenen als Sklaven an die Türken. Auf dem Marktplatz stand eine Säule, an die die Gefangenen gebunden wurden, damit die Käufer sie begutachten konnten.« Mit der Eroberung der Krim durch die Russen sei der Sklavenhandel 1787 in Geslew beendet und die Stadt bald danach in Jewpatorija umbenannt worden. Heute leben hier 120 000 Menschen.

Nur 100 Meter neben einer basilikaähnlichen russisch-orthodoxen Kirche steht die Moschee mit ihren zwei in den Himmel ragenden Minaretten. Ohne dass ich noch nach den Karäern fragen kann, beendet der Geschichtsbruder seinen Vortrag.

»Unsere Khan-Dshami«, sagt er. Und ich höre den Stolz in seiner Stimme.

Alle Einzelheiten und die Geschichte des Gotteshauses würde ich, sagt Alexander, in der Moschee vom Hausmeister erfahren.

Bevor wir hineingehen, ziehe ich ohne Aufforderung die Schuhe aus und stecke den Fotoapparat in die Hosentasche.

Wir sind die einzigen Besucher. Gegenüber vom Eingang der goldene Gebetsschrein. An den Wänden Suren aus dem Koran. Vier Fenster mit Symbolen für Frühling, Sommer, Herbst und Winter.

Der Hausmeister kommt und verneigt sich. Er friert. Während er redet, zieht der junge Mann die Arme so dicht an seinen Körper, dass er sie an der Hüfte wärmen kann.

Die Khan-Dshami-Moschee, in der 700 Gläubige Platz zum Beten haben, sei im 16. Jahrhundert errichtet worden. Übersetzen würde man »Khan-Dshami« mit »Moschee der Herrscher«. Zwölf Krim-Khane seien hier gekrönt worden. Nach der Oktoberrevolution sei sie in »Dshuma-Dshami« – »Freitagsmoschee«, was unpolitisch klingt – umbenannt worden. Zu Sowjetzeiten sei sie zunächst als Lagerhalle für Schiffsmaterial und nach dem Krieg als Unterkunft für Wohnungslose genutzt worden. Ab 1986 war sie ein Religionsmuseum, aber 1991 habe der Staat die Moschee an die krimtatarische muslimische Gemeinde von Jewpatorija übergeben.

Der Geschichtsbruder unterbricht den jungen Mann. Ich nehme an, dass er historische Fakten ergänzen will. Doch er erwähnt nur, ungewöhnlich leise sprechend, dass auch ihr Vater Achtem Baraschew nach der Rückkehr auf die Krim immer gefordert habe, dass der Muezzin die Gläubigen hier wieder vom Minarett zum Gebet rufen kann und neben der Moschee eine Koranschule eröffnet wird.

Der junge Mann, wahrscheinlich kein Hausmeister, sondern ein Koranschüler, sagt: »Ja, so ist es geschehen!«

Er reibt sich die Hände und ermuntert uns, Fragen zu stellen.

»Weshalb sind auf den Fenstern die vier Jahreszeiten dargestellt?«

»Sie erinnern uns Muslime immer daran, dass die Jahreszeiten des Lebens sehr schnell vergehen und wir deshalb jeden Tag für unser Leben vor Gott verantwortlich sind.«

»Das sagen die Christen auch«, ergänze ich.

»Ja – in allen Religionen dienen wir einem Gott.«

»Wie dient ihm ein gläubiger Moslem?«

»Indem er Frieden stiftet, anderen Menschen Gutes tut und der Liebe, der Freiheit und der Toleranz verpflichtet ist.«

»Es gibt heute auch Gewalt und Krieg in Namen Allahs.«

»Nicht in seinem Namen!«

Pause.

Dann fragt er mich: »Wie viele Kriege wurden im Namen von Jesus Christus geführt?« Und erklärt, dass auf der Krim seit Jahrhunderten viele Religionen nebeneinander existieren: die muslimische, die evangelische, die orthodoxe, die jüdische …

»Und alle tolerieren einander?«

»Im Prinzip ja. Aber es gibt Gläubige, die keinen anderen als ihren Gott dulden wollen. Wir achten in der Moschee streng darauf, dass niemand Hass predigt. Die Kinder lehren wir, dass religiöser Fanatismus schlecht ist.«

»Sie sind ein Koranschüler?«

»Nein. Ich unterrichte Englisch und Französisch. Nur in meiner Freizeit bin ich in der Moschee der Pförtner, der Hausmeister und der Touristenführer.«

Als wir draußen vor dem mit Halbmond und Stern geschmückten, grün gestrichenen eisernen Geländer stehen, fotografiere ich die Kuppel und die Minarette.

In der Kirche des heiligen Nikolai

Am Eingang der Kirche des heiligen Nikolai steht eine Bettlerin. Wahrscheinlich atmet sie stundenlang den Weihrauch ein, der durch die offene Tür herausweht. Drinnen verbietet ein gut sichtbares Schild das Fotografieren.

Ich werde, wie immer in russisch-orthodoxen Kirchen, von den blauen und gelben Farben der prächtigen Bilder an den Wänden, von goldenen Ikonen, Brokat und rotsamtenen Vorhängen geblendet. Und obwohl mich Jesus von der Himmelskuppel aus beobachtet, hole ich den Fotoapparat aus der Tasche und fotografiere den silbernen und goldenen Reichtum, ohne mich besorgt nach Kirchendienern umzuschauen.

Im Hinausgehen fragt Alexander, weshalb ich im Hause Allahs, wo – was ich nicht wusste – das Fotografieren erlaubt war, den Fotoapparat in der Tasche behalten, aber im Haus von Christus, wo es – was ich lesen konnte – streng verboten war, ohne Bedenken fotografiert hätte?

Ich weiß keine Erklärung für mein unterschiedliches Verhalten gegenüber Fremdem und Bekanntem.

Neben der bettelnden Frau steht inzwischen ein alter Mann. Ich lege beiden 50 Rubel in den Weidenkorb. Der Mann bedankt sich, indem er mir, den er am schlechten Russisch als Touristen erkannt hat, von der Geschichte der Kirche berichtet. Ein Jahr bevor das unselige 20. Jahrhundert begonnen habe, sei sie geweiht worden. In der Sowjetunion wäre … Ich winke ab, aber er redet trotzdem weiter.

Inzwischen kämen Tausende wieder zum Gottesdienst. Auch alle Repräsentanten der Stadt. Jeder würde sich an die Regeln des russisch-orthodoxen Glaubens halten, Sünden beichten, und die Frauen würden die Kirche nicht in Hosen betreten. »Nicht in Hosen! Hose ist Mann. Rock ist Frau. Und vor Gott: Mann ist Mann, und Frau ist Frau.« Der Muslim Alexander nickt.

Die Kirche des heiligen Nikolai ist mit dicken quaderförmigen Steinsäulen und einem schmiedeeisernen Zaun umgeben, dessen gefährliche Eisenspitzen das Hinüberklettern verhindern. An der Eingangsseite hängt ein mindestens 2 Quadratmeter großes Fotobanner. Darauf lacht ein Baby die Vorübergehenden mit strahlend blauen Augen an und bittet: »Mamotschka! Rette mein Leben!!! Mache keine Abtreibung! Töte meine Zukunft nicht!!!«

Am Zaun sind gut zwei Dutzend Plakate mit Fotos und Namen bedeutender Russen angebracht. Diese weltbekannten Persönlichkeiten seien als zweites oder drittes oder gar als viertes Kind zur Welt gekommen. Sie hätten nicht

»Mamotschka! Rette mein Leben!!!«

existiert, wenn die Mütter seinerzeit nach der Geburt des ersten Kindes abgetrieben hätten: Gagarin und Schostakowitsch, Ziolkowski …

Im Zentrum von Jewpatorija kommen wir an kleinen Häusern mit brüchigen Erkern und umzäunten Vorgärten vorbei, in denen das Unkraut wuchert. Alexander meint, dass darin bis 1944 wahrscheinlich Tataren wohnten, die sie ordentlich gepflegt hätten. »Die Bewohner, die sie nach der Verbannung der Krimtataren erhielten, hatten die Häuser nicht selbst gebaut. Und wer etwas nicht mit Schwielen an den Händen erschaffen hat, wird es später auch nicht pflegen«, behauptet er.

Gut erhalten dagegen ist ein prunkvolles Tor eines, so glaube ich, jüdischen Gebetshauses. Ein Mann sitzt hinter dem Eingang und verlangt für die Besichtigung einen Obolus.

Die karäische Kenasse

Ich sage ihm, dass ich, um eine Synagoge zu besuchen, noch nie bezahlen musste.

Der Mann lächelt freundlich und erklärt mir, dass dieses Haus erstens keine Synagoge des rabbinischen Judentums, sondern eine karäische Kenasse sei. Und zweitens, dass sie den Eintritt brauchen, um ihre mit fremder Hilfe restaurierte Kenasse und die Karäerschule nebenan erhalten zu können. »Wir sind auch nur eine kleine Glaubensgemeinschaft. In Russland gab es 1989 nicht einmal mehr 2000 gläubige Karäer, also persisch-tatarische Juden.«

Als er erfährt, dass ich Deutscher bin, ergänzt er, dass die Karäer auf der Krim während der deutschen Besetzung von 1942 bis 1944 auf allerhöchsten Befehl von der Judenvernichtung verschont wurden.

Ich entgegne, dass ich mir nicht vorstellen kann, dass Hitler zwischen solchen und solchen Juden unterschieden hat.

»Hitler nicht, aber die ukrainischen Berater der Wehrmacht an der Ostfront schon. Die wiesen nach, dass die Karäer nicht im reinen Judentum, sondern in einer muslimisch-tatarisch geprägten Form der jüdischen Religion verwurzelt sind. Deshalb wurden die Karäer nicht nur von den Deutschen verschont, sondern sogar im Krieg gegen die Sowjetunion eingesetzt und in die ukrainischen und tatarischen SS-ähnlichen Kampfeinheiten aufgenommen.«

Der Geschichtsbruder weiß, dass die Karäer, »die persischen Juden«, zwar hebräisch schreiben, aber tatarisch sprechen. »Bei ihrer Abspaltung im 2. Jahrhundert vor Christus haben sie auch verschiedene Lehren des Islam übernommen.«

Im Gegensatz zu den rabbinischen Juden hätten die Karäer niemals die mündliche Glaubensüberlieferung, die Thora und den Talmud, anerkannt. Sie würden ihre Gebote nur aus dem Buch der Juden, dem Tanach, ableiten. »Und in ihren Gebetshäusern, den Kenassen, stehen sie beim Gottesdienst und sitzen nicht wie die Juden in der Synagoge.«

»Das reichte, um sie während der deutschen Besetzung der Krim vor der Vernichtung zu bewahren?«, frage ich.

»Nein«, sagt der Mann im Kassenhäuschen. »Das allein nicht.« Aber Karäer hätten als Freiwillige zusammen mit den SS-Einheiten auch Partisanen im ukrainischen Hinterland aufgespürt und erschossen. »Gleich, ob diese Partisanen orthodoxe Christen, Moslems oder Juden waren.«

»Auch Juden?«, frage ich nach.

Er nickt.

Vor meiner Reise hatte ich Bücher über die Krim gesucht. Ich fand unter ihnen Frontberichte von deutschen Soldaten über ihren »siegreichen Kampf gegen die Verteidiger von Sewastopol« und die Vernichtung der Partisanen, die sie »auch mit Hilfe von Tausenden mutigen Krimtataren« getötet hätten. Aber nicht nur Krimtataren, sondern auch Usbeken, Letten, Weißrussen und andere Bewohner des sowjetischen Vielvölkerstaates hatten mit den Deutschen gegen die Rote Armee gekämpft.

Ich erinnere mich an eine Begegnung mit Katarina Ponamerenko, die ich vor 13 Jahren in der Nähe von Kiew im Dorf Peremoha (auf Ukrainisch: Sieg!) besucht hatte. Das Dorf war als »Vergeltung für den Kampf der Partisanen gegen die Deutschen« niedergebrannt und viele Einwohner waren getötet worden.

Das wusste ich schon, als ich dort unangemeldet an eine Hoftür klopfte. Und als Katarina Ponamerenko öffnete, hatte ich mich, wie vorgestern bei der Frau an dem Obelisken von Saki, zuerst entschuldigt, dass ich, ein Deutscher, sie anspreche.

Die Frau blieb am Hoftor stehen, hielt sich, um die Balance nicht zu verlieren, an einem Zaunpfosten fest und sagte: »Damals kamen die Deutschen in der Nacht, und sie hatten schwarze Uniformen an. Schwarze Uniformen mit einem Totenkopf.« Als müsste sie mich trösten: »Du, Söhnchen, musst dich nicht entschuldigen. Du warst damals noch ein Kind.«

Sie sei zwölf gewesen. Ihre Mutter habe sie noch aus dem Bett gezerrt und im Stall unter dem Stroh verstecken wollen. »Aber da hatten sie schon die Tür eingeschlagen, die Männer mit den schwarzen Uniformen.«

Die Zwölfjährige wurde am Morgen mit der Mutter und anderen Frauen des Dorfes zur Zwangsarbeit nach Deutschland verschickt. »Die Soldaten brannten unser Dorf nieder. Vier Dörfer standen in unserer Umgebung schon in Flammen. In manchen fesselten die Deutschen die Menschen und warfen sie in die brennenden Häuser. Als ich nach dem Krieg in unser Dorf zurückkam, stand hier nur noch die Kirche. Im Nachbardorf gab es nicht einmal mehr die. Dort hatte man die Menschen in das Gotteshaus getrieben, es abgeschlossen und angezündet. Hier haben sie zuerst meinen Lehrer, den Kolchosdirektor, den Arzt und den Bürgermeister erschossen und 40 Bewohner an Bäumen aufgehängt.«

Ich fragte: »Woher wussten die Deutschen, wer im Dorf der Lehrer, der Direktor, der Bürgermeister, der Arzt war?«

Sie schwieg.

Dann setzte sie sich auf die Bank vor dem Haus und sagte sehr schnell: »Auch Nachbarn von uns, also Ukrainer, hatten, gepeinigt von Stalins Terror und verführt von Hitlers Propaganda, der Ukraine die Unabhängigkeit zu geben, die schwarzen Uniformen freiwillig angezogen und gemeinsam mit den Deutschen Dörfer angezündet und Menschen erschossen.«

Bevor ich mich verabschiedete, fragte ich Katarina Ponamerenko doch noch, was sie gedacht hatte, als ich, ein Deutscher, unangemeldet vor ihrer Tür stand.

Sie wiederholte: »Die Männer in den schwarzen Unifor-

Die Synagoge

men haben damals in der Nacht die Tür eingetreten. Du, mein Söhnchen, bist am Tag gekommen und hast angeklopft.«

Nur zwei Straßenkreuzungen von der restaurierten Kenasse entfernt befindet sich die Synagoge. Das Haus mit dem in Stein gemeißelten Davidstern am Giebel ist in die Jahre gekommen. Der Putz fällt von den Wänden. Die Fenster spiegeln kein Licht mehr. Die Tür ist verschlossen. Auf dem Hof liegt Gerümpel. Zwischen einem Karren mit zerbrochenen Rädern und einem rostigen Fass steht ein Klavier, dessen Furnier sich wellt. Ich klappe es auf und schlage die weißen Tasten an. Sie klingen noch. Hinter der Synagoge warten Alexander und der Geschichtsbruder ungeduldig auf mich. Ich will ihnen vorschlagen, dass wir trotz der verschlossenen Tür versuchen, den Gebetsraum zu betreten. Rufe ihnen zu: »In Deutschland existieren nur noch wenige während des Faschismus nicht zerstörte jüdische Gotteshäuser. Und ich möchte bitte hier, hier auf der Krim …«

Sie reagieren nicht. Als ich sie eingeholt habe und wir weitergehen, frage ich Alexander, ob sich noch Gläubige zum Gebet in dieser Synagoge treffen. Er antwortet nicht, denn plötzlich hören wir, dass jemand stockend und falsch, aber erkennbar »Deutschland, Deutschland über alles« auf dem Klavier klimpert.

Ich will zurückgehen. Doch Alexander zieht mich am Arm. Der Geschichtsbruder weiß nicht, wie viele Krimtataren in Jewpatorija auf Stalins Befehl deportiert und wie viele Einwohner der Stadt von den deutschen Faschisten ermordet worden sind. Ich habe wohl zu laut und zu oft gefragt, denn aus dem ebenerdigen Fenster eines kleinen Hauses neben der Synagoge schreit eine Frau: »Mörder! Hitler und Stalin! Mörder!«

Unter einer Platane hebt Alexander ein Blatt auf. Er hält es sehr lange in der Hand. Und schweigt. Der Geschichtsbruder leise: »Nur 20 Kilometer von hier versteckte sich unsere Großmutter Aische.«

Alexander ergänzt: »Unsere Großeltern, Babuschka Aische und Deduschka Isljam Baraschew, besaßen ein großes Haus in Jalta. Während Isljam als Soldat in der Roten Armee diente, beschlagnahmte es die Sowjetmacht. Und weil Aische sich geweigert hatte auszuziehen, ist sie verurteilt und in ein Straflager nach Sibirien deportiert worden. Sie konnte später aus dem Lager fliehen. Mit einem Kind auf dem Arm und einem an der Hand lief sie Tausende Kilometer zurück zur Krim. Lebte unerkannt in einem Dorf. Bis am 18. Mai 1944 die sowjetischen Soldaten kamen und … aber das weißt du ja inzwischen …«

Eines der alten tatarischen Stadttore stützt sich am neuen krimtatarischen Museum.

»Willst du hineingehen?«, fragt Alexander.

Der Geschichtsbruder bezahlt den Eintritt. Die Leiterin begrüßt mich herzlich. Früher seien viele deutsche Reisegruppen auch nach Jewpatorija gekommen. Aber nun sei ich seit vielen Monaten der erste Deutsche im Museum. Dabei wäre die Krim auch nach der Angliederung an Russland ein für Touristen reizvolles, gastfreundliches Land geblieben.

In einer Miniaturnachbildung der tatarischen Stadt Geslew schaltet sie 18 Lichter an. So viele Moscheen habe es damals gegeben. Außerdem über hundert Badehäuser. »Die durften jedoch nicht wie die Wohnungen mit getrocknetem Dung, sondern nur mit Holz beheizt werden. Holz war hier aber so selten, dass man es mit Gold bezahlen musste.«

Neben der Miniaturstadt befinden sich nachgebildete Wohnungen der Krimtataren. Darin Aussteuertruhen für die Bräute: enge Brautgürtel, aber weite Nachthemden. Kinderwiegen, die sehr tiefe Bettkuhlen haben. »Je tiefer, also je näher das Kind an der Erde liegt, umso gesünder und glücklicher sein späteres Leben«, erklärt die Leiterin. Zum Abschied bittet sie mich, dass ich in meinem Bericht nur Wahres über die Krim und ihre Menschen schreibe.

Was ist wahr?

Neben dem Museum steht ein neues Hotel. Am Empfangstresen sitzen zwei Frauen in bunten krimtatarischen Feiertagstrachten.

Ich frage, ob das Hotel einem russischen oder einem ukrainischen Oligarchen gehört.

»Weder – noch. Der Besitzer ist ein Krimtatar«, entgegnet die kleinere Frau.

»Ihn haben die Russen 2014 nicht enteignet?«

Bevor die größere den Kopf schüttelt und erklärt, dass im Gegensatz zu anderen krimtatarischen Unternehmern ihr Chef wohl die nun üblichen russischen Grund- und Gewinnsteuern ordentlich bezahlt habe, nimmt sie ihre goldbestickte Kappe ab. Während ich die beiden in ihrer Tracht fotografiere, erzähle ich, dass ich von Tataren, die nicht russlandfreundlich wären, gehört hätte, sie dürften seit 2014 nicht mehr ungestraft öffentlich in ihren traditionellen Festtrachten umherlaufen.

Die beiden an der Rezeption lachen. Die kleinere geht mit mir, sich stolz präsentierend, nach draußen. Niemand schaut sie staunend oder gar strafend an.

Sie schlägt vor, dass ich beim nächsten Krimbesuch in ihrem tatarischen Hotel übernachte. »Mit Rabatt, wenn Sie das Foto von uns als Beleg mitbringen.«

Was ist wahr?

Auf dem Rückweg zum Auto kommt mir ein Straßenbahnwagen, der an der Endhaltestelle steht, bekannt vor. Er ist rot und noch nicht stromlinienförmig, sondern eckig. Ähnliche Wagen hatte ich in einem deutschen Verkehrsmuseum gesehen. Ein Arbeiter versucht, an der roten Bahn die seitlich verschobenen Bremsklötze wieder mittig zu schlagen. Ich frage ihn nach dem Herkunftsland der Bahn.

Empfang in krimtatarischer Festtracht

Er zeigt mir das kaum noch lesbare Markenzeichen: »Gotha. T57«. In Jewpatorija würden diese Bahnen noch auf drei Linien verkehren. Wie alt sie sind und wer sie hierhergebracht hat, weiß er nicht. Er sei kein Fahrer, sondern ein Handwerker, ein Hausmeister. Er lacht: »Ein Mann für alles.«

Viele Jahre habe er in einem Sanatorium von Jewpatorija gearbeitet, in dem nach der Tschernobyl-Katastrophe strahlengeschädigte Kinder behandelt worden seien.

»Tausenden haben wir damals geholfen.« Wahrscheinlich sei Jewpatorija nicht nur wegen der gesunden Luft und des Meeresklimas, sondern auch wegen der Hilfsbereitschaft der Menschen bekannt geworden.

»Deshalb haben die Behörden von Armjansk auch im vergangenen Jahr nach dem Chemieunglück des im äußersten Norden der Krim gelegenen Titanwerkes viele

Kinder und deren Mütter vorsorglich nach Jewpatorija geschickt.«

»Ein Chemieunglück auf der Krim? Davon weiß ich nichts.«

Er fragt verwundert, wie lange ich schon auf der Krim sei.

»Seit fünf Tagen in Nowaja Derewnja.«

Er nickt verständnisvoll.

Ich könnte dem Mann, der sich aufrichtet und die Hände ins schmerzende Kreuz stemmt (der Hammerstiel ist dicker als sein Arm), von meinem Versuch erzählen, mich Tschernobyl zu nähern. Vor 15 Jahren hatte ich mit einem Transporter Kleidung und Spielzeug für Kinder in die noch belastete Gegend von Tschernobyl gebracht. Doch ich notiere mir nur: »Chemieunfall in Armjansk.« Unterstreiche es dick und setze ein Fragezeichen dahinter.

Bevor wir zurückfahren, möchte ich vom Geschichtsbruder wissen, wo in Jewpatorija die Säule stand, an welche die zu verkaufenden Sklaven gebunden wurden.

Er entgegnet: »In Jewpatorija stand keine Sklavensäule.«

»Vor zwei Stunden hast du mir davon erzählt.«

»Nein, ich hatte dir gesagt, dass es in Geslew eine Sklavensäule gab.«

»Was ja wohl dieselbe Stadt ist.«

»Wahrscheinlich nicht. Oder hast du am Ortseingang das Willkommensplakat zum Stadtjubiläum übersehen?«

»Habe ich.«

»Dann pass mal auf: Die Stadt – und da erwähne ich die

zuvor hier existierende griechische Handelsniederlassung nicht – wurde vor über 500 Jahren gegründet. Sie hieß Geslew. Ihre russische Zeit als Jewpatorija begann 1783. Doch anscheinend fing erst damit die zu feiernde Stadtgeschichte an. Weshalb sonst ein Willkommensplakat zum 230-jährigen Stadtjubiläum?«

Weil er vergessen habe, mir eine besondere Gedenkstätte zu zeigen, gehen wir noch einmal zur Moschee. Neben ihr steht ein Granitblock mit der Inschrift: »Den Opfern des Völkermordes und der Deportation des krimtatarischen Volkes.«

Seit 1994 – damals habe die Ukraine den 18. Mai zum offiziellen Gedenktag erklärt – würden sich die Kinder in krimtatarischen Trachten, überlebende Tataren und Politiker hier versammeln.

»Nicht nur in Jewpatorija, sondern auch in anderen Städten verneigen sich die Repräsentanten der Krim inzwischen vor den Opfern.«

»Auch die neuen russischen Repräsentanten?«

»Ja, die auch.«

Trotzdem würden einige Krimtataren niemals verstehen, warum sowjetische Behörden sie trotz der offiziellen Rehabilitierung 1967 erst 22 Jahre später in ihre Heimat zurückgelassen haben.

Das Dekret über die Rehabilitierung sei übrigens nie veröffentlicht worden, so dass das Schandmal des Vaterlandsverrates bis heute nicht nur an den im Krieg an der Seite der Deutschen kämpfenden, sondern an allen Krimtataren hafte, ihre Ehre und ihren Stolz beflecke und auch weiterhin als Anlass für Diskriminierungen diene. Es gehe den Krimtataren jetzt aber nicht nur um die formelle nachträgliche Rehabilitierung durch Russland, sondern um die öffentliche Aufarbeitung ihrer Geschichte, die sogar unter Gorbatschow trotz Glasnost nicht erfolgt sei.

Vom Fluch des sowjetischen Afghanistansoldaten Igor auf die verdammten Mudschaheddin, von der Kaffeesatzprognose des lustigen Bruders für meine künftigen Krimgespräche und der tatarischen Weisheit, dass Bucklige erst im Grab gerade werden

Bei der Rückfahrt nach Saki könnte ich am langen flachen Strand hinter Jewpatorija endlich das Meer mit nackten Füßen begrüßen. Doch Alexander mahnt zur Eile. Der Kuhbruder hat uns zu einem Filmabend in sein Haus eingeladen. Gezeigt werde ein original tatarischer Film.

Wir fahren sehr schnell. Und kommen pünktlich an. Auch die beiden Kinder des Geschichtsbruders – das Mädchen noch Schülerin, der Junge schon Student – sitzen vor dem Bildschirm.

»Wir zeigen den Film heute extra für dich«, sagt der Kuhbruder. »Er gehört zu uns wie die tatarische Mütze, die wir nicht nur im Winter, wenn es kalt ist, sondern auch im Sommer tragen.«

Die erste Szene: ein Luftkampf im Zweiten Weltkrieg. Der sowjetische Pilot steuert sein Flugzeug durch ein tollkühnes Kurvenmanöver so dicht an die deutsche Maschine, dass sie abstürzt. Und schießt nach gefährlichen Loopings die zweite mit dem MG ab.

»Das ist unser Amet-Chan Sultan! Er hat 49 faschistische Flugzeuge vernichtet – auch über Stalingrad und Berlin«, erklärt der Kuhbruder.

»Berlin?«, frage ich erstaunt.

»Ja, er schoss am 29. April 1945 über dem Flughafen

Tempelhof eine Focke-Wulf 190 ab – das war der letzte Abschuss dieses Krieges«, antwortet er. »Für seinen Mut wurde er zweimal als ›Held der Sowjetunion‹, dreimal mit dem Leninorden und fünfmal mit dem Rotbannerorden ausgezeichnet. Er war der am meisten dekorierte nichtrussische Soldat des Krieges. Einer von uns! Ein Krimtatar! Wenn du nach Jalta fährst, kommst du an seiner Heimatstadt Alupka vorbei. Dort steht seine Bronzeskulptur.«

Die nächsten Filmszenen zeigen, wie er auf einer Wiese neben seinem tatarischen Dorf im Süden der Krim landet. Er ist mit Heimaturlaub belobigt worden.

Zur Begrüßung ihres Helden feiern alle Dorfbewohner mit seiner Verlobten, den Eltern und den Verwandten ein Fest. Sitzen gemeinsam an einem meterlangen Tisch. Ein Hammel wird gebraten. Die Frauen bringen Körbe mit Obst. Der Pilot umarmt seine Eltern, küsst die Verlobte, stimmt ein tatarisches Lied an. Die laute Fröhlichkeit endet abrupt, als Militärfahrzeuge auf dem Festplatz halten, sowjetische Soldaten mit Maschinenpistolen im Anschlag von den tarnfarbenen Fahrzeugen springen und der Kommandeur nach einem Schuss in die Luft befiehlt, dass ihr Dorf wie alle tatarischen Ortschaften am Morgen geräumt wird.

Noch vor Tagesanbruch zerren die Soldaten schreiende Kinder aus ihren Stall- und Kellerverstecken, schleifen alte Menschen über den Boden, werfen sie auf die Lkw und schießen auf Flüchtende … Auf dem Bahnhof werden alle in Güterwaggons getrieben …

Ich sehe nichts mehr von »dem tatarischen Film«, denn unwillkürlich vermengen sich diese Bilder in meinem Kopf mit Aufnahmen der Transporte nach Buchenwald und Auschwitz. Am Ende des Films versucht der krimtatarische »Held der Sowjetunion«, seine Eltern und seine Verlobte vor der Verbannung zu bewahren. Doch der Kommandeur entscheidet: »Keine Ausnahmen, Genosse Amet. Alle! Alle Krimtataren!«

Alle? Auch der Held selbst? Was wird aus ihm, der fast 50 faschistische Flugzeuge abgeschossen hat?

Der Film gibt keine Antwort über sein Schicksal und das seiner Eltern. (Erst nach meiner Reise las ich, dass die Eltern auf Stalins Befehl von der Deportation ausgenommen waren.)

»Amet-Chan Sultan hat in Alupka gelebt«, sagt der Geschichtsbruder. »Nichts ist ausgedacht. Alles ist wahr.«

Überlebende der Transporte hätten zum Drehbuch für den Film beigetragen. »Die Schreie, die Toten, der Hunger und die Angst während des Transports sind für immer wie ein Geschwür in ihren Köpfen geblieben.«

Bevor sich die Kinder des Geschichtsbruders verabschieden, frage ich nach ihren Berufswünschen.

Der Junge studiert Management an der Universität in Kiew. Jetzt hat er Semesterferien.

»Und kannst du als Student ohne Problem zwischen der ›russischen Krim‹ und der ukrainischen Hauptstadt Kiew hin- und herpendeln?«

Ja, er habe noch seinen ukrainischen Pass. Der russische Bus fahre bis zur ukrainischen Grenze. »Dann können wir zu Fuß, manchmal angepöbelt von den Grenzsoldaten, hinüberlaufen und dort in einen ukrainischen Bus steigen.« Manche Busse würden an der Grenze auch ihre Kennzeichen austauschen. »Das neue russische ab- und das alte ukrainische anschrauben. Dann kann man sitzen bleiben.«

»Und weshalb studierst du nicht auf der Krim, sondern in der Ukraine?«

»Weil das in Simferopol ausgestellte russische Diplom in Westeuropa und den USA nicht anerkannt wird.«

Seine Schwester nickt. Sie will einmal Zahnärztin werden und ebenfalls in Kiew studieren.

Reschit sitzt heute Abend mit Sera und Großmutter Gulnada am Küchentisch. Sie reden und knabbern Sonnenblumenkerne. »Je größer der Schalenhaufen, umso besser ist die Unterhaltung«, meint Gulnada. Die »Unterhaltung« mit mir ist es wahrscheinlich nicht, denn die Schalen, die nach einer halben Stunde vor mir liegen, kann man an zehn Fingern abzählen. Auch die drei wissen, als ich von dem Film erzähle, nichts über das Schicksal des tollkühnen Piloten Amet-Chan.

Weil Amet-Chan so populär im Volk war, hat Stalin nicht gewagt, ihn wie andere krimtatarische »Helden der Sowjetunion« nach dem siegreichen Ende des Großen Vaterländischen Krieges in den Gulag oder die Verbannung zu schicken, vermutet Reschit. Oder man hat ihm – wie für manche an der Front besonders wichtige tatarische Helden – einen neuen Pass ausgestellt, also aus dem Krimtataren offiziell einen Russen oder Ukrainer gemacht.

Ich hoffe, dass Amet-Chan ein besonders wichtiger Held war. Gulnada kennt den Film. Er heißt »Haytarma«.

Als ich wissen will, was ihr die Eltern über die Nacht vom 18. zum 19. Mai 1944 erzählt haben, antwortet Gulnada nicht. Sie nimmt sich eine Handvoll Sonnenblumenkerne und knabbert gierig, als wäre das schon ihr Abendbrot. Sera entschuldigt das Schweigen der Mutter. Es sei leichter, allgemein über Leid und Schrecken eines Volkes zu reden als konkret über das eigene, das persönliche.

Allein in meinem Zimmer mit dem verschlossenen Fenster, will ich am Ende des Tages ein Glas von dem roten Massandra-Wein, den ich mir in Jewpatorija gekauft habe, trinken. Doch der Krimwein ist nicht mit einem Schraubdeckel, sondern mit einem Korken verschlossen, und ich finde keinen Korkenzieher. Auch nicht in dem kleinen Lagerraum, in dem noch Haushaltsgegenstände, Bekleidung und die restlichen Küchengeräte von Achtem Baraschew aufbewahrt werden.

Noch einmal zu Reschit hinuntergehen, ihn um einen Korkenzieher bitten und beichten, dass ich gekauften Wein trinken möchte, will ich nicht.

In das Notizbuch für Wassja schreibe ich heute zuerst die türkische Telefonnummer des georgischen Tataren Raschit Jussupow … Danach: *Wieder in Deutschland, werde ich Dir ein Foto von Raschit schicken. Vielleicht machst Du einmal Urlaub in der Türkei und triffst Dich dort mit ihm … Die Baraschew-Brüder erzählen nichts über die Leidensgeschichte ihrer Eltern. Haben die Kinder sie nie danach gefragt? (So wie ich meinen Vater, der als deutscher Soldat in der Sowjetunion war, nur einmal und nach seinen unwirschen Handbewegungen und dem anschließenden Schweigen nie wieder danach gefragt hatte?) Sollte ich aufgeben? Der Baustellenwächter Anatoli hat mir gesagt: »Die meisten hier haben ihre Leidens-*

geschichten. Russen, Polen, Deutsche, Ukrainer, Litauer, Esten ... Nicht nur bei den Tataren blieb die Angst ein lebenslanges Trauma. Auf der Krim ist sie jetzt als Angst vor einem Krieg wieder lebendig.« Und Raschit riet mir: »Schreib über die Feste hier, die Tänze der Tataren, die Reiterspiele, das Erntefest ... Die Gastfreundschaft der Menschen ... Die Schönheit der Kurorte und die wunderbaren Strände der Krim.« Vielleicht sollte ich das tun. Aber zuvor noch, wie Du es gewünscht hast: die Erde der Krim küssen. Für mich bedeutet es, das Meer mit den Füßen begrüßen ... Mich mit dem Geologen noch einmal um 12 Uhr in der Weinstube treffen ... Die Kurorte an der Südküste bewundern ... Die Stoffkataloge meines Freundes verteilen ...

Mein Arm ist mir beim Schreiben im Bett eingeschlafen. Ich drehe mich auf die andere Seite. Nehme Nasurs Kuvert und lese:

Als junger Mann wurde der baschkirische Tatar Andar in ein Lager – eine bewachte Siedlung für Verbannte – nach Sibirien gebracht. Er musste dort Bäume fällen. Weshalb er verbannt worden ist, weiß ich nicht. Sehr viele teilten damals sein Schicksal. Er konnte dort nur auf einem Pferd sitzend arbeiten, weil er ja humpelte. Doch er ist immer umhergeritten und besorgte sich und anderen dadurch oft zusätzlich ein Stück Brot. Seine Behinderung hat ihn wahrscheinlich vor dem Tod bewahrt, denn er wurde später als Schwerversehrter entlassen und nach Hause geschickt. Danach hat er sein Leben lang als Vorarbeiter in der Kollektivfarm »Prawda« gearbeitet. Er liebte es, zu trinken. Aber der Vorsitzende der Farm schimpfte nie mit ihm und entließ ihn auch nicht. Mein Vater war schließlich ein kompetenter, kluger Mann.

Die Jahre vergingen schnell. Ich wuchs heran, absolvierte die Universität in Kasan, heiratete eine Deutsche und wohnte später mit ihr in der DDR. Wie ich dort lebte? Das ist eine andere Geschichte. Ich kann nur stolz sagen: Ich habe mich in Deutschland immer selbst um einen besseren Job mit mehr Verantwortung bemüht …

Eines Tages fuhren meine junge Frau und ich zu meinem Vater in den Ural. Meine Mutter war damals schon nicht mehr am Leben. Es war Sommer. Ich ging nach draußen. Meine Frau und der Vater blieben im kühlen Haus. Die Tür stand offen. Plötzlich hörte ich, dass meine Frau mit einem Mann deutsch sprach. Drin waren nur meine deutsche Frau und mein baschkirischer Vater.

Ich ging zögernd hinein. Am Tisch saßen wirklich nur mein Vater und meine Frau. Sie redeten deutsch miteinander! Ich bin beinahe umgefallen. Danach erzählte mein Vater mir alles. Ja! Alles. Zum ersten Mal.

Nicht weit von der Siedlung, in der er als Verbannter arbeiten musste, gab es eine Siedlung für die verbannten Wolgadeutschen. Wenn in Vaters Siedlung etwas kaputtging und repariert werden musste oder man einen Arzt brauchte, schickte man den Vater auf seinem Pferd zu den Wolgadeutschen. Von dort holte er einen Mechaniker, einen Ingenieur oder einen Arzt. Dabei lernte mein Vater eine deutsche Frau kennen. Sie hieß Gisela und war Mathematiklehrerin. Sie hatte eine schöne Tochter. Die hieß Dagmar. Der Vater verliebte sich, obwohl er verheiratet war und seine Frau Marjam zu Hause auf ihn wartete, in die schöne Tochter. Und die sich in ihn. Die Liebe verdrehte beiden den Kopf. Doch öffentlich durften sie ihre Liebe nicht zeigen. Dann wären sie hinauf in den Norden, in ein Straflager am Polarkreis, verbannt worden. Beispielsweise nach Norilsk. Deswegen gaben sich die Liebenden alle Mühe, nirgendwo aufzufallen. Der Vater brachte aus seiner Siedlung ständig etwas Nützliches mit: Nadel und Faden, Salz, Zucker, Brot, Fleisch, Messer, Axt. Und die wolgadeutsche Lehrerin Gisela brachte dem Vater Mathematik bei, und die Tochter Dagmar lehrte ihn die deutsche Sprache. Weil mein Vater ein phänomenales Gedächtnis hatte, lernte er all das sehr schnell.

Eines Tages kam der Befehl, den Vater wegen seiner Behinderung aus dem Lager zu entlassen und nach Hause zu schicken. Nicht schwer vorzustellen, wie furchtbar der Abschied gewesen ist: Tränen, Tränen, Tränen …

Wie schon gesagt, ich habe das alles erst nach 45 Jahren erfahren! Der Vater hat es niemals einem Menschen erzählt. Und mir erst nach dem Tod meiner Mutter und durch diesen Zufall.

Ja! All diese Jahre hatte er immer Angst, zuzugeben, dass er die deutsche Sprache beherrscht. Er könnte doch ein deutscher Spion gewesen sein, und man hätte ihn nachträglich ins Gefängnis gesteckt. Woher sonst sollte denn ein humpelnder Andar, der in der Taiga lebt und auf einer Kollektivfarm arbeitet, so gut Deutsch sprechen?!

Am nächsten Morgen packe ich Gerds Stoffkataloge und Thüringer Kräuterschnaps in den Rucksack. Alexander wird mit mir nach Simferopol fahren. Er schlägt vor, den Bus zu nehmen, denn auf den 40 Kilometern von Saki nach Simferopol seien für den Bau der Ost-West-Magistrale immer noch Straßen gesperrt. »Wir fahren im Bus entspannter.«

Es wird nicht nur entspannter, sondern auch interessanter. Denn der Fahrer kurvt in Saki zuerst außerplanmäßig durch enge Gassen, an denen kleine weiße russische Holzhäuser mit grün gestrichenen Türen stehen. Dort hält er bei winkenden Männern (nur bei Männern). Nachdem sie eingestiegen sind, legen sie ein paar Rubel »Trinkgeld« neben das Lenkrad. Planmäßig hält er am neuen Flughafen. Die Baustelle dort, über die sich bei meiner Ankunft die beiden Raucher heftig empört hatten, ist geschrumpft. Auf einer inzwischen betonierten Fläche parken schon 50 Autos.

In Simferopol müssen wir uns nicht nach der Petrosawodskaja / Ecke Oktjabrskaja, in der sich ein Textilgeschäft befinden soll, erkundigen. Alexander kennt die Straße. »Daneben stehen die kleinen Kirchen des heiligen Konstantin und der heiligen Elena.«

Auf dem Weg dorthin kommen wir an einem Theatergebäude vorbei, das sich bescheiden den nicht sehr prunkvollen Häusern der Straße anpasst. »Es ist ein sehr bedeutendes, international bekanntes tatarisches Theater«, erklärt Alexander. »Mit Shakespeares ›Macbeth‹ hat es schon in England gastiert.« Tatarische Stücke werden in tatarischer Sprache aufgeführt. Ob sich die Auswahl der Stücke nach 2014 geändert hat, weiß Alexander nicht.

»Vielleicht spielen sie inzwischen mehr russische Komödien.«

Weil das Theater noch geschlossen hat, frage ich den Pförtner. Er meint lachend: »Theater ist doch immer Theater. Gleich, ob ukrainisch, tatarisch oder russisch.«

Das Geschäft versteckt sich neben der Kirche der heiligen

Elena. Trotzdem ist der Verkaufsraum wahrscheinlich größer als das Innere des Gotteshauses. Tausende Stoffe hängen, nach ihrem Material geordnet, auf langen, den Raum querenden Stangen. Eine Verkäuferin sehe ich nicht. Aber am Eingang steht ein Aufpasser. Er mustert mich wie ein berufsmäßig argwöhnischer Zollbeamter und verlangt, dass ich den Rucksack absetze und öffne.

Alexander versucht, eine, wie er sagt, russisch-deutsche Auseinandersetzung zu verhindern, und erklärt dem Mann, dass wir Kataloge einer deutschen Textilvertriebsfirma, mit der dieser Laden bis 2014 gute Geschäfte gemacht hätte, abgeben möchten und vielleicht …

Der Mann lässt ihn nicht aussprechen. Das solle er nicht ihm, sondern der Chefin erzählen. Sie sei allerdings nicht hier. Dann fragt er, als hätte er es beim ersten Mal nicht richtig verstanden, woher ich komme. »Deutschland?« Ich nicke. Er zeigt zur Tür, doch ich bleibe stur stehen und packe die Kataloge aus. Er ruft die Chefin an. Die lässt mitteilen, dass wir warten sollen.

»Wie lange?« Das weiß er nicht.

Nachdem ich zum ersten Mal in meinem Leben, als hätte ich davon irgendeine Ahnung, eine halbe Stunde lang Seide, Baumwolle, Synthetik, Leinen und Manchester befühlt habe, ruft der Türsteher die Inhaberin noch einmal an. Sie will wissen, auf welchem außer dem durch das Embargo verbotenen direkten Handelsweg die deutsche Firma die Stoffe hierher liefern könnte. »Über Moskau, Istanbul oder …?«

Das weiß ich nicht, weil mir Gerd vor dem Abflug nur noch schnell die Kataloge und die Adressen einiger seiner früheren Kunden in die Hand gedrückt hatte. Ich sage, dass wir maximal noch 10 Minuten auf sie warten werden. Sie kommt nicht.

Wieder auf der Oktjabrskaja, telefoniert Alexander – was er bisher nicht gemacht hat – mit Gerds anderen ehemaligen Krimkunden und kündigt den Besuch »des deutschen Vertreters« an.

Trotz der sprichwörtlichen Gastfreundschaft auf der Krim erhält er eine Absage nach der anderen. Lediglich Marina, die Direktorin eines Dekosalons aus Sewastopol, freut sich über ein Treffen. »Am besten schon übermorgen in Mischor, im Restaurant gegenüber vom ›Schwalbennest‹.«

Mischor sei ein Kurort in der Nähe von Jalta, erklärt mir Alexander. »Das ›Schwalbennest‹ ist das architektonische Wahrzeichen der Krim. Das kleine Schlösschen steht auf einem aus dem Meer ragenden Felsen und ist die Kopie einer Ritterburg am Rhein.«

Weil wir jetzt nichts mehr vorhaben, möchte Alexander den ältesten Bruder in Simferopol besuchen.

Er ist nicht zu Hause. »Macht nichts. Du wirst ihn kennenlernen. In zwei Tagen werden sich alle Baraschews beim Geschichtsbruder treffen und den toten Vater ehren.«

In Saki will mich Reschit abholen und mit mir zum Grab von Achtem Baraschew fahren. Weil noch Zeit ist, gehe ich zum Markt. Dort wird von Gemüse, Käse, Fleisch, Schnaps und Seife bis zu Kopftüchern, Gemälden, Töpfen, Batterien, Putin-Bildern und Motorradersatzteilen mit allem gehandelt. Es gibt auf dem Markt nichts, was es nicht gibt.

Bis auf Hühnerfüße. Der Stand der Geflügelfrau aus

Auf dem Markt von Saki

Nowaja Derewnja ist geschlossen. Daneben sitzt eine Frau ohne Verkaufsbude auf einer Bank. Vor ihr stehen am Boden kleine und große Nachbildungen antiker Figuren.

»Sind Sie Griechin?«

Sie zuckt mit den Schultern. »Vielleicht zur Hälfte, vielleicht zu einem Viertel oder einem Drittel.« Genauer wüsste sie es nicht. Der Vater sei ein Grieche gewesen. Er sei, als die faschistische Militärjunta 1967 Kommunisten in Konzentrationslager gesteckt hätte, aus Griechenland geflohen und wie tausend andere Griechen in einem der sozialistischen Länder aufgenommen worden.

»Meinen späteren Vater hat es auf die sowjetische Krim verschlagen.« In Simferopol habe er eine Russin, ihre Mutter Anuschka, geheiratet. Doch bald sei er weitergezogen, dieser Grieche …

Ich frage, ob die Figuren aus Griechenland stammen.

»Ja, mein Sohn hat sich in eine Frau auf der Insel Rhodos verliebt. Wenn er sie besucht, bringt er die Figuren mit.«

Sie schenkt mir einen winzigen Zeus. Wir lachen, weil das Größte an ihm sein »bestes Teil« ist, und ich bedaure, dass die Halb- oder Viertelgriechin keinen Ouzo verkauft.

Also Weinstube.

Der Geologe Valeri sitzt noch bei seinem ersten Kognak. Nach dem zweiten geht er mit mir in sein Büro im Hydrogeologischen Institut.

Sein Zimmer ist zu einem Teil ein geologisches Museum, zum anderen eine Gemäldesammlung. Dazwischen Fotos von Putin. Putin als Jagdflieger. Putin beim Turnen. Putin beim Eisbaden. Putin als Jäger. Putin beim Karate. Putin beim Tauchen …

Weder Steine noch Putins muskulöser Oberkörper interessieren mich. Aber die Gemälde vom Meer. Die ruhige See, die sturmgepeitschte See und die kriegerische See, auf der von Kanonenkugeln getroffene brennende Segelschiffe sinken.

Er sammle Bilder vom Meer und von historischen Seeschlachten, besonders die des russischen romantischen Malers Iwan Aiwasowski, der sein ganzes Leben auf der Krim verbracht und das Schwarze Meer unvergleichlich kunstvoll gemalt habe, sagt Valeri und beginnt sofort, über Meer und Matrosen zu schwadronieren: »Weißt du, weshalb russische Seeleute die englischen Matrosen verachtet, ja gehasst haben?« Ich schüttle den Kopf. »Weil die Engländer auf Möwen schießen, Möwen aber für die Russen heilige Vögel sind.«

Dann wird er ernst: »Aber nur das ökonomische Interesse war und ist verantwortlich für das Anzetteln oder Verhindern von Kriegen.« Westeuropäische Firmen hätten bis 2014 aus ökonomischen Gründen auf der ukrainischen Krim nach verwertbaren Bodenschätzen bohren lassen.

»Und heute nicht mehr?«

Offiziell nicht mehr. Aber mit Hilfe der Universitäten würde man das Embargo sozusagen wissenschaftlich umgehen. Sobald der Krimstreit beendet wäre, könnten sie die erforschten Vorkommen sofort nutzen.

»*Awos* – vielleicht«, sagt der Geologe und will mir eine Packung Heilschlamm schenken. »Damit du jung bleibst.« Ich lehne höflich ab, bitte stattdessen um seinen Korkenzieher, den ich im Regal entdeckt habe, und frage, welche Blumen ich für das Grab eines Krimtataren kaufen soll. »Weiße oder rote?«

»Wir Russen legen rote Nelken auf ein Grab. Womit die Tataren ihre Toten ehren, weiß ich nicht.«

Bei einer Blumenhändlerin in der Stadt erfahre ich, dass die Trauerfarbe der Krimtataren zwar Weiß sei, aber ich könnte vielleicht auch rote, gelbe oder blaue Blumen auf ein muslimisches Grab legen. Sie empfiehlt mir rote Rosen.

»Die sind widerstandsfähig gegen die Kälte und frisch aus Holland geliefert.«

»Direkt aus Holland?«

Nein, der Weg sei inzwischen weiter geworden: Holland,

Moskau und danach erst die Krim. »Aber frisch sind sie noch.«

Sie wickelt fünf Rosen ein. Fünf sei die tatarische Zahl für Zufriedenheit. »Die fünf Finger der Hand.«

Reschit holt mich auf dem Parkplatz neben Lenin ab.

Der Friedhof von Saki befindet sich weit vor der Stadt zwischen Feldern und Steppenwiesen. Eine nicht umzäunte, mehrere Fußballfelder große Fläche, auf der Tausende Kreuze und Grabsteine weder in Reih und Glied stehen noch nummeriert sind. Ich kann mir nicht vorstellen, wie Reschit hier das Grab von Achtem Baraschew finden will, doch er fährt zielsicher an die äußere, noch stein- und kreuzfreie Seite. Von dort gehen wir zu fünf von niedrigen Steinumrandungen gerahmten Gräbern. Alle ohne Kreuz, vier mit spitzem Grabstein, das fünfte nur am Kopf- und Fußende mit einem Holzzeichen. Die aufgeschüttete Erde ist sorgsam glatt gedrückt. Von fern hatte ich einen Moment an eine Kartoffelmiete gedacht. Erst als ich näher komme, lese ich auf dem tatarischen Holzzeichen: Achtem Baraschew.

Auf dem Erdhügel keine Blume, keine Pflanze.

»Der Tote ist nur ein Teil der Erde«, sagt Reschit. Als er meine Verwunderung bemerkt, versucht er mir das muslimische Beerdigungsritual zu erklären.

»Zwölf Männer tragen den in einen Teppich gehüllten Toten auf Holzstangen zum Grab, das mit Holz und Spänen und weißen Tüchern ausgekleidet ist. Sie legen den Toten mit dem Kopf nach Mekka. Das Holz schützt seinen Körper vor der Erde, die sie dann über ihn schaufeln.«

Ich will die Rosen auf die Erde legen, doch der heftige Krimsturm bläst den Strauß immer wieder zur Seite. Schließlich stecke ich ihn sehr tief in den Boden, als würde er dadurch anwurzeln und neu knospen können. Dabei erinnere ich mich an einen Beerdigungsbrauch der Kelten. Sie legten dem Toten eine Eichel in den Mund und hofften, dass später eine Eiche aus dem Grab wächst.

Reschit steht nicht mehr neben dem Grabhügel. Wahrscheinlich war ihm der Sturm zu kräftig. Ich entdecke ihn unter einem schützenden Dach. Er kniet, das Gesicht in Richtung Mekka, und betet.

Ich will ihn nicht stören. Ein Mann mit tief ins Gesicht gezogener Filzmütze, der neben einem anderen tatarischen Grab Erde schaufelt und mich beim Grabschmücken beobachtet hat, kommt langsam herüber. Er versucht mir eine, wie er es nennt, *narodnaja mudrostj*, eine Volksweisheit der Tataren, zu erklären. Als ich sie nicht verstehe, macht er einen Buckel und legt sich dann sehr gerade auf die Erde. Das soll mir klarmachen, dass Tataren sagen: Einen Buckligen kann nur das Grab gerade machen.

Jeder Mensch hätte im Leben einen Buckel. Der eine wäre ein Lügner, der andere ein Feigling oder faul. Im Leben könnte man das nicht ändern, man behielte seinen Buckel. Erst im Grab würden alle ohne ihren Buckel gerade liegen. Dabei sollte man die Toten auch nicht durch Irdisches – wie Blumen – stören. Blumen müsste man den Lebenden schenken.

Ich nicke. Und er geht zurück und schaufelt weiter.

»Lass deine Blumen liegen«, sagt Reschit und fährt mich nach Nowaja Derewnja zum Autobruder.

Das Haus ist hinter dem riesigen Hoftor aus stabilem Blech von der Straße aus nicht zu sehen. Am Türpfosten versteckt, ein kleiner Klingelknopf ohne Namensschild. Nach drei vergeblichen Versuchen hämmert Reschit an das Tor.

Der Autobruder, sehr groß, muskulös und kräftig gebaut, entschuldigt sich. Er hätte den Motor des Veteranen laufen lassen und deshalb unser Klingeln überhört. Der Veteran ist ein Audi 200. Schon über 30 Jahre alt. »Ein wertvoller Oldtimer«, schwärmt der Autobruder und erwähnt den danebenstehenden Peugeot nur als »unseren Gebrauchswagen«.

Sein vielleicht 25-jähriger Sohn sitzt in der Wohnstube, sieht fern und holt nach der Begrüßung sofort Fleischklößchen, eingelegte Tomaten, saure Sahne und Schwarzbrot aus der Küche.

An der Wand hängt ein gerahmtes Pergament mit arabischen Schriftzeichen.

»Aus Usbekistan mitgebracht?«

Der Autobruder schüttelt den Kopf. Aus der Verbannung habe er nur wenige materielle Dinge mitgenommen. »Doch viel Wissen, das wir uns dort angeeignet haben. Ich habe am Bautechnikum studiert und kam als diplomierter Fachmann auf die Krim.«

Hier wären alle aus der Verbannung kommenden Krimtataren, gleich ob Schlosser, Professor oder Lehrer, zuerst zur Arbeit in Steinbrüchen, Zementfabriken oder in landwirtschaftlichen Staatsbetrieben gezwungen worden. »Man musste dort machen, was Russen oder Ukrainer nicht machen wollten.«

»Und heute?«

»Mein Sohn ist in der Stadtverwaltung beschäftigt, und ich arbeite als Technologe und Elektriker.«

Er übersetzt mir den gerahmten Spruch.

»›Ewiger Frieden diesem Haus.‹ – Unser Vater hat ihn mir geschenkt.«

Dann zeigt er mir noch einmal seinen alten Audi und erwähnt stolz: »Er fährt noch.«

»Und holperst du mit ihm lieber über die kaputten ukrainischen Straßen oder rast auf den neuen russischen Autobahnen?«

»Langsam ist besser. Da sieht man mich mit und in meinem Auto.«

Er holt seinen Pass aus der Jackentasche. »Das bin ich.« Auf dem Foto schmücken noch viele Haare seinen heute fast kahlen Kopf.

»Ich hatte viele Gesichter und viele Passbilder in verschiedenen Pässen. Also zuerst eins im usbekischen Pass, danach im ukrainischen, nun im russischen … und in Zukunft dann …«

»Was dann?«

»Vielleicht in einem chinesischen Pass. Weshalb sollten die Chinesen nicht eines Tages die Krim kaufen?« Keiner wüsste – das sei ein russisches Staatsgeheimnis –, wie viele Chinesen schon illegal in der russischen Pazifikregion siedeln und Geschäfte machen. Er würde die Chinesen kennen.

»Ich habe in ihrer Nähe, in Wladiwostok, als Soldat in der sowjetischen Armee gedient.«

Ich denke, dass ich ihn falsch verstanden habe, und frage zweifelnd: »Du hast in der sowjetischen Armee gedient? Als ein in der Verbannung lebender Krimtatar?«

»Weshalb nicht? Ich bin in der Usbekischen Sowjetrepublik geboren, lernte dort in der Schule und studierte wie die anderen Usbeken. Ich wurde nicht als ein in der Verbannung lebender Krimtatar, sondern als ein Usbeke zur Armee geholt.«

Er steckt seinen Pass wieder ein und unkt: »Vielleicht werde ich die Zukunft mit den Chinesen hier noch erleben. Ich bin erst 52.«

Doch über Künftiges solle ich besser den »lustigen Bruder« im Norden befragen. »Der kann es dir aus dem Kaffeesatz vorhersagen. Alexander wird dich morgen zu ihm fahren.«

Ich warte vor dem Haus auf ihn, denn in Gulnadas Küche riecht es schon am Vormittag verführerisch nach Gebratenem. Als Alexander aus dem Auto gestiegen ist, zündet er sich zuerst eine Zigarette an, raucht sie nur zur Hälfte und steckt den Rest vorsichtig hinter die Verstrebungen des Hoftores: »Für später!« Ich vermute also, dass unsere Fahrt nach Norden zum lustigen Bruder und zu einem Studienfreund von Alexander nicht sehr lange dauern wird.

Bis zum Bruder, der in einem Dorf bei Jewpatorija wohnt, ist es tatsächlich nicht weit. Doch danach fahren wir durch scheinbar endlose Steppen und viele Kilometer voneinander entfernte Dörfer. Die Löcher im Asphalt sind selten geflickt. Aber die Schrift auf einem kleinen Steinobelisken weist uns: »Auf Lenins Weg geradeaus«. Das Geradeaus stimmt. Und was den Weg betrifft: In vielen Dörfern gibt es Autowerkstätten.

Doch davon später.

Zuerst Halt am Haus des lustigen Bruders. Ich hatte Alexander zuvor zwar gefragt, weshalb man seinen Bruder, der die Zukunft voraussagen könnte und dessen Frau Schuldirektorin wäre, den lustigen Bruder nennt. Doch er sagte nur: »Du wirst es selbst erleben.«

Als wir uns nach den Umarmungen gesetzt haben und die Frau den Tisch zu decken beginnt, erklärt der lustige Bruder, dass er die flachen, mit Lamm- und Rindfleisch gefüllten *Tschebureki*-Teigtaschen, eine krimtatarische Spezialität, allein gekocht hat. Wir loben ihn schon, bevor wir gekostet haben, und er droht seiner Frau: »Wenn sie dir nicht schmecken, werde ich beleidigt sein und zur Strafe dann heute Nacht allein in der Küche schlafen.«

Sie probiert. Und sagt: »Allah sei Dank! Sie schmecken nicht!«

Dann bittet sie mich ernsthafter, meine Tasse türkisch gebrühten Kaffee nicht bis zur Neige auszutrinken. Ich verstehe nicht weshalb, aber der lustige Bruder kippt meine Tasse, bis sich die Kaffeekrümel auf dem Boden absetzen. Und weil sie sich zu einem Stiefel ordnen, verkündet er, dass ich, um auf der Krim zu einem offiziellen Treffen gehen zu können, neue Schuhe kaufen werde.

Bei der zweiten Tasse liest er aus dem Kaffeesatz, der sich dieses Mal zu einem harmonischen Kreis vereint hat, dass sich viele meiner Wünsche auf der Krim noch erfüllen werden. Ich hoffe auf eine sofortige Bestätigung und frage, was er über die Verbannung des Vaters weiß. Da wendet er sein Gesicht zur Seite, verbirgt es, als müsste er es vor Schlägen schützen, zwischen seinen Händen, senkt den Kopf und sagt, ohne einzelne Worte besonders zu betonen: »Er hat seine Augen und seinen Mund für immer geschlossen. Weshalb sollten wir jetzt seinen Frieden stören?«

Mehr sagt der lustige Bruder nicht.

Als seine Frau eine dritte Tasse Kaffee anbietet, bitte ich sie um grünen Tee.

Alexanders Studienfreund wohnt im letzten Ort an der Verengung des Asowschen Meeres. Vor seinem Haus hängen Fischernetze. Zuerst begrüßt uns eine zierliche Frau mit schönem ebenmäßigen Gesicht, dunklen Haaren und schmalen Augen. Zu ihrer farbenfroh gemusterten Hose trägt sie eine Jacke mit weißem Pelzkrägelchen. Sie ruft ihren Mann. Der reißt beide Arme hoch und schreit: »Willkommen hier in Russland!« Bei seiner Umarmung knacken mir die Knochen. Wo er hinschlägt, wächst anschließend wahrscheinlich kein Gras mehr. Seine Jacke ähnelt einer Tarnuniform. Darunter trägt er eine halb offene blaue Jacke und ein orangefarbenes T-Shirt, auf dem ungeordnete englische Wörter als Versatzstücke zu sehen sind: »SUPERK … QUALI …«

Er geht zurück ins Haus, füllt dabei den Türrahmen fast aus, kommt mit einer Wodkaflasche und Gläsern zurück. Ruft noch einmal: »Willkommen hier in Russland!« Und nur etwas leiser: »Ich bin Sergej.«

Sergej, ein ehemaliger Afghanistankämpfer

»Ein Fischer?«

»Nein, der Sohn fischt.«

Meine Frage nach seiner Arbeit überhört er und erhebt das Glas auf die Gäste. Alexander trinkt nicht. Sergej schenkt mir und sich sofort ein zweites Glas ein. Seine Frau lacht verschmitzt.

Ich mutmaße: »Sergej ist kein tatarischer Name.«

»Meine Frau ist eine Krimtatarin. Ich bin ein Russe.«

»Ein Russe, der in seiner Jugend im Afghanistankrieg gekämpft hat und deshalb schon beim Studium mehr Geld als wir anderen besaß. Er konnte sich manchmal sogar mit dem Taxi zu den Vorlesungen fahren lassen«, sagt Alexander.

»Na und?«, schimpft Sergej. »Mich hätten die verdammten Mudschaheddin, die angeblich als Verteidiger ihrer Heimat kämpften, dort jeden Tag abknallen können. Wir nannten sie *duchi* – ›Geister‹, weil sie in den Bergen unverhofft auftauchten, angriffen, töteten und wieder verschwanden.« Die USA hätten diese islamischen Krieger, die man heute mit den Taliban vergleichen könnte, damals aufgerüstet und ihren Kampf in jeder Weise unterstützt. »So ändern sich die Ansichten der USA von Böse zu Gut und von Gut zu Böse.«

Nur eines hätte sich nicht geändert. Die USA würden jeden unterstützen und sich mit jedem, egal mit wem, verbünden, wenn der gegen Russland kämpfen wollte … Die beiden rauchen. Ich gehe ins Haus und setze mich zu Sergejs Frau. Überlege lange, bevor ich frage, ob sie 2014 am Volksentscheid für einen Verbleib der Krim in der Ukraine oder für einen Anschluss an Russland teilgenommen haben.

Sie nickt.

»Vermutlich hat Sergej für Russland gestimmt und Sie, die Tatarin, für die Ukraine?«

Ich erwarte eigentlich keine Antwort.

Doch sie sagt: »Wir haben beide für Russland gestimmt.«

»Weshalb?«

»Vielleicht, weil Sergej den Krieg kennt. Wir möchten nicht, dass die ukrainischen Nationalisten mit Billigung der NATO auf der Krim irgendwann den Frieden bedrohen. Heute halte ich mir die Ohren zu, wenn im ukrainischen Fernsehen Lügen über die Russen verbreitet werden.«

Wie um das Thema zu beenden, erzählt sie, dass sie als Kind in der Schule auch Deutsch gesprochen habe.

Lachend: »Geh an die Tafel!«, »Hefte auf den Tisch!«, »Setzen!« Sie haben auch deutsche Lieder gesungen. »Eines habe ich nicht vergessen. Das von Auschwitz.« Sie überlegt nur einen Moment und singt dann leise: »Oh, ihr Menschen, schweiget still …«

Bevor wir zurückfahren, überlege ich – in der Hoffnung, dass sich die Kaffeesatzverkündung des lustigen Bruders doch erfüllt –, ob ich hier endlich zu dem nur einige Hundert Meter entfernten Meer gehen und es mit bloßen Füßen begrüßen sollte. Aber Sergej meint, dass ich verrückt wäre. »Bei der Kälte!« Er müsste mitkommen, damit er mich bei einem Herzversagen beatmen könne. Außerdem würde ich doch nicht wollen, dass sie, nachdem ich mit meinen Füßen im Meer gestanden hätte, hier monatelang keinen einzigen Fisch mehr fangen.

Ich krame in meinen Hosentaschen und lege einen kleinen Hühnergott, meinen Talisman von Rügen, auf die ordentlich von Sergej und seinem Sohn geflickten Netze.

Auf der Rückfahrt halten wir bei Verwandten von Alexander vor einem am Dorfrand stehenden Gehöft. Wie bei vielen Häusern im Norden der Krim sind Tür- und Fensterrahmen morsch, und brüchige Mauersteine fallen aus den Wänden. Manche dieser Häuser verstecken sich, als ob sie sich für ihr Aussehen schämen, in der ansonsten waldlosen Steppe unter Bäumen. Doch die Frau, die uns vor der Haustür begrüßt, stellt fest: »Die Bäume schenken uns in der Sommerhitze Schatten.«

Sie ist wohl noch nicht 50, hat kurzes dunkles Haar und führt uns im Haus zuerst zu einer alten weißhaarigen Frau. Die hat sich ein braunes Tuch so eng wie einen Verband um den Kopf gewickelt, trägt über einem dicken Flanellhemd eine wollene Strickjacke und darüber noch einen gefilzten Mantel. Die Schwarzhaarige dagegen ist kurzärmelig.

»Ältere Menschen frieren schneller«, sagt sie, als müsste sie sich für die Alte entschuldigen. Sie dagegen hätte noch genügend Hitze. »Wie damals … Ja, früher war ich …« Aber sie sagt nicht, was sie früher war, sondern lediglich, dass sie im Sowchos, einem staatlichen Landwirtschaftsbetrieb, gearbeitet hat. »Wir besaßen hier fruchtbare Äcker. Doch nach 1992 hat man nicht nur die Sowjetunion aufgelöst, sondern auch den Sowchos.«

Die Steppe breite sich seitdem wieder aus. Sie müssten jetzt ihre privaten Äcker, von deren Erträgen sie leben, mühsam vor den holzigen dürren Gräsern schützen. »Doch in einem regenreichen Jahr ernten wir reichlich Getreide und Gemüse.«

Die Frau wechselt das Thema und erzählt, dass Putin allen Krimtataren, um sie für die Verbannung zu entschädigen, einige Tausend Rubel versprochen hat. Sie warte noch darauf.

Als ich von den süßen, die Augen nicht zu Tränen reizenden Zwiebeln der Krim schwärme, schlägt sie ernsthaft und unvermittelt vor: »Bleib hier auf der Krim! Ich bin eine starke Frau. Ich kann auf dem Acker vor dem Haus arbeiten. Und für dich Zwiebeln, Gurken, Tomaten und Kraut anbauen. Bleib hier und heirate mich.«

In der Nähe gebe es schon einen Deutschen. Der habe auf einer großen Plantage Hunderte Apfelbäume pflanzen lassen und könne dort viele Zentner Äpfel ernten. »Bis 2014 verkaufte er sie auch nach Deutschland. Nun nicht mehr.«

Aber was nicht mehr sei, könne ja wieder werden. Sie schaut mich lächelnd an.

Ich will nicht noch einmal heiraten. Und erst recht nicht auf der Krim. Und überhaupt keine Frau, die für mich arbeitet.

Beim Abschied schenkt sie mir eine Tüte mit den nicht beißenden roten Krimzwiebeln.

Von Boleslaw, der so alt wie ich ist, aber behauptet, dass sein Leben schon länger währt als meines, dem Kauf eines nach dem Truppenabzug in Deutschland zurückgelassenen russischen T-34-Panzers und Reschit, der als Busfahrer einmal ein *galstuk* umbinden musste

Auf der Heimfahrt halten wir zuerst in Saki. Die Kaffeesatzprognose des lustigen Bruders gefällt mir. Zwar werde ich mir keine Schuhe kaufen. Aber vielleicht sollte ich meine Hand auf den Wunschstein legen …

Auf der Bank gegenüber vom Pavillon mit der Wunschhand sitzt ein Mann, den ich schon einmal gesehen habe. Er hatte mich, als ich die ewige Flamme zusammen mit dem gelben *GAS*-Kasten fotografierte, aus der Entfernung beobachtet. Ich schaute ihn daraufhin forschend an, doch er wandte den Blick nicht ab. Beim Weggehen hatte er das linke Bein sehr gerade und steif wie eine gelenklose Holzprothese nach vorn gestellt.

Heute geht er nicht. Er bleibt sitzen, als ich mich nähere.

Ich bin sicher, dass ich ihn nicht verwechsle. Auch heute schnürt ein hoffentlich leerer Patronengürtel seinen grauen Mantel eng um die Taille. Seine Mütze sitzt schief wie die eines betrunkenen Soldaten, und am Kragen des Mantels befindet sich eine nicht zu übersehende große rote Applikation.

Zögernd bleibe ich vor dem Pavillon stehen. Da humpelt der Mann zu mir herüber. *»Iswinitje poshalista!«* Ich schaue ihn neugierig an. Er wiederholt seine Entschuldigung. Dann sagt er freundlich: »*Wy nemez* – Sie sind doch Deutscher.«

Ich nicke und frage, woher er das weiß?

»Wer würde sonst am Heldendenkmal den Kasten mit der Aufschrift *GAS* fotografieren? Außerdem haben Sie eine deutsche Nase.«

»Wie sieht eine deutsche Nase aus?«

»Schauen Sie in den Spiegel.«

Ich frage ihn, wie alt er ist, und als er 77 sagt, klopfe ich ihm auf die Schulter. »Dann sind wir gleich alt. Haben beide schon ein gutes Stück Leben hinter uns.«

Er schüttelt energisch den Kopf. »Nein, ich habe länger gelebt als Sie.« Und fragt, ob ich mich noch an den Krieg erinnern kann.

Ich erzähle ihm, dass 1945 die sowjetischen Soldaten mit kleinen struppigen Pferden durch unser Dorf gezogen sind. Dass ich zuvor meinem Großvater geholfen hatte, sein vergoldetes Besteck im Garten zu vergraben. Und dass ich mit Mutter und den Großeltern, wenn die Sirene bei Fliegeralarm heulte, in den Keller musste. Und dass die Oma dort unten manchmal ein Glas aufmachte und die eingeweckten sauren Gurken verteilte. Dass ich nach dem Alarm oft von den Fliegern abgeworfene Markierungssilberfäden auf der Straße gefunden hatte. Und dass, als Dresden bombardiert wurde, in unserem 20 Kilometer entfernten Dorf verkohltes Papier wie schwarze Vögel umherflog. Außerdem habe mir meine Mutter erzählt, dass ich mit einem halben Jahr alles, was ich hinunterschlucken musste, wieder ausspie. Lediglich den Saft von Südfrüchten, die der Vater während des Frankreichfeldzuges von dort schickte, hätte ich vertragen …

Er nickt, als wisse er das alles, und sagt, er sei in der Nähe von Lina geboren. Seine Mutter, eine Polin, hätte ihn Boleslaw genannt. Aufgewachsen sei er in den Bergen der Krim. »Doch nicht in einem Haus, sondern in einer Höhle.« In dieser gebirgigen Gegend hätten sich seit Jahrhunderten die Menschen während der Kriege in Felshöhlen versteckt.

Er wisse nicht mehr, woran er sich wirklich noch erinnere oder was ihm die Mutter später vom Leben in der Höhle erzählt habe. »In der Mitte der Höhle befand sich direkt unter einer Felsspalte die Feuerstelle. Drumherum lagen Steine. Darauf stand ein Topf. Doch meist kochte die Mutter darin nur Wasser für den Tee. Tee aus Kräutern, die sie in den Bergen suchte. Manchmal tauchte sie auch trockenes Brot in das heiße Wasser.«

Deutsche Soldaten hätten sich wegen der Partisanen nicht in die unwegsamen Berge gewagt. »Nur im Nachbardorf sah die Mutter einmal erschossene Frauen und alte Männer am Dorfrand liegen.«

Als ich Boleslaw bitte, mir von seinem späteren Leben zu erzählen, nimmt er – als könnte er darüber nur barhäuptig sprechen – die Mütze vom Kopf und zerknüllt sie nervös in der Hand. Er spricht schnell und abgehackt.

»Auch nachdem der Krieg zu Ende war, blieben wir in der Höhle. Die Mutter sagte: ›Wenn wir hier weggehen, wird der Vater uns nicht finden können, wenn er nach Hause kommt.‹ Er kam nicht. Soldaten brachten ihn auf einer Tragbahre. Ein Bein fehlte ihm. Wir erhielten eine Wohnung im etwa 30 Kilometer entfernten Sewastopol.

Zwei Zimmer in einem dreistöckigen Haus. Neben uns lebte eine Frau aus Kertsch.«

In Kertsch wären Tausende Menschen in Felshöhlen jämmerlich umgekommen. »Haben Sie davon gehört?«

»Nein.«

»Dann sollten Sie auch diese Geschichte in Ihr Notizbuch schreiben: Partisanen, Soldaten und viele geflüchtete Einwohner aus Kertsch hatten sich in den kilometerlangen nicht einsehbaren Felsgängen der Steinbrüche versteckt. Auch viele Frauen und Kinder. In den Nächten beschossen die Partisanen von dieser Felsenfestung aus die Deutschen. Die sprengten die Ausgänge. Aber sie konnten den Widerstand nicht brechen. Da leiteten sie Gas in die Luft- und Sonnenlöcher des Felsens …«

Hier will Boleslaw sein Käppi wieder aufsetzen. Doch ich bitte ihn, weiter von seinem Leben zu erzählen.

»Nun, ich wollte immer Dämme bauen. Schon als Kind stapelte ich Steine vor unserem Höhleneingang. Kleine Schutzwälle aus Muschelkalkstein. Gegen das Böse. Später war ich Bauarbeiter. Dann lernte ich einen Bagger fahren. Baute meinen ersten großen Damm an dem kleinen Fluss Ilda. Der wurde dann der Rybinsker Stausee bei Jaroslawl. Später stürzte ich mit dem Bagger in einen Abgrund. Das Knie war kaputt. Ich kam in ein Sanatorium nach Saki. Dort lernte ich Irina kennen. Eine Krankenschwester. Die Hochzeit feierten wir hier im Park. Baggerfahren ging nicht mehr. Ich blieb als Handwerker im Sanatorium. Als meine Mutter starb, holte ich den Vater aus Sewastopol hierher. Jeden Tag habe ich ihn im Rollstuhl umhergefahren. Durch Saki und zum Meer. Damals trank ich viel, sehr viel. Irina trennte sich deshalb von mir. Aber ihr neuer Mann trank später auch. Und schlug sie. Ich habe Irina nie geschlagen. Ich versprach ihr, mit dem Trinken aufzuhören. Und schaffte es. Sie kam zurück. Es war eine gute Zeit. Meine Frau war eine Poetin. Wie die Dichterin Lessja Ukrajinka, deren Denkmal nebenan im Park steht und die leider wie Puschkin und Jessenin jung gestorben ist. Meine Irina war keine große Dichterin. Aber ihre Verse sind sehr schön. Ich kenne viele auswendig. Wollen Sie ein Gedicht hören?«

»Ja, bitte.«

Ich bin berührt von seiner plötzlich sehr weichen und melodischen Stimme. Aber ich kann, auch wenn er Zeile für Zeile wiederholt und fehlende Worte mit Handbewegungen erklärt, nur den Inhalt der Verse verstehen: Die Wiese ist das Kleid der Erde. Das Moos ist eine Decke für die Steine. Der Mensch braucht für die Freude ein schmückendes Kleid. Und für die Trauer eine wärmende Decke. Solange Wiesen und Moose wachsen, kann der Mensch leben.

Boleslaw wiederholt: »Es war eine gute Zeit. Wir haben damals auch strahlengeschädigte Kinder aus Tschernobyl im Sanatorium aufgenommen. Wie überall auf der Krim. Mit dem Ende der Sowjetunion kam dann das Ende meiner Arbeit im Sanatorium.«

Er setzt seine Mütze nun sehr gerade auf. Als er aufstehen will, frage ich: »Und danach? Als Sie ohne Arbeit waren?«

»Habe ich kleine Kraniche aus Stein geschnitten. Ich wusste, dass in Hiroshima Papierkraniche für die Toten gefaltet werden. Kraniche, die man im Fluss schwimmen lässt. Ich habe die Krimsteine hauchdünn geschliffen. In unserem salzigen faulen Meer sind sie nicht untergegangen. Vor vier Jahren ist meine Frau gestorben. Seitdem kaufe ich wieder Wodka.«

Er entschuldigt sich, dass er keine Zeit mehr hat. »Ich muss Mustafa, einen schon 91-jährigen Mann, zur Versammlung der Rollstuhlinvaliden fahren. Mehr als 20 treffen sich dort. Sie reden miteinander. Jede Woche einmal.«

»Und wie lange machen Sie das schon?«

»Fast ein Jahr.«

»Mustafa ist ein Tatar?«

»Ja, er war in der Verbannung.«

Ich rechne nach. Dieser Mustafa muss schon 17, etwa so alt wie Achtem Baraschew, gewesen sein, als die Züge von der Krim nach Usbekistan fuhren.

»Hat er Ihnen von damals erzählt?«

»Seine Mutter ist auf dem Transport umgekommen. Weil der Zug stundenlang nicht anhielt, hatte sie aus Schamgefühl ihr Wasser angehalten, bis ihr die Blase geplatzt ist. Seitdem, sagte mir Mustafa, seitdem kreise der Seelenvogel der Toten für ewig über dem Acker, in dem sie beim nächsten Halt verscharrt wurde. Damals waren die Menschen …«

»Was damals?«

Boleslaw sagt: »Um das Leben auf der Krim ein wenig zu verstehen, müssten Sie« – er lacht und legt mir die Hand auf die Schulter –, »müsstest du mindestens zweimal auf der Krim gewesen sein.«

Als ich ihn fotografieren will, meint er: »Zwar habe ich eine schönere Nase als ein Deutscher, aber ich möchte nicht von einem Ausländer fotografiert werden.«

Ich sage lachend: »Nationalist.« Und auf seine kleine knollige Nase zeigend: »Du solltest nicht Boleslaw, sondern Mao heißen.«

Er schlägt vor, dass wir noch gemeinsam an seiner Wohnung vorbeigehen. »Damit du mich findest, wenn du das nächste Mal auf der Krim bist.« Dann würde er mich auch mit Mustafa bekannt machen. »Heute noch nicht.«

Nach dem Burdenko-Sanatorium biegen wir vor Anatolis Promenadenbaustelle rechts ab. Ich frage Boleslaw nach seiner Patronentasche und der roten Applikation am Mantelkragen.

»Die Patronentasche hat mir mein Vater geschenkt. Und die rote Blume habe ich nach Irinas Tod aus ihrem Hochzeitskleid herausgeschnitten.«

In der nächsten Seitenstraße zeigt er auf ein zurückgesetztes Gebäude. »Das ist ein Friseursalon, und in dem kleinen Haus rechts daneben wohne ich.«

Als uns Rollstuhlfahrer begegnen, die ihn grüßen, sagt er: »Ich werde, auch wenn ich noch schlechter als jetzt laufen kann, nie im Rollstuhl umherfahren. Ich werde dann für immer zu Hause bleiben.«

Beim Abschied meint er, dass er sich revidieren muss. »Mein Leben war nicht länger als deines. Wir sind gleich alt, mein Freund.«

Ich gehe zur *street* zurück. Und lege meine Hand auf den Wunschstein.

Zu Hause finde ich einen der abgeschraubten Fenstergriffe. Ich hatte ihn übersehen. Er liegt auf dem schmalen Fensterbrett der Toilette. Ich öffne mit dem Korkenzieher des

Geologen die Flasche roten Massandra-Wein, gieße ein Wasserglas randvoll, stoße mit mir an und sage: »Willkommen auf der Krim!«

Das schreibe ich auch in Wassjas Notizbuch.

Beim zweiten Glas blättere ich in Nasurs Brief.

O Leben … Man kann nicht alles erzählen. Nach meiner Scheidung war ich ohne Wohnung und mit den Nerven krank und dann noch die Unterkunft im Panzer … Bestimmt willst Du wissen, wie es möglich war, in einem T-34 zu übernachten. Also: In der Zeit vor dem Panzer lebte ich mit meiner deutschen Frau, unseren Kindern und den Eltern der Frau in einem Haus. Ich war Filmemacher. Wer Filme macht, muss auch einen Kopf für Politik haben. Ich war ein Fan von Gorbatschow und seinen politischen Reformen in der Sowjetunion, die ja später auch Deutschland verändert haben. Meine Frau jedoch bezeichnete Gorbatschow als Verräter an den kommunistischen Ideen von Marx, Engels und Lenin. In ihren Augen war ich plötzlich ein antisowjetischer Tatar, der das aber nie zugegeben hatte. Auch deshalb wollte sie nicht mehr mit mir zusammenleben. Ich musste die Familie verlassen und war plötzlich ohne Wohnung. Ein Bekannter in der Nähe von Stendal besaß einen Bauernhof. Er arbeitete auf dem Feld mit einem sowjetischen Belarus-Traktor. Als der Auspuff kaputtging, fehlten ein paar Ersatzteile. In der Nähe befand sich eine Kaserne der sowjetischen Armee. Dort bereiteten sich die Soldaten und vor allem die Offiziere schon auf ihre endgültige Rückkehr in die Heimat vor. Was sollten sie mitnehmen? Was konnte man – natürlich illegal – hier noch verkaufen? Zufällig traf ich einen Soldaten aus dieser Truppe. Wir erkannten uns. Auch er war ein Tatar. Ich erzählte ihm, was der Bauer brauchen könnte und dass ich ohne Wohnung bin. Schon am nächsten Tag brachte er mir eine neue Auspuffanlage und Ersatzreifen für den Belarus. Außerdem einen Kanister Diesel. Später kam ein russischer Offizier zu mir. Er wusste, dass ich ohne Wohnung war, und schlug vor, mir einen Panzer, zwar ohne Kanone, aber mit einem bequemen Inneren, zu verkaufen. Der sei zum Wohnen geeignet. Die Frau auf dem Bauernhof gab mir Geld. Ich kaufte den Panzer, und der Bauer erhandelte noch fünf Tanks, mit denen er lange auf dem Feld gearbeitet hat. Ich schlief also – so erzählt es heute meine Phantasie – einen Monat in einem Panzer.

Dann ging ich nach Leipzig, wo ich bis 2018 gelebt und Filme gedreht habe. Dort gibt es auch noch eine Erinnerung an meine Panzerzeit: einen Trinkbecher aus Titan, den sich die Panzersoldaten aus einer Granathülse herausgefräst hatten. Du kannst ihn bei der Frau meines besten deutschen Freundes, des so früh gestorbenen bekannten Filmdokumentaristen Peter-Hugo Scholz, den auch Du gut kanntest, anschauen. Ehre sei seinem Andenken! Und Friede seiner Seele. Sie soll als unsichtbarer Vogel hoffentlich immer in seinem Haus bleiben. Der Seelenvogel bewacht das Haus des Toten, solange dort ein Verwandter lebt. Wenn der es verkauft und auszieht, wird der Seelenvogel des Toten aus den schützenden Wänden vertrieben. Im Haus unseres verstorbenen Vaters wohnte immer ein Angehöriger. Jetzt sind dort andere eingezogen. Ich werde also hinfahren und den Mullah bitten, dass er den Seelenvogel mit den neuen Besitzern vertraut macht. Damit er dort bleiben kann …

Entschuldige, lieber Landolf, meine Geschwätzigkeit. Ich wollte Dir nur die Geschichten von der Kindheit und der Ver-

bannung des Vaters und unser Leben erzählen. Aber ich weiß, dass Du auf der Krim sehr viele Nationalitäten treffen wirst. Ob Baschkiren, Georgier, Russen, Ukrainer oder Tataren – ihre Geschichte ist dort unserer oft ähnlich. Und ihr Heute sehr kompliziert. Du sollst aber, wenn ich Dir, mein Freund, einen Rat geben darf, nicht versuchen, diese Kompliziertheit in Deinem Text zu vereinfachen. Du darfst nicht entscheiden: Das ist gerecht! Das ist ungerecht! Das ist gut, oder das ist schlecht für die Zukunft der Krim! Schau Dir immer nur die Menschen an. Hör aufmerksam zu, was sie sagen. Und schreibe lediglich das auf. Vertraue Deinen Augen und den Ohren. Der Verstand widerspiegelt oft nur, was ihm Politik und Medien versüßt oder verbittert haben. Also für Dich noch einmal: einen sturzfreien Ritt im Sattel des wilden Pferdes.

Der kalte Februarwind hat sich gelegt. Die Luft draußen ist milder als am Tag. Eine Vorahnung auf die Fahrt, die mir Reschit für morgen versprochen hat. Die Südküste. Jalta, Liwadija und Massandra. Und vielleicht die Textilhändlerin Marina Orlowa, die sich mit uns am »Schwalbennest« in Mischor treffen will.

Am Morgen ist es kalt. Reschit tröstet mich mit der Vorhersage, dass es in Jalta warm sein wird. »Das Krimgebirge schützt den Süden. Die Berge sind ein Damm gegen die kalten Stürme aus dem Norden.«

Als wir vor Saki sind, zeigt auch Reschit auf die vier rotweißen Schornsteine. »Dort bauen die Russen ein Gasturbinenwerk …«

Das weiß ich schon. Frage aber, weshalb dort – wie Alexander behauptet hatte – keine Bewohner der Krim und vor allem keine Krimtataren arbeiten dürfen, nur Russen vom Festland.

Da schaut er mich sehr ungläubig an. »Weil es auf der Krim noch nie nötig war, Strom zu erzeugen. Der kam immer aus der Ukraine. Nun brauchen wir dieses Gasturbinenwerk. Aber hier gab und gibt es keinen einzigen Fachmann für Gasturbinen. Also musste die russische Firma alle für den Aufbau und den Betrieb notwendigen Ingenieure und Fachkräfte mitbringen. Deshalb arbeiten im Werk zurzeit nur Russen vom Festland.« Aber natürlich würden auch Kraftfahrer, Reinigungskräfte, Wächter und andere Arbeiter von der Krim eingestellt. »Alles andere ist antirussische Propaganda.«

Als wir auf einem schon fertigen Teilabschnitt der neuen mehrspurigen Autobahn fahren, die künftig die Krim von Ost nach West queren wird, schimpft er: »Früher gab es auf den Straßen hier keine Blitzer. Nun bauen die Russen neue Straßen. Aber stellen dort Blitzer auf!« Manche Autofahrer würden sagen: »Besser alte Straßen als neue Blitzer.« Für ihn wären sie kein Problem. »Ich fahre auch Touristenbusse. Da kenne ich alle Stellen, wo diese Dinger stehen.«

Rechts neben uns fährt ein O-Bus. »Die Stromleitung für die Trolleybusse ist hier über 80 Kilometer lang«, erklärt Reschit.

»In der Stadt?«

»Nein, sie beginnt in Simferopol und endet in Jalta. Es ist die längste O-Buslinie der Welt.« Gebaut worden sei sie schon zwischen 1950 und 1960. Rund 10 000 Masten habe man dafür aufstellen müssen. »Alle halbe Stunde fährt ein Bus in drei Stunden bis hinunter ans Schwarze Meer.«

»Schon damals wegen der Umwelt?«

Das glaubt er nicht. »Wahrscheinlich, weil Lenin 1920 deklariert hatte: ›Kommunismus ist Sowjetmacht plus Elektrifizierung.‹«

Vor der nächsten Baustelle will Reschit anhalten, damit ich fotografieren kann. Aber ein Polizist fordert mit energischen Armbewegungen: Weiterfahren! Auf der linken Straßenseite stehen sehr große Kräne vor einer riesigen Moschee. Die Minarette überragen schon jetzt die Baukräne. »Das wird die Mutter-Moschee für die Krim. Lässt Putin jetzt fertig bauen«, lobt der Krimtatar Reschit. Die Ukraine hätte schon vor 20 Jahren versprochen, sie zu Ende zu bauen. »Kiew stoppte den Bau und gab dafür kein Geld mehr aus. Nun vollenden Russen und Krimtataren mit arabischen Arbeitern die Moschee. Eine Hälfte zahlt Putin. Die andere Saudi-Arabien. Tausende Muslime werden dort bald beten.«

Im russischen Fernsehen zeige man oft Berichte über den erfolgreichen Weiterbau. Putin, der wohl auch einen Datschen-Palast auf der Krim besäße, würde sich persönlich um die Baustelle kümmern.

Reschit sagt lachend: »Gorbatschow kontrollierte die Vernichtung der Weinstöcke auf der Krim vor Ort. Und Putin kontrolliert nun den Bau der größten Moschee der Krim vor Ort.«

Ich frage Reschit, ob er weiß, wo die Regierungsdatschen stehen.

»Ja. Aber man kann sie nur von oben sehen.«

Wir fahren an einem halbrunden, von Bäumen gesäumten freien Platz vorbei. In der Mitte ein Brunnen mit einer

Skulptur. »Das ist Marschall Kutusow. Hier hat der spätere Held des Krieges gegen Napoleon – des Ersten Vaterländischen Krieges – im Russisch-Türkischen Krieg durch eine Verwundung sein rechtes Auge verloren.«

Ich reiße beide Augen auf, als wir wenig später aus den Kurven der Berge herausfahren und unter uns das Schwarze Meer blau leuchtet. Am Fuß der Berge biegen wir wie die O-Busse nach rechts auf die Küstenstraße ab. Und ich überlege, ob ich Reschit bitte, doch einmal kurz anzuhalten. Ich könnte jetzt – die Sonne scheint – meine Schuhe ausziehen und das Meer auf der Krim endlich mit den Füßen begrüßen. Doch ich möchte trotz unserer knapp bemessenen Zeit (schon um 18 Uhr sind wir beim Geschichtsbruder zur Familienfeier eingeladen) Reschit bitten, mir unterwegs noch einen anderen Wunsch zu erfüllen: das frühere Allunions-Pionierlager Artek zu besuchen. In sowjetischer Zeit erholten sich dort jeweils 5000 Kinder aus 60 Nationen, darunter auch aus der DDR. Ich war 1968 dort. Aber nur für drei Stunden. Und damals nicht einmal zwölf Stunden auf der Krim.

Ich hätte Boleslaw, als er mir gestern riet, dass ich die Krim erst verstehen werde, wenn ich ein zweites Mal herkomme, sagen können: Ich bin das zweite Mal hier. Aber es wäre mir nicht möglich gewesen, ihm verständlich und zusammenhängend den Grund meines zwölfstündigen Aufenthalts vor 50 Jahren zu erklären. Genauso wenig, wie es mir jetzt bei Reschit gelingen würde.

Die Vorgeschichte: 1925 eröffnete der Vorsitzende der Kommunistischen Partei Deutschlands, Wilhelm Pieck, in dem thüringischen Dorf Elgersburg ein Kinderheim der

Internationalen Roten Hilfe (MOPR). Gefördert oder, wie man heute sagt, gesponsert wurde es unter anderem von Einstein, Tucholsky, Heinrich und Thomas Mann. Kinder verfolgter, inhaftierter oder ermordeter Kommunisten aus vielen Ländern konnten sich in Elgersburg erholen. Unter ihnen auch 50 Kinder aus Bulgarien. Die bulgarischen Faschisten hatten 1923 nach dem Putsch ihrer Führer Hauptmann Iwan Walkow und Professor Aleksandar Zankow Tausende Regimegegner verhaftet, erschossen oder gehängt.

Noch bevor die neue Thüringer Regierung (die erste profaschistische in Deutschland!) das Heim in Elgersburg 1932 schließen ließ und 1933 den Nazis übergab, wurden die bulgarischen Kinder in das MOPR-Heim von Iwanowo in der Sowjetunion gebracht. Ihr Schicksal blieb unbekannt, bis sich 1964 eines der Kinder meldete, das die aktuellen Adressen anderer kannte. Einige von ihnen hatten im Krieg als Partisanen gekämpft oder als Kundschafter für die sowjetische Armee gearbeitet. Andere waren in der Sowjetunion oder in Bulgarien Diplomaten, Ingenieure, Tänzer, Militärs, Mechaniker und Ärzte geworden. Ich wollte ihr späteres Leben und ihre Erinnerung an Elgersburg recherchieren und fuhr deshalb 1968 nach Warna, Odessa, Moskau, Sofia, Kiew und auch nach Artek. Dort arbeitete Vera Friedland, die als Zehnjährige ein halbes Jahr im Heim der Internationalen Roten Hilfe in Elgersburg gelebt hatte.

Als ich damals in Artek angekommen war, sah ich zwar das Meer und die Palmen und die Berge, aber nur als Momentaufnahme. Ohne »Ah!« und »Oh!« und ohne »Ach wie schön!«-Ausrufe. Nach langem Suchen fand ich Vera Friedland. Bei der Begrüßung, dem Interview und auch beim Teetrinken zog die fast 60-Jährige, die trotz der Krimsonne blass war, ihren weißen Kittel nicht aus. Während sie, mit mir sehr schnell umherlaufend, mir die Behandlungsräume, die Krankenstation und danach das Kulturhaus, die Sporthalle, den Fußballplatz, die Kinos, Cafés, Schulen, das Rundfunk- und Filmstudio, die Schwimmbäder und Musikpavillons zeigte, blies der warme Meereswind ihre nicht zugeknöpften Kittelhälften zu weißen Flügeln auseinander. Ein fliegender Engel. Dieses Bild blieb mir von Artek. Und meine Notizen über das Leben von Vera Friedland: Schule in Iwanowo. Krankenpflegerin für verwundete Soldaten, Medizinstudium …

»Schon in Elgersburg hatte ich den Wunsch, später anderen Kindern zu helfen. Ich wurde Kinderärztin. Viele Jahre später durfte ich im Internationalen Pionierlager Artek arbeiten, Kinder aus Afrika und Asien heilen und ein wenig zurückgeben, was ich damals in Elgersburg erhalten habe.«

Bevor ich ging, fragte ich sie nach ihrer Kindheit im früheren Zuhause in Bulgarien.

»Ich habe dort kein Zuhause mehr. Meinen Vater haben die bulgarischen Faschisten 1925 in Sofia erschossen und im Heizungsofen verbrannt.«

Als ich wieder vor der Umzäunung des Pionierlagers stand, hatte ich keinen Blick mehr für das Meer, die Palmen und die Felsen.

Schluss der Erinnerungen.

Ich frage Reschit, ob ein Abstecher nach Artek ein großer Umweg ist.

»Nein, Artek liegt unterhalb der Straße nach Jalta.«

In einer Kurve, an der keine Bäume den Blick zum Meer verstellen, zeigt Reschit auf einen hohen Berg, der sich mit seinem bewaldeten Rückenbuckel sehr weit ins Meer hinausgeschoben hat. »Der Aju-Dag, der Bärenberg. Ein Bär, der versteinerte, als er das Meer austrinken wollte, um ein schönes Mädchen, das die Bären aufgezogen hatten, an der Flucht mit einem Holzkahn zu hindern. Daneben befindet sich Artek.«

An der Abzweigung sind Werbetafeln für Events in Artek aufgestellt. Aber kein Wegweiser zum Internationalen Pionierlager. Doch an den kilometerlangen Umgrenzungsmauern hängen Hunderte Gemälde und Fotografien vom Leben damals.

Die Bildergalerie endet vor dem Eingang. Dahinter führt ein Weg nach links und einer nach rechts. Wir fahren nach links. Das ist falsch. Ein Schlagbaum und ein Wächter gebieten: Halt! Ich sage, dass wir das Auto stehenlassen und ich nur kurz auf das Gelände gehen möchte. Der Mann zeigt nach rechts. Dort könnten Besucher in das Ferienlager hineingehen. Eine Frau, die auf den ersten Blick mit ihrem Kopftuch großmütterlich mild aussieht, fragt im Feldwebelton: »Eine Gruppe?«

»Ja, wir zwei.«

Die Frau erklärt, noch einen Ton lauter und sich schon beim letzten Satz von uns wegdrehend: »Im Moment werden nur Gruppen eingelassen. Die nächste Führung beginnt in 90 Minuten.«

Ich rede und rede. Aber sie antwortet nicht mehr.

Wenige Minuten später erreichen wir Jalta, die bekannteste Kurstadt der Krim. Ich sehe das Blau des Meeres, aber kein Häusermeer. Die Stadt muss sich mit dem Platz zwischen Meer und Bergen begnügen. Die meist weißen Gebäude verstecken sich zwischen den Wald- und Parkbäumen. Eine grüne Bergwiese mit glitzernden Silberdisteln. An den Stellen, wo das Meer das Land zu sehr bedrängt, sind die prächtigen alten Sanatorien auf die bewaldeten Berge geflohen. Über ihnen leuchten nackte weiße Felszacken. Die Sanatorien als Schmucksteine in der Königskrone von Jalta.

Wenn wir, wie geplant, noch Liwadija, den Tagungsort der Jaltakonferenz, danach Gorbatschows Datscha sehen und uns mit der Stoffhändlerin Marina treffen wollen, bleibt keine Zeit für einen Stadtbummel. Reschit fährt langsam zwischen Pappeln, Villen, Palmen, Hotels, Kiefern, Geschäften und Zypressen zum wahrscheinlich einzig freien, von einem Amphitheater begrenzten zentralen Platz der Stadt. Darauf steht Lenin. Er ist noch nicht versteckt.

Neben dem Denkmal von Tschechow und der »Dame mit dem Hündchen« auf der Uferpromenade erklärt eine Frau zwei Männern auf Deutsch, dass Anton Tschechow der bedeutendste Autor der Krim war. »Er lebte fünf Jahre in Jalta und ließ sich im Dorf Autka eine Villa bauen. Auch während seiner Krankheit (Tbc) traf er sich hier unter anderem mit Alexander Kuprin, Lew Tolstoi, Maxim Gorki und Iwan Bunin. In seinen Erzählungen, vor allem in ›Die Dame mit dem Hündchen‹, hat er Jaltas herrliche Natur und die Meeresweiten der Krim einmalig schön beschrieben.« Er sei auch einer der wenigen russischen Künstler gewesen, die sich für die Bewahrung der Sitten und Bräuche der Krimtararen einsetzten. Am Ende ihres Kurzvortrages wünscht sie den beiden »Gute Reise!« auf der Krim.

Bevor sie in einer Seitengasse verschwindet, grüße ich die Frau, stelle mich vor und frage, ob sie als Reiseleiterin arbeitet. Sie verneint zuerst, dann aber sagt sie lächelnd: »Irina Kolesowa. Mitarbeiterin im staatlichen Literaturmuseum. Und manchmal auch Reiseleiterin.«

Als ich weiterfrage, ob ich mit ihr sprechen und ihren Namen aufschreiben darf, reagiert sie verwundert: »Weshalb nicht?«

»Weil Sie bei einer staatlichen Behörde arbeiten. In Deutschland müssen Behördenangestellte, bevor sie auf Interviewfragen antworten dürfen, bei der nächsthöheren Behörde zuvor um die Genehmigung bitten. Erst recht, wenn der Fragende ein Ausländer ist!«

Sie entgegnet: »Sie sind jetzt aber auf der Krim. Und nicht in Deutschland.«

Ehe ich über Puschkin, Tolstoi, Gogol, Majakowski und Nabokov mit ihr spreche, erkundige ich mich, wie sich der Tourismus auf der Krim nach 2014 verändert hat.

Genaue Zahlen kann sie mir nicht nennen. »Doch kein Kreuzfahrtschiff einer US- oder europäischen Reederei darf aufgrund der Blockade des Westens seit 2014 mehr auf der Krim festmachen.« Zuvor wären es in Jalta zwei oder drei pro Tag gewesen. Außerdem wären alle international gültigen Kreditkarten von den amerikanischen und europäischen Banken für den Zahlungsverkehr auf der Krim gesperrt. »Man kann damit weder eine Hotelunterkunft noch einen Rückflug bezahlen und ist als Tourist ohne Rubel hilflos. Auch Telefonkarten und Internetverbindungen sind inzwischen gesperrt.« Europäische Reisegesellschaften dürften keine Gruppen- oder Individualreisen auf die Krim anbieten und die internationalen Hotelketten offiziell keine ausländischen Gäste empfangen.

»Die beiden Touristen, die ich begleitete, kamen aus der Schweiz. Die Schweiz gehört noch nicht zur EU?«

Ich nicke und wechsle vom Tourismus zur Literatur.

»Von russischen Dichtern, die auf der Krim lebten und die Landschaft priesen, wird hier überall gesprochen und geschrieben. Tatarische Autoren erwähnt man selten oder überhaupt nicht. Werden sie einfach weggelassen, oder gibt es keine?«

»Keines von beiden. Das behaupten nur die ukrainischen oder ausländischen Medien, die ständig wiederholen, dass seit 2014 die Krimtataren von den Russen unterdrückt werden.«

»Auch nicht die Kultur der Krimtataren?«

»In den letzten Jahren sind hier viele Bücher in krimtatarischer Sprache erschienen. Die krimtatarischen Feiertage gehören zu den offiziellen Festlichkeiten im Land. Krimtatarisch wird an Grundschulen gelehrt. Und an der tatarischen Universität im russischen Kasan kann sich ein Krimtatar ohne Prüfung und kostenlos zum Studium einschreiben lassen. Jeder, der möchte.«

»Also ist im russisch-krimtatarischen Verhältnis hier alles in Ordnung?«

»Für die meisten Krimtataren, ja. Aber es gibt auch Fanatiker. Für die waren und bleiben die Russen Feinde. Die möchten die Krim, wenn nötig mit Gewalt, wieder ukrainisch machen oder in einen eigenen krimtatarischen Staat umwandeln.« Viele Krimtataren wären mit der russischen Herrschaft nicht zufrieden, weil sie nach der ukrainischen gesetzlichen Unordnung jetzt wieder regelmäßig Steuern zahlen müssen. Auch Grund- und Bodensteuern. Und weil nach russischen Gesetzen gegen den illegalen Erwerb von Grund und Boden vorgegangen wird.«

Ein sehr alter Tatar habe ihr einmal gesagt: »Wir haben als Volk genug Unglück und Vertreibungen aus der Heimat hinter uns. Für die Zukunft sollten uns endlich Zufriedenheit und Geborgenheit beschieden sein.« Sie fügt ein Puschkin-Zitat hinzu: »Nur Menschen machen Menschen glücklich oder traurig.« Und will wissen, wo ich auf der Krim schon gewesen bin.

Viele Orte muss ich nicht aufzählen. Aber als ich die Steppe im Norden erwähne, fragt sie, ob ich wüsste, dass dort der später weltberühmte deutsche Künstler Joseph Beuys als 21-jähriger Soldat gegen Ende des Zweiten Weltkrieges mit einem Jagdflugzeug abgestürzt sei. Der Pilot war tot, Beuys schwer verletzt. In der Nähe wohnende Krimtataren hätten ihn wochenlang gepflegt. Findige Touristen könnten heute noch – und da lacht die Reiseleiterin – von noch findigeren Krimtataren für viele Dollars »Original«-Knöpfe der Uniform von Joseph Beuys kaufen.

»Und wie heißt der Ort, wo Beuys abstürzte?«

»Den Ort kenne ich nicht.«

Sie winkt einem Mann, der auf der Treppe des Amphitheaters sitzt und malt. Der Maler, ein noch junger bärtiger Mann, lebt im Norden und malt hier im Süden Bilder, die er an Touristen verkauft. Er kennt und verehrt Beuys und fragt, welche Geschichte vom Absturz und von der Heilung des Joseph Beuys ich hören möchte.

Als ich ihn verständnislos anschaue, erklärt er, dass es mehrere gebe: Die offizielle deutsche Wehrmachtsmeldung. Die Legende. Und die von Beuys selbst verfasste Geschichte.

Übereinstimmen würde nur: Das Datum des Absturzes am 16. März 1944 um 15.30 Uhr. Der Typ der Maschine, eine Stuka Ju 87. Und der Tod des Piloten sowie die Verwundung von Beuys.

Für den Absturz gebe es allerdings drei Varianten: Abschuss durch ein sowjetisches Flugzeug (Beuys). Notlandung wegen Unwetter (Wehrmachtsbericht). Unkenntnis des Piloten, der zu tief geflogen sei (Augenzeugen).

»Und die Legende?«

»Krimtataren hätten sowjetische Soldaten, die das abgestürzte Flugzeug suchten, zuerst in die falsche Richtung und dann in eine Falle, einen Steilhang im Steinbruch, geschickt. Danach hätten sie Beuys aus dem Flugzeug gezogen, in ein Versteck gebracht, viele Wochen gepflegt und schließlich gesund den Deutschen übergeben.«

»Und die von Beuys verfasste Geschichte?«

Er wäre von den Tataren gefunden und als ein deutscher Gast in ihrem Dorf empfangen und dort wochenlang gepflegt worden. Sie hätten ihn mit Fett gesalbt und in Filz gewickelt und dadurch geheilt. Deshalb habe er – was ihn berühmt gemacht habe – später auch Filz und Fett als Gestaltungsmittel bevorzugt.

»Und der genaue Absturzort?«

»Den kenne ich nicht. Alle Dörfer in der Umgebung

hatten damals schon deutsche Namen. Nach Hitlers Plänen hieß die Krim ›Gotengau‹. Sie sollte künftig das Siedlungsgebiet für die Südtiroler werden, die sich dafür entschieden hatten, im Deutschen Reich zu leben!«

Ich würde gern eines seiner Bilder von Artek kaufen. Er kramt in seinem Karton, ohne eins zu finden. Ich erzähle ihm von meinem erfolglosen Versuch, Artek noch einmal zu sehen. »Ich wollte mich erinnern.«

Das sei wichtig, meint er. »Wenn du deine Erinnerung tötest, tötest du dich, sagen die Tataren.«

»Bist du ein Tatar?«

»Nein, ein Russe. Aber die Tataren waren nicht nur mutige Krieger, sondern auch kluge Lehrer.«

Er bittet mich, einen Moment auf seine Malutensilien zu achten, und geht zum Markt. Nach fünf Minuten kommt er zurück und drückt mir ein Samentütchen in die Hand. »*Markowki* – Möhren. Die Sorte heißt ›Artek‹.« (Ich habe sie im Frühjahr ausgesät, ordentlich vereinzelt und konnte bei der Ernte schmecken, dass Artekmöhren besonders süß und saftig sind.)

Bevor wir gehen, fragt er, ob mich interessiert, was aus dem weltgrößten Kinderferienlager nach 1991 geworden ist.

Meine Antwort ist ein euphorisches »*Da! Da! Da!* – Ja! Ja! Ja!«

Nun, Artek sei 2009 von der ukrainischen Regierung aus finanziellen Gründen geschlossen worden. Zuvor hätten sich dort Kinder von reichen Ukrainern für 1600 Euro jeweils drei Wochen erholen können.

»Die russische Regierung investiert nun 10 Milliarden

Rubel für den Wiederaufbau. Artek soll wieder das weltgrößte Kindererholungsparadies werden. Für begabte russische Kinder kostenlos …, sagt zumindest Putin.«

Vom Zentrum fahren wir hinauf zum »Weißen Palast« im Vorort Liwadija. Am Berghang kommen wir an einem unüberschaubaren Erlebnisbad vorbei. Steinskulpturen und Wasserspiele. Rutschbahnen und Spielplätze. »Das hat ein russischer Oligarch bauen lassen«, sagt Reschit. »Milliardäre dürfen auf der Krim in schönster Lage Land kaufen. Nur unsere Geschichte kann kein noch so reicher Oligarch kaufen. Weder ein Schloss noch eine historische Burg. Das ist verboten.«

Reschit hält nicht auf dem ausgeschilderten Parkplatz, sondern direkt vor dem umzäunten Eingang zur Schlossanlage des »Weißen Palastes«, dem Sommersitz des letzten russischen Zaren Nikolai II.

Lenin habe aus dem Zarenpalast schon kurz nach der Revolution ein Sanatorium zur Erholung für russische Bauern gemacht, sagt Reschit. 1920 hatte er das Dekret »Über die Nutzung der Krim zur Erholung und Heilung von Arbeitern und Bauern« erlassen. Dass sich vom 4. bis 11. Februar 1945 im »Weißen Saal« des »Bauernsanatoriums« die »Großen Drei«, Jossif Stalin, Winston Churchill und Franklin D. Roosevelt, trafen, um über die Zukunft Deutschlands und den Umgang mit den befreiten Gebieten nach Kriegsende zu entscheiden, weiß ich. Weltgeschichte! Ahne aber nicht, dass auch Saki dabei eine Rolle gespielt hat. »Churchill landete nicht in Simferopol, sondern auf dem kleinen, noch heute existierenden Militärflughafen

Am Fotofries vor dem »Weißen Palast«

von Saki«, weiß Reschit. Dort habe ihn Stalin jedoch nicht persönlich empfangen. Er sei empört gewesen, dass sich Churchill und Roosevelt, der mit dem Schiff von Gibraltar gekommen war, schon zuvor auf Malta getroffen hatten, um sich absprechen zu können.

Was bei den Verhandlungen dann aber wahrscheinlich unwichtig war. Die »Troika« diskutierte damals im »Weißen Palast« die Aufteilung Deutschlands nach dem Krieg und beschloss die Gründung der UNO, die Grenzziehung zu Polen, und Stalin versprach in einem Geheimabkommen, zwei Monate nach der deutschen Kapitulation zur Unterstützung der USA Japan den Krieg zu erklären …

Den Besuch im Palast könnten wir uns sparen, sagt Reschit. »Prunk und Luxus wie in anderen Palästen. Mehr ist dort nicht zu sehen.« Das Eintrittsgeld würde ausreichen, um den Kindern zehn Tafeln Schokolade zu kaufen.

Ich verzichte also auf das Innere des Palastes der Weltgeschichte und frage Reschit, wie oft er als Fahrer von Touristenbussen schon im ehemaligen Konferenzsaal war.

»Nur einmal. Gewöhnlich schlafe ich im Bus, bis die Touristen zurückkommen. Mein Job ist das Fahren. Das Reden ist nicht meins. Das muss die Reiseleiterin erledigen.« Es sei auch nicht erwünscht, dass er die Touristen unterhalte.

»Einmal wurde mir sogar streng verboten, mit den Fahrgästen auch nur ein Wort zu wechseln.« Das war ein Tag nachdem das russische Parlament der Krimangliederung zugestimmt hatte und Putin diese Entscheidung am 6. März 2014 der Weltpresse hier verkünden wollte. »Ich musste die Journalisten auf dem Flughafen in Simferopol abholen und im Bus nach Liwadija bringen.«

Ich unterbreche ihn und frage ungläubig: »Du, ein Krimtatar, durftest die Journalisten zu Putins wohl bislang wichtigster Pressekonferenz fahren?«

»Weshalb sollte ich lügen?«

Natürlich sei er zuvor dreimal überprüft worden. Allerdings nicht wegen seiner krimtatarischen Nationalität. »Man überprüfte auch die russischen Chauffeure. Außerdem musste ich ein *galstuk*« – das aus dem Deutschen entlehnte Wort Halstuch für Schlips – »umbinden.«

»Und hast du ein extra großes Tageshonorar für die Fahrt erhalten?«

»Nein, ich habe gelenkt, Gas gegeben und gebremst wie bei jeder anderen Fahrt.«

Der krimtatarische Chauffeur Reschit neben dem Denkmal der Jaltakonferenz

Wie bei jeder anderen Fahrt! Plötzlich ist die Weltgeschichte der Jaltakonferenz für mich unwichtiger als die Tatsache, dass der Krimtatar Reschit einen Tag nach der von vielen Krimtataren damals abgelehnten russischen Angliederung die Journalisten zu Putins Pressekonferenz gefahren hat, auf der dieser erklärte: »Die Krim gehört zu Russland!«

Als ich ihn nach Einzelheiten frage, winkt er ab und schlägt vor, dass wir statt in den Palast in den Park gehen. »Dort haben die Russen nach 2014 ein Bronzemonument für die ›Großen Drei‹ errichten lassen.«

Er hat es noch nicht gesehen. Nachdem wir lange vergeblich gesucht haben, fragen wir die Toilettenfrau nach Stalin, Churchill und Roosevelt.

Die drei glänzen auf der Anhöhe im Park, von den Schuhen bis zu den Haaren silbergrau. Stalin hält die Pfeife in

Landolf Scherzer stützt sich auf Churchill

der rechten Hand. Churchill die Zigarre in der linken und den Krückstock in der rechten. Roosevelt ist ohne Raucherutensilien, trägt aber einen auffällig großen Brillantring am kleinen Finger der linken Hand.

Auf einer Tafel neben dem Denkmal steht, dass die drei zusammen 10 Tonnen schwer sind. Der Koloss des georgisch-russischen Bildhauers Surab Zereteli wurde 2015 anlässlich des 70. Jahrestages der Konferenz von Jalta aufgestellt.

Zuerst fotografiere ich Reschit an der Troika. Er stellt sich neben Stalin. Dann fotografiert er mich. Ich stütze mich mit der Linken auf Churchills Krückstockarm.

Mein zweites Foto zum Thema »Die Weltgeschichte und ich«. Beim ersten hatte mich ein Kubaner einen Tag nach Fidels Tod am 26. November 2016 unter dessen Porträt in Havanna fotografiert.

Als wir in unser Auto steigen wollen, wird Reschit, weil er den Wagen nicht auf dem Parkplatz, sondern direkt neben dem Tor abgestellt hat, von einem Wächter beschimpft.

Ich denke, dass Reschit zumindest »Ich bin Fahrer von Touristenbussen, die hier halten dürfen«, entgegnen würde. Aber er sagt nur: »Ja, das nächste Mal.«

Während der Weiterfahrt sinniere ich über Reschits Journalistentransport zu Putins Pressekonferenz, auf die in der westlichen Welt mit Empörung reagiert wurde.

»Du bekommst inzwischen nur in der Urlaubssaison einen Job. Aber warst 2014 sogar Fahrer für die russische Regierung. Mit *galstuk*. Vielleicht solltest du das bei deiner Arbeitssuche erwähnen?«

»Man ist für andere immer nur das, was man ist. Nicht das, was man sein möchte.«

Was er ist, bestätigt sich schon eine Viertelstunde später vor der Gaststätte, in der wir mit der Stoffhändlerin Marina verabredet sind. Drinnen brennt kein Licht. Die Türen sind verschlossen. Auf das Klingeln reagiert niemand.

Also telefoniert Reschit. Wenig später begrüßt uns der Besitzer.

»Auch ein Krimtatar. Ich halte oft bei ihm.«

»Solidarität der Krimtataren?«

Reschit nickt. Der Besitzer schließt auf. Selbstverständlich werde er uns Essen und Getränke bringen. Er dirigiert uns zu einem Tisch an der Fensterfront, von dem wir das Wahrzeichen der Krim sehen können: das »Schwalbennest«. Auf einer Felsenklippe im Meer, wie bei gefährlichen Aussichtspunkten von einer kunstvollen steinernen Balustrade umgeben, erhebt sich ein burgähnliches Gebäude mit einem nestförmig auslaufenden Turm. Verziert wird er von vier Türmchen mit spitzem Dach, auf denen metallene Wimpel prangen.

Von unserem Fensterplatz aus können wir die Vorübergehenden beobachten. Wir versuchen, Marina, die wir beide nicht kennen, unter den hastenden, bummelnden, in Schaufenster blickenden Leuten zu entdecken. Als ich siegessicher auf eine blonde Frau tippe, die zwar eine nicht zu ihrem modernen Outfit passende Plastetüte trägt, aber ansonsten sehr attraktiv aussieht, zweifelt Reschit. Ich gehe trotzdem und öffne die inzwischen wieder verschlossene Restauranttür. Die blonde Frau steht davor und sagt lächelnd: »Marina Orlowa.«

Am Tisch tauschen wir zuerst unsere Gastgeschenke. Ich gebe ihr die Kataloge mit den exquisiten Dekostoffen. Sie holt aus der Plastetüte zwei Flaschen roten Krimsekt des berühmten Weinguts »Novy Swet« – echten »Krimskoje Schampanskoje«. Wahrscheinlich sei auch der wegen der Blockade inzwischen eine Rarität in Deutschland. »Lassen Sie ihn sich schmecken«, sagt sie mit einem bezaubernden Lächeln.

Sie trinkt Saft und beginnt, ohne dass ich sie bitten muss, zu erzählen, dass ihr Vater auf der Krim bei der sowjetischen Marine diente. »Ich arbeitete als Lehrerin. Doch vor 19 Jahren wollte ich die Schüler nicht mehr mit neuem Unterrichtsstoff traktieren, denn der war von dem, was ich in der Schule gelernt hatte, inzwischen viele Werst entfernt.«

Zwar würden auch heute noch am »Tag der Pioniere« die

Schüler, mit roten Halstüchern am Feuer sitzend, ihre schönen alten Lieder singen. »Aber sonst hat sich hier eben alles verändert.«

Auch ihr Unternehmen, das sie gegründet habe. »Bis 2014 erhielten wir ohne Probleme Deko-, Möbel- und Gardinenstoffe aus den westeuropäischen Ländern. Inzwischen dürfen französische, italienische, spanische oder deutsche Händler uns nicht mehr direkt beliefern. Nur über Zwischenhändler in Moskau. Und ich kann wegen des EU-Verbots die Rechnung für die Stoffe erst über Umwege bezahlen, vielleicht über eine Bank in Moskau oder Zypern oder den Emiraten. Aber selbst, wenn ich heute wie früher zu einer Textilmesse nach Paris fahren dürfte, könnte ich dort die Stoffe auch nur anschauen und befühlen.«

So als wollte sie sich trösten: »Doch ich kann sowieso nicht nach Paris reisen, weil die französische Botschaft mir wegen meiner Wohnadresse auf der Krim kein Visum geben würde. Also freue ich mich über die Kataloge von Gerd. Sie öffnen mir wieder einen Spaltbreit die seit fünf Jahren verschlossenen Fenster nach Europa.«

Sie fragt, ob wir ohne Umwege zurückfahren.

»Nein, wir wollen uns bei Foros die Datscha von Gorbatschow anschauen und möglichst auch die von Putin finden. Vielleicht ist er heute dort.«

Das bezweifelt Marina. »Putin trifft sich am Abend in Moskau mit dem syrischen Außenminister zu einem Gespräch über den Krieg.«

Doch ob er oder ein anderer hoher Regierungsvertreter auf der Krim wäre, könnten wir sicher erkunden. »Ihr müsst von weit oben auf das Meer hinausschauen. Wenn dort in Sichtweite ein oder zwei Kanonenboote kreuzen, befindet sich der Präsident in seiner Datscha.«

Sie wüsste das genau. »Mein Vater hat viele Jahre mit einem Patrouillenboot die Küste bewacht. Auch am 18. August 1991 kreuzte er mit seinem Schiff vor der Datscha des Generalsekretärs und Staatspräsidenten der Sowjetunion Michail Gorbatschow. Der erholte sich dort mit Frau, Tochter, Schwiegersohn und Enkelinnen. An diesem Morgen erhielt Papa einen Befehl aus dem Verteidigungsministerium. Er sollte verhindern, dass Gorbatschow über das Meer ins Ausland flieht. Schon bei einem Versuch sollte er ihn verhaften und auf dem Schiff gefangen halten. Das war der Tag, an dem eine Junta reaktionärer Funktionäre der KPdSU sich unter Führung des Verteidigungsministers an die Macht putschen wollte.«

Aber Gorbatschow, der damals auf der Krim um sein Leben bangte, kehrte – nachdem er drei Tage ohne Telefon- und Funkverbindung festgehalten worden war – nach Moskau zurück. Dort wurde er von Boris Jelzin, den er als relativ unbekannten Parteichef von Swerdlowsk 1985 nach Moskau geholt und später zum 1. Sekretär der KPdSU gemacht hatte, gestürzt. Jelzin, der erst im Juni 1991 zum Präsidenten der Russischen Föderation gewählt worden war und sich nun an die Spitze der auf den Straßen demonstrierenden Gegner des Putsches gestellt hatte, zwang Gorbatschow, ein Dekret zum Verbot der KPdSU zu unterschreiben, und löste dann im Dezember 1991 die Sowjetunion auf.

Ich vergesse für einen Moment, dass ich mich mit Marina getroffen habe, um ihre Geschäfte mit meinem Freund

Gerd wieder zu aktivieren. Was bedeuten schon ein paar Meter Stoff mehr oder weniger gegen Weltgeschichte? Erst der »Weiße Palast« und die Jaltakonferenz. Dann Reschits Journalistenfuhre zu Putins Pressekonferenz. Nun vielleicht noch die Datscha bei Foros, wo Marinas Vater Gorbatschow festsetzen sollte.

Ich drängle zur Weiterfahrt.

Marina verabschiedet sich mit dem Wunsch, im Frühjahr Gerd mit seiner Firma auf der Heimtextilmesse in Moskau zu treffen. »Am besten wäre es aber, wenn er mit einer Musterkollektion seiner Stoffe zu uns auf die Krim kommt. Ich würde in Jalta eine Verkaufsschau mit Trendseminar für ihn organisieren.«

Noch vor der Dunkelheit sind wir in Foros, wo Gorbatschows Datscha unten an der Küste stehen soll. Auf dem Meer blinkt weit und breit nur ein einsames Segel. Kein Kanonenboot – also auch kein Putin auf der Krim? Doch Gorbatschows Datscha (wem gehört sie jetzt?) ist von oben deutlich zu erkennen. Ein extrem spitzgiebeliges Dach auf dem Haupthaus. Daneben zwei flache Gebäude und der wie ein Minarett alles überragende Telekommunikationsturm. Dicke, das Anwesen begrenzende Mauern. Ein verglaster Gang aus mannshohen Rundgittern – ähnlich dem Laufgang, in dem ein Dompteur dressierte Tiere vom Käfig in die Manege bringt – führt vom Haus zum Meer.

Reschit fährt, damit ich die Details gut sehen kann, nur im Schritttempo. Auf der Straße über Gorbatschows Datscha stehen Halteverbotsschilder.

Also geradewegs weiter in Richtung Sewastopol.

Sewastopol müssen wir, um pünktlich zum Familientreffen beim Geschichtsbruder zu kommen, links liegen lassen. Vielleicht 40 Kilometer vor Saki steht an einer Kreuzung das Schild: »Aeroport Belbek«.

Hier in Belbek hätte Wassili, der jüngste Sohn Stalins, als Student der Luftwaffenakademie seine Flugstunden absolviert.

Ich würde Reschit gern fragen, ob sich Stalin wie seine Nachfolger auch eine Regierungsdatscha zur Erholung auf der Krim errichten ließ. Im »Paradies Krim«, aus dem er zuvor 200 000 Krimtataren vertrieben hatte, wobei Zehntausende umkamen. Oder ob er es nach der Vertreibung unterließ. Aus einem Gefühl von Scham vielleicht? Ich kenne das russische Wort *tschustwo* – Gefühl. Aber ich weiß nicht, wie Scham auf Russisch heißt. Also frage ich nicht. Wahrscheinlich würde es Reschit so oder so nicht verstehen: Weshalb könnte ich auch nur eine Sekunde annehmen, dass der Diktator jemals außer dem Gefühl für Macht auch so etwas wie einen glühwürmchenkleinen Funken Gewissen, Anstand oder Scham besessen hätte? Weil jeder Mensch irgendetwas Gutes haben muss? Was gehört zum Menschen?

Von »Putingeldern«, die auf der Krim spurlos verschwinden können, dem Chefredakteur Leonid, der in seinem Büro verzweifelt ein Gastgeschenk sucht, und dem kofferlosen Ende meiner ersten Krimreise

Beim Geschichtsbruder sitzen einige Mitglieder der Familie Baraschew schon im Wohnzimmer an einer vielleicht 7 Meter langen Festtafel: Weiße Tischtücher verhüllen auf Holzböcken liegende Tapezierbretter. Der lustige Bruder trägt den Filzhut eines Mullahs und betet …

Ich gehe auf den Hof. Im Garten brennt ein Holzfeuer. Drumherum liegen Feldsteine. Zwei an den Seiten aufgestellte Platten schirmen den Wind ab. Auf den Steinen steht ein Eisenkessel.

»Wir kochen für die Familienfeier, während der wir auch unseres Vaters gedenken werden, traditionell Plow«, sagt der im Rauch hustende Geschichtsbruder.

Zwischen dem Gerümpel suche ich Holzstücke und füttere das Feuer, während der Geschichtsbruder die Ankommenden begrüßt. Später darf ich den Plow auch umrühren. Abschmecken nicht. Das ist seine Sache.

Das Plow-Rezept:

Lammfleisch schneiden. In Lammfett braten. Zwiebelringe braten. Möhren in Stifte schneiden, daruntermischen. Salz, Kümmel, Pfeffer und eine Knoblauchzwiebel dazugeben. Mindestens eine halbe Stunde kochen. Reis waschen und in warmem Wasser quellen lassen. Ihn flach über dem Fleisch verteilen und Löcher in den Reis bohren, damit er dämpfen kann (20 Minuten). Nochmals würzen. Umrühren.

»Wir haben das Rezept aus der usbekischen Verbannung mitgebracht. In einem original krimtatarischen Plow würde das Fleisch durch Rosinen ersetzt.«

»Und weshalb kocht ihr heute keinen krimtatarischen Plow?«

»Fleisch ist manchmal wichtiger als Tradition.«

Die Tapezierbrettertafel, die entlang des Regals mit den historischen Büchern steht, biegt sich inzwischen unter der Last der Salate, Suppen, Fladenbrote, Würste, des eingelegten sauren Gemüses und der gebratenen Fische. Als der Plow und die – auch über offenem Feuer gegrillten und deshalb etwas angekohlten – Schaschliks auf den letzten freien Stellen der Tafel platziert werden, habe ich Angst, dass sie zusammenbricht. Doch die Tapezierbretter halten. Alle 30 Baraschew-Verwandten, nur die Familie des Autobruders fehlt, haben Platz. Ich setze mich unauffällig an eine Ecke.

Bevor wir zu essen beginnen, wandelt sich der lustige in einen predigenden Bruder. Er betet sehr laut. Wahrscheinlich zitiert er Suren aus dem Koran. Regelmäßig wiederholt er: »Alihaba.« Und regelmäßig formen an dieser Stelle alle Frauen und Männer am Tisch ihre Hände zu einer Schale, führen sie zuerst, als wollten sie daraus trinken, zum Mund und legen sie dann schützend um den Kopf. Beim ersten und zweiten Mal bleibe ich reglos sitzen. Danach forme ich – obwohl mich zuvor keiner kritisch beäugt hat – meine Hände ebenfalls zu einer Schale, hebe sie zum Gesicht … Wieder und wieder. So schnell kann man dabei sein, ohne dabei zu sein.

Den Plow isst der lustige Bruder mit den Fingern. Ich hatte, als ich vor 35 Jahren in Moçambique half, Häuser für Kohlekumpel zu bauen, mit den Afrikanern den Maisbrei ohne Löffel gegessen. Sie lehrten mich damals: »Die Natur hat uns die Hände zum Arbeiten und zum Essen gegeben.« Also nehme auch ich den Plow zwischen die Finger. Und fühle mich gut in der tatarischen Familie.

Später erzählt der lustige Bruder Witze. »Ein Tatar geht zum Mullah ...« Über seine Kaffeesatzprognose des Schuhkaufs und des offiziellen Gesprächstermins für mich sprechen wir an diesem Abend nicht. Die Frauen, die unentwegt zwischen Küche und Wohnstube hin- und herlaufen, schenken immer wieder Wein und Kognak nach. Reichen mir Plow, Käse, Wein, Kognak ...

Bei Gulnada schaffe ich gerade noch die Treppe bis in mein Schlafzimmer. In Wassjas Notizbuch schreibe ich an diesem Abend nichts.

Am nächsten Morgen bekämpfe ich meinen Kater, indem ich sehr zeitig und ohne Kascha-Frühstück auf der Sowjetskaja bis ans Ende von Nowaja Derewnja laufe.

Auf einer Nebenstraße lese ich Winogradskaja uliza – Weinstraße. Aber weit und breit sehe ich keine Weinrebe. Eine Frau, die vor ihrem Haus wie ein Mann Zaunpfosten mit der Axt in die winterharte Erde schlägt, erzählt mir, dass sie dabei war, als sie auf Weisung des Parteisekretärs ihrer Kolchose nach »Gorbatschows Beschluss« (hatte den Gorbatschow allein gefasst?) alle Weinstöcke herausreißen mussten.

Der Friedhof von Nowaja Derewnja, im Hintergrund das Kraftwerk mit Siemens-Gasturbinen

»Monatelang. Eine schwere Arbeit für Hände und Herz.« Sie versucht ein gequältes Lachen. »Wir haben deshalb heute noch harte Hände und …« Sie stockt.

»Und?«

»… und ein hartes Herz.«

Nur wenige Schritte von ihrem Haus entfernt befindet sich auf einem nicht umzäunten kleinen Hügel der Friedhof des Dorfes. Ihn hatte ich bisher noch nicht entdeckt. Weiße und schwarze steinerne Kreuze mit einem zweiten, schrägen Querbalken, dem Zeichen des russisch-orthodoxen Glaubens.

Ich fotografiere die mit Kunstblumensträußen geschmückten Gräber zwischen dem braunen Steppengras. Dann laufe ich vom Gräberhügel ins freie Feld. Dort stehen noch die Ruinen von zusammengefallenen Häuschen.

Ruinen von Häusern zurückgekehrter Krimtataren

Wahrscheinlich wurden sie vor 30 Jahren von heimkehrenden Tataren außerhalb des Dorfes gebaut. Von Bulldozern niedergerissen. Wieder aufgebaut und wieder zertrümmert …

Hinter dem Hoftor vom Autobruder tuckert ein Motor. Ich schlage nach erfolglosem Klingeln mit der Faust an das Eisentor. Und bin lauter als der Oldtimer.

Abschiedsbesuch. Also umarmen, ins Haus gehen, Wurst, Käse und Brot auf den Tisch stellen, einen Wodka auf den Abschied, einen Wodka auf das Wiedersehen …

Der Autobruder will wissen, was ich über die Krim, die Tataren, die Russen und die Zukunft des Landes schreiben werde.

Ich übertreibe, als ich großspurig sage, dass ich wie Sokrates weiß, dass ich nichts weiß.

»Wenn dein Auto nicht fährt, musst du zuerst Benzin in den leeren Tank schütten«, sagt er ebenso sokratisch.

Er gießt uns noch einen Wodka ein. Und meint, dass ich natürlich auch schreiben könnte, dass die Russen nach 2014 manches, was sehr lange liegengeblieben sei, in Angriff genommen und viel Geld für Investitionen auf der Krim bereitgestellt hätten.

Doch er schiebt sofort ein »Aber« hinterher: »Aber was nützt es, wenn Gelder von Putin auf der Krim ankommen, aber hier sofort in den Taschen von korrupten Bürokraten verschwinden?« Bestechlichkeit sei bei den Russen jahrhundertelang die Normalität gewesen. Der kluge Zar Nikolai hätte allerdings bei der Einstellung seiner Beamten die Bestechungsgelder, die sie bei ihrer künftigen Tätigkeit regelmäßig erhalten würden, schon als feste Größe vom Gehalt abgezogen.

So einfach funktioniere das heute zwar nicht mehr, und nach dem Zerfall der Sowjetunion hätten auch Ukrainer, Georgier, Tataren, Letten und andere sich mit der Korruption angefreundet, aber …

Er geht mit mir vor die Tür.

»Für die Reparatur unserer Straßen gibt der Staat inzwischen viel Geld aus. Oft wird Baumaterial gekauft, aber die Hälfte davon verschoben. Und der Straßenbelag kann nur so dünn aufgetragen werden, dass er nach einem Winter schon reißt. Neues Geld, neues Material. Wieder verschoben und noch einmal Material kaufen …«

Als ich gehe, schaltet er den Motor des Veteranen wieder an. »Du verbrauchst viel Benzin im Stand«, sage ich.

»Der Motor muss einwandfrei laufen. Vielleicht verkaufe ich den Veteranen.«

Am 16. Februar, dem letzten Tag vor dem Abflug, fahre ich noch einmal mit dem Bus (leider ohne die »Hühnerfüße-Frau«) nach Saki. Ich will vorsorglich fragen, ob ich bei der Heimreise eine Abmeldung benötige.

Im Gang zur Meldebehörde mit der Plüschente auf der Beobachtungskamera bleibe ich vor der Tür des *glawni redaktor* – des Chefredakteurs – der *Sakskaja Gaseta* – Sakier Zeitung – stehen, erinnere mich an die bisher noch nicht erfüllte Kaffeesatzvorhersage über ein gutes behördliches Treffen, klopfe an und gehe, weil niemand reagiert, hinein. Das erste Zimmer ist menschenleer, das heißt nicht völlig. Denn an der Wand hängt ein Putin, und auf dem Schreibtisch steht ein Putin.

Im zweiten Raum sitzt ein kräftiger weißhaariger Mann hinter dem Schreibtisch. Er schaut mich Eindringling nicht empört, sondern neugierig an. Als ich erklärt habe, wer ich bin und was ich möchte, stellt er sich vor und bittet um meine Visitenkarte. Ich habe keine und drücke ihm stattdessen ein Fläschchen Thüringer Kräuterschnaps in die Hand. Danach schreibe ich meinen Namen und die Adresse auf den Rand der *Sakskaja Gaseta* und erwähne, dass ich bis 1975 als Journalist bei einer Zeitung gearbeitet habe. Leonid Bortschuk nimmt einen Stapel Akten vom zweiten Stuhl und sagt auf Deutsch: »Bitte setzen Sie sich.« Er habe für seine Diplomarbeit, um Geschichtslehrer zu werden, ein wenig Deutsch lernen müssen. »Ich schrieb über die Gründung der Kommunistischen Partei in Deutschland und habe dafür auch Material in den Archiven der DDR gesucht.«

Auf meine Frage nach seiner Arbeit als Chefredakteur auf der nun russischen Krim sagt der in der Ukraine geborene Leonid, dass er als Journalist keine Probleme mit dem Wechsel hat. »Die Menschen auf der Krim haben sich doch nicht verändert? Oder? Die früher hier Chefs waren, dienen jetzt einer neuen Obrigkeit. Und die arbeitenden kleinen Leute interessierten in der Ukraine wie in Russland hauptsächlich ihr Verdienst, die Preise, die Vergünstigungen.«

»Und die Krimtataren?«

»Einer von ihnen hat mir einmal den Unterschied zwischen ihnen und den Russen erklärt. ›Die Russen geben ihr Geld für Pelze und mondäne Kleidung aus. Wir Krimtataren kaufen keine Pelze, wir sparen unser Geld, um später vielleicht ein Haus bauen zu können.‹ Das sei der einzige Unterschied.«

Während Leonid redet, spielt er nervös mit der kleinen Schnapsflasche. Kramt in Schränken und entschuldigt sich, dass er leider sehr wenig Zeit hätte. »Ein dringender Termin bei der Regierung.« Ich frage ihn nur noch, wie die Gelder aus Moskau in Saki verwendet werden und ob es bei der Reparatur von Straßen und staatlichen Gebäuden häufig Fälle von Korruption geben würde.

Eigentlich erwarte ich keine eindeutige Antwort. Doch er nickt. »Ja, wir hatten erschreckend viele Fälle von Bestechlichkeit und Korruption.«

»Hatten?«

»Die Kontrollen sind inzwischen sehr verschärft worden. Wie viel Material geplant war, wie viel davon verbaut worden ist, was noch übrig bleibt – alles muss jetzt genau protokolliert werden. Man kann nicht mehr 5000 Rubel und eine Flasche Wodka rüberreichen, damit man eine Fuhre Kies auf den Hof geschüttet bekommt. Auf der Krim gibt es dafür Kontrollkommissionen aus Moskau, die oft direkt Putin unterstellt sind. Der kann es sich nicht erlauben, dass die Gelder und Investitionen wie schon so oft in korrupten Taschen versickern und die Krim anstelle eines Erfolges ein wirtschaftliches Fiasko, ein Reinfall wird.«

Bei der Erwähnung der Flasche Wodka kramt er allerdings wieder nervös in seinem Schreibtisch. Er wünsche sich, sagt er, dass seine Zeitung eine Partnerbeziehung mit einer deutschen Zeitung – »vielleicht der, bei der Sie gearbeitet haben« – aufbauen könnte. »Zum Erfahrungsaustausch und für gegenseitige Arbeitsbesuche.« Aber das wäre in dieser Zeit der Abgrenzung der Europäer von Russland ein utopischer Wunsch. »Vielleicht später.«

Als er unruhig umherläuft, frage ich ihn, was er sucht.

»Ein Geschenk! Sie haben mir eine Flasche deutschen Schnaps geschenkt. Aber was bin ich für ein Gastgeber? Ich kann Ihnen nichts mitgeben. Kein noch so kleines Geschenk. Meine Mutter – Gott schütze ihren Schlaf – wird mich verfluchen.«

Als ich ihn trösten will, geht er zum Tresor. Schließt ihn mit einem Spezialschlüssel auf und kramt hinter Dokumenten eine halb volle Flasche Schnaps hervor.

»›Samagon‹. 70 Prozent. Ich habe ihn selber gebrannt. Und leider schon zur Hälfte ausgetrunken. Bitte nehmen Sie den Rest, und trinken Sie ihn im Flugzeug und zu Hause.«

In der Weinstube

Eine offizielle Abmeldung von der Behörde nebenan bräuchte ich nicht. Aber es wäre gut, dass wir uns bei dieser Gelegenheit getroffen hätten.

Valeri sitzt bei seinem Mittagskognak in der Weinstube. Er fragt, ob er mir einen Beutel Heilschlamm mitgeben darf.

Ich lehne höflich ab. Sage, dass ich mich nicht mehr verjüngen müsste und mich auch an meine Knieschmerzen gewöhnt hätte.

Der Geologe verabschiedet sich mit seiner Variation der Schwejk'schen Verabredung: »Irgendwann, wonach auch immer, um 12 Uhr in der Weinstube.«

Am Abend besuche ich noch einmal den Geschichtsbruder. Ich bitte, dass er mir zum guten Schluss erzählt, was er über die Verbannung des Vaters weiß. Doch er überhört die Bitte und ist sichtlich froh, als ich ihn frage, ob es stimmt, dass Stalins jüngster Sohn auf einem kleinen Militärflugplatz zwischen Sewastopol und Saki Flugstunden absolviert hat.

»Ja, er war hier.«

Aber damit ich vielleicht verstehen könne, weshalb die Krimtataren lieber schweigen, als von der Vergangenheit zu reden, sollte ich auch wissen, was mit Wassili Stalin nach dem Tod des Vaters geschehen wäre.

»Stalin hatte seinen Sohn wegen eigenwilligen Ungehorsams, das heißt von Stalin nicht genehmigter Aktionen, nach Kriegsende als Befehlshaber der Moskauer Luftstreitkräfte und Kommandeur der Luftparaden an Staatsfeiertagen abgesetzt. Doch bis zu Stalins Tod blieb er Generalleutnant. Danach aber hielt niemand mehr die Hand schützend über den immer häufiger betrunkenen Sohn. Alle diejenigen, die zu Stalins Lebzeiten auch vor dem Sohn kuschen mussten, rächten sich nun. Man verbannte ihn für acht Jahre in das Straflager Wladimir.«

Der Geschichtsbruder fragt, ob ich von Michail Kalinin gehört habe. Der sei von 1923 bis 1946 formelles Staatsoberhaupt der Sowjetunion gewesen, und nach ihm sei eine Stadt benannt worden.

»Er war sozusagen Stalins Vertreter«, sage ich.

Der Geschichtsbruder nickt. »Ja, Stalin ließ dessen Frau von 1938 bis 1944 vorsorglich in ein Straflager bringen. Sozusagen als Geisel und Warnung an Kalinin: ›Sei vorsichtig, Genosse, auch dich könnte ich von heute auf morgen …‹«

Diese Angst, dass sich die Mächtigen an der Familie, an den Kindern und den Enkeln ihrer politischen Gefangenen rächen, würde immer noch tief im Volk sitzen.

Ich ahne, was der Geschichtsbruder mir damit sagen will, frage aber trotzdem noch einmal vorsichtig, was ihr Vater Achtem über den Transport und die ersten Tage der Deportation erzählt hat.

Statt zu antworten, schlägt der Geschichtsbruder vor, noch einen Tee zusammen zu trinken. Ich gehe mit ihm in die Küche. Während er kochendes Wasser auf die Teekrümel gießt, die sich sehr schnell entfalten, frage ich: »Hat der Vater vielleicht etwas über diese Zeit aufgeschrieben?«

Der Geschichtsbruder schüttelt energisch den Kopf.

Als ich mich verabschieden will, geht sein Sohn, der bisher wortlos neben uns gesessen hat, ins Nachbarzimmer. Ich setze meinen Rucksack auf. Der Sohn kommt zurück und zeigt mir eine nagelneu aussehende russischsprachige Broschüre: »Der Mai 1944 in der Geschichte meiner Familie«.

19 Berichte von Enkeln über die Deportation ihrer tatarischen Großeltern. Herausgegeben 2015 von der Stadt Saki, ein Jahr nach der russischen Eingliederung der Krim!

»Meine Schwester hat darin über unsere Großmutter geschrieben. Ich über den Großvater Achtem. Damals ging ich in die 8. Klasse«, erzählt er. Der Sohn des Geschichtsbruders blättert in der Broschüre und findet sofort, was der Großvater ihm damals berichtet hat. Ich versuche, die drei Seiten des Berichtes zu überfliegen und Bruchstücke davon zu übersetzen …

»Nimm das Buch mit«, sagt der Sohn. »Vielleicht kommst du noch einmal auf die Krim und bringst es selbst zurück. Oder …« Der Managementstudent lacht. »… oder ich komme nach Deutschland, um bei euch zu arbeiten.«

Im Schlafzimmer öffne ich zuerst das Fenster. Windstille. Sterne am Himmel … Ich packe meinen Koffer. Die Broschüre lege ich nicht hinein, sondern stecke sie vorsorglich in meinen Rucksack. Ihn muss ich während des Fluges nicht aus der Hand geben. Im Rucksack verstaue ich auch Nasurs Geschichte und das Heft mit meinen Bemerkungen für Wassja.

Der letzte Eintrag lautet: *Abschied fällt schwer. Freunde hier gefunden. Doch Gültiges schreiben können? Ich werde lange darüber nachdenken. Sozusagen in allerletzter Minute gab mir der Enkel von Achtem Baraschew heute eine von seinem Vater bisher verheimlichte Broschüre. Darin steht, was die Großmütter und Großväter (auch Achtem Baraschew) ihren Enkeln über die Schrecken der Verbannung erzählt haben. Und die Enkel haben es aufgeschrieben. Ich werde es für Dich kopieren. Alles andere, wenn ich wieder in Deutschland bin.*

Nasur hatte am Schluss seines Berichtes für mich zwei Seiten mit Sprichwörtern aufgeschrieben: *Tatarische und russische. Ich habe nicht hinzugefügt, welche der Sprichwörter von den Russen und welche von den Tataren sind. Du würdest sie auch nicht zuordnen können. Ähnlichkeiten im Leben erschaffen auch ähnliche Worte … Der Weg zum Glück wird mit Wissen gesucht … Die Schönheit braucht man bei der Hochzeit, das Wissen jeden Tag … Meine Zunge ist mein*

Feind … Was zwei Leute wissen, weiß das ganze Land … Seine Frau sucht man mit dem Gefühl, nicht mit den Augen … Der Vogel ist stark mit seinen Flügeln, der Mensch mit seinen Freunden … Blätter schwanken nicht im Wind, aber die Bäume … Hör auf andere, aber lebe, was dein Verstand dir sagt … Wenn der Berg nicht zu dir kommt, musst du zu ihm gehen … Wer nichts hat, muss nichts fürchten … Der Tod kommt nur einmal … Egal, wie sehr der Widder auch stößt, er wird den Berg nicht zerstören … Der Mensch ist innen bunt, ein Vogel außen … Die Seele eines anderen ist ein bodenloses Meer … Wer sich zu sehr beeilt, wird sich auch an einer Suppe verbrennen … Ein wahres Wort ist nie süß … Ein Haus mit Kindern ist ein Basar, ein Haus ohne Kinder ein Friedhof … Singe nicht die Lieder, die andere dir vorsingen … Brennholz trägt man nicht in den Wald … Deinem Freund zeige deine Tränen, dem Feind deine Zähne … Hast du eine sehr schöne Frau, dann lass deine Freunde blind sein … Nimm nicht den, den seine Mutter lobt, nimm den, den die Nachbarn loben … Ein verratener Freund ist schlimmer als ein beständiger Feind … Die Schönheit des Lebens liegt bei einem geliebten Menschen … Stirb an Hunger, aber gib deinen Eltern das Letzte … Angst hat große Augen … Eine fremde Seele liegt immer im Dunkeln … Fährst du langsam, kommst du weiter … Jagst du zwei Hasen gleichzeitig, wirst du keinen fangen … Trage den Kopf nicht höher als den Hut … Nach der Kleidung wirst du empfangen, nach dem Verstand verabschiedet … Wenn du viel weißt, wirst du schnell alt … Wüssten die Menschen, was die Zukunft bringt, würden sie doch handeln, als wüssten sie es nicht … Papier hält alles aus …

Am nächsten Morgen fliege ich von Simferopol nach Moskau, komme ohne Verspätung im Moloch von Scheremetjewo an und erreiche den Anschlussflug nach Berlin. In Berlin warte ich sehr lange auf meinen Koffer. Schließlich stehe ich allein am Gepäckkarussell. Als es gestoppt wird, bedauert eine Frau an der Information, dass mein Koffer beim Umladen der Maschine aus Simferopol in Moskau vergessen worden ist. Wahrscheinlich werde er mir an einem der nächsten Tage mit dem Paketdienst nach Hause gebracht.

Ich hoffe, dass der russische Zoll den Koffer wegen der zwei Kilo Krimzwiebeln (Pflanzen!) und der halb leeren Flasche (Selbstgebrannter!) nicht beschlagnahmt hat.

Am übernächsten Morgen steht er unversehrt vor meiner Haustür. Noch am selben Abend trinke ich drei Gläser vom 70-prozentigen selbst gebrannten Wodka. Unverdünnt. Die süßen roten und weißen Krimzwiebeln werde ich aber erst stecken, wenn der deutsche Frostboden aufgetaut ist.

Das könnte das Ende meiner Krimrecherchen sein.

Von der »Neu-Erfurterin« Olga, deren Eltern auf der Krim in der Stadt des großen Chemieunfalls leben, dem Schriftsteller Sergej Lochthofen, der den Absturzort des deutschen Kampffliegers und späteren Künstlers Joseph Beuys im Norden der Krim gesucht hat, und dem Beginn meines zweiten Versuchs, das »Paradies am Schwarzen Meer« zu erkunden

Am nächsten Tag verdünne ich den 70-prozentigen russischen Selbstgebrannten auf deutsches Standardmaß. Danach sortiere ich meine Notizen. Ordne sie thematisch. Und merke deutlich, was ich schon auf der Krim gespürt hatte: Es fehlen mir Antworten auf viele Fragen …

Von Wassja habe ich einen Brief mit seiner Telefonnummer in Australien erhalten. Er bittet, dass ich ihn anrufe. Und Nasur hat mir einen Stapel seiner Kurzgeschichten geschickt. Er will sie in Deutschland veröffentlichen. Ich soll sie lektorieren.

Wassja rufe ich nicht an. Ich möchte nicht eingestehen, dass ich nicht alle seine Bitten erfüllt habe. Dass ich das Schweigen seiner Freunde, der Baraschew-Brüder, über die Leidensgeschichte ihrer Familie in der Verbannung nicht brechen konnte. Ich schicke ihm vorerst nur mein Heft mit den »Wassja-Notizen«. Nasur vertröste ich mit dem Lektorat auf später. Zuerst will ich mich am Krimtext versuchen.

Um dabei die russischen Eigennamen richtig zu schreiben, bitte ich eine flüchtige russische Bekannte in Erfurt um ihre Hilfe. Olga, eine Musiklehrerin, lebt seit vielen Jahren in Deutschland. Ihr deutscher Mann ist Lebensmittelprüfer, ihr Sohn fünf Jahre alt. Mehr weiß ich nicht von ihr. Als wir uns treffen, erzählt sie, dass sie 30 Jahre auf der Krim gewohnt hat und ihre Eltern immer noch dort leben.

»In Simferopol?«

»Nein, im Norden. In Armjansk.«

»In Armjansk?« Das darf nicht wahr sein. Ich frage, ob sie von der Chemiekatastrophe im Titanwerk der Stadt gehört hat.

»Ja. Mein Bruder arbeitet dort.«

Obwohl die Tataren in einem Sprichwort behaupten: »Wunder gibt es nirgendwann und nirgendwo«, glaube ich jetzt an ein Wunder. In der vagen Hoffnung, dass Olga vielleicht sogar etwas über die Absturzstelle von Joseph Beuys nahe Armjansk erfahren hat, frage ich sie danach.

Darüber weiß sie nichts. Auch über die Verbannung der Krimtataren kann sie mir keine Einzelheiten berichten. Sie möchte aber wissen, weshalb ich unbedingt deren Schicksal auf der Krim beschreiben will.

»Warum nicht, was Russen, Polen und andere Völker der Krim in der Stalinzeit dort erlitten haben?« Auch danach hätte ich bei meiner Reise fragen sollen. Und danach, wie die Menschen es heute auf der Krim ertragen, wenn im ukrainischen Fernsehen zu sehen ist, wie im Unterricht die Kinder im Takt nach »Hängt die Russen …« hüpfen müssen. Und danach, wie die Kleinunternehmer und die Ärmeren der Krim es schaffen, trotz des Embargos zu überleben – also ohne dass sie Waren in die EU liefern oder von dort Waren einführen dürfen? … Und trotzdem ihre Zuversicht behalten …

Und … Und … Ich sollte, schlägt sie vor, noch einmal auf die Krim fliegen.

Irgendwann ruft auch mein Freund Gerd an. Als er lachend – wohl mit etwas schlechtem Gewissen – fragt, wie viele Kataloge ich verteilt, wie viel seiner früheren Kunden ich »wiederbelebt«, wie viele neue ich gewonnen hätte und wie viel Stoffbestellungen für seine Firma ich mitbringe, antworte ich kleinlaut: »Leider habe ich nur zwei Kataloge verteilt, nur eine frühere Kundin gesprochen, keinen neuen Kunden gewonnen und auch keine Bestellungen ausgehandelt.«

Ich versuche, ihn mit Marinas Moskauer Messeeinladung zu trösten. Dann erzähle ich von meinen Erlebnissen im geheimnisvollen Norden der Krim. Armjansk kennt er nicht. Aber vom Absturz von Joseph Beuys hat er schon gehört. Das interessiert ihn. Doch Genaues darüber weiß ich nicht. Dass ich das Meer nicht einmal mit den Füßen begrüßt habe, erwähne ich nur in einem Nebensatz. Als ich ihm vom salzigen faulen Meer in Saki berichte, fragt er, ob ich für seine am Bein operierte Frau wenigstens ein paar Kilo Heilschlamm mitgebracht habe. Wieder muss ich verneinen. Weil ich nichts erreicht hätte, schlägt er vor, dass ich mit ihm noch einmal auf die Krim fahre. Vielleicht im Oktober.

Ich verspreche, dass ich es mir überlegen werde, und suche tagelang in verschiedenen Spezialgeschäften vergeblich nach Heilschlamm aus Saki.

Olga skypt jede Woche mit ihren Eltern. »Mein Vater Jewgeni sieht müde aus. Aber meine Mutter Nadja lacht immer noch mit der Sonne um die Wette.« Sie habe den

Eltern von mir und meiner ersten Krimreise erzählt. Falls ich noch einmal dort wäre, sei ich auch bei ihnen willkommen. Sie würden versuchen, mir auf alle meine Fragen zu antworten. »Die Bewohner der Krim eint inzwischen der Wunsch: ›Keinen Krieg um uns!‹ Meine Mutter sagt: ›Wir dürfen uns zwischen den riesigen Mühlsteinen von EU und Russland nicht zerquetschen lassen.‹ Mein Großvater war schon als 18-Jähriger im sogenannten Konz – das russische Wort für Konzentrationslager (!!!) –, in einem sibirischen Straflager. Auch nach der Entlassung durfte er als ehemaliger Verbannter nicht in seine Heimat zurückkehren und musste im Ural bleiben. Dort ist mein Vater 1950 geboren worden. Er könnte dir viel über die Vergangenheit und Gegenwart erzählen.«

Noch am selben Tag rufe ich Gerd an. Ich nehme sein Angebot an.

Zuvor besuche ich in Erfurt den Schriftsteller Sergej Lochthofen, der in seinem wunderbaren Buch »Grau« seine Kindheit und Jugend in der Sowjetunion – auch auf der Krim – sehr genau, persönlich und spannungsvoll erzählt hat. Er wurde 1953 in einem der größten und härtesten Straf- und Zwangsarbeiterlager der Sowjetunion, in Workuta, geboren. Sein Vater, der als deutscher Kommunist in die Sowjetunion geflohen war, hatte dort beim sozialistischen Aufbau geholfen und wurde von Stalin wie viele andere deutsche Kommunisten als »Spion und Volksfeind« in ein Gulag-Lager in Nordrussland gesperrt. Sergej wuchs vor dem Lagerzaun auf. Der Vater wurde 1956 rehabilitiert, konnte nach Deutschland zurückkehren und lebte mit seiner Frau in Gotha. Sergej blieb Sowjetbürger. Er besuchte eine russische Garnisonschule in Ohrdruf, studierte Kunst in Simferopol, und erst als er zum Wehrdienst in die Rote Armee eingezogen werden sollte, kehrte er – allerdings ohne seinen sowjetischen Pass gegen einen DDR-Ausweis einzutauschen – in die DDR zurück. Nachdem er Journalistik studiert hatte, war er Redakteur beim Erfurter SED-Bezirksorgan »Das Volk«. Nach 1989 wurde er von der Belegschaft zum Chefredakteur der nun in »Thüringer Allgemeine« umbenannten ersten, von der SED unabhängigen Bezirkszeitung gewählt.

Das weiß ich schon aus seinem Buch, als ich mich in Erfurt mit ihm treffe. Er wartet vor seiner wie ein verwunschenes Schloss zwischen Bäumen und Sträuchern versteckten kleinen Villa an der Straße und bittet mit einladender Geste ins Haus.

Im Garten hat die Frau den Tisch gedeckt: Borschtsch, Pelmeni, *smetana* – Sahne –, Brot, Wurst, Käse, Konfekt … Und Wodka.

»*Na sdorowje!* – Auf die Krim! Sie könnte ein Paradies sein. Ein reiches Land für alle Völker, die dort leben. Aber nur ohne Bevormundung durch irgendeine Großmacht«, meint Sergej und beginnt, die würzige Suppe zu löffeln, das Brot zu brechen und zu erzählen. »Mein Großvater Pawel Alexandrowitsch, der dreimal ins Straflager hinter dem Polarkreis verbannt worden war, lebte später in Schepetowka, einem Bergdorf am Schwarzen Meer auf der Krim. Fast jedes Jahr besuchten wir ihn in den Ferien. Wir erlebten die Sommermonate dort wie im Paradies. Auch als ich später in Simferopol studierte, war der Großvater und dessen Haus für mich in jeder Situation eine verlässliche Zuflucht.«

Ich frage, wie oft er nach dem Ende der Sowjetunion auf der Krim war.

»Nie mehr, nachdem die Ukraine 1991 ein eigenständiges Land geworden ist. Als der Großvater gestorben war, verschob der Dorfsowjet unser Haus mit allem, was drin war, vor allem einer prächtigen Büchersammlung, für ein paar Dollars an eine zahlungskräftige Dame aus Kiew. An wessen Fingern das Geld kleben blieb, weiß ich nicht. Heutzutage bekommst du für das Geld nicht einmal den Zaun und die Haustür.«

Aber all das ist Geschichte. Aus und vorbei. Wiedersehen möchte er weder das Haus noch die Berge und auch nicht die Schwarzmeerstrände der Krim. »Die Erinnerungen würden sich an der neuen Wirklichkeit schmerzlich zerreiben.«

Ich muss an Nasur und dessen Vaterhaus denken. An den tatarischen Seelenvogel, der die Seele des Vaters dort bewacht und der vertrieben würde, wenn Fremde in das Haus einzögen …

»Mein Großvater war Russe«, sagt Sergej. »Ein Zugezogener aus dem Norden. Die Tataren, die seit Generationen in dem Dorf lebten, besaßen unten im fruchtbaren Tal ihre Äcker und Gärten. Unser Haus lag aber höher, in der sogenannten Russkaja Slobodka, einer Straße, in der schon immer nur Russen wohnten. Oder Ukrainer oder wer auch immer.«

Er fragt, wo ich auf der Krim gewesen bin. Außer Saki kann ich nur noch Jalta und Jewpatorija nennen. Schwärme aber von Jewpatorija. Sergej verzieht süßsauer das Gesicht. »Bist du sicher, dass du wirklich auf der Krim warst?«

Ich erzähle von der tatarischen Moschee, der russisch-orthodoxen Kirche, der Synagoge und erwähne schließlich die roten Straßenbahnen, von denen ein Arbeiter behauptet hatte, dass sie in Deutschland, in Gotha, gebaut worden wären.

Sergej nickt wissend, lacht und bestätigt schließlich: »Ja, es sind echte Gothaer Straßenbahnwagen. Ich weiß das genau.« Macht eine Pause und erklärt dann: »Mein Vater war Technischer Direktor der LOWA, einer Waggonbaufabrik, in der Straßenbahnen gebaut, von denen Hunderte auch in die Sowjetunion geschickt worden sind.«

Danach sprechen wir über die angebliche Filz-Fett-Rettung des abgestürzten Künstlers. Natürlich habe ihn als Kunststudenten in Simferopol auch das Schicksal von Beuys interessiert. Er hätte sich damals auf die Suche nach dem Ort des Absturzes gemacht. »Nur mit Staffelei und Malblock in die Grassteppe.«

»Und was gefunden?«

Was er darauf antwortet, werde ich – nun fest entschlossen, doch noch einmal auf die Krim zu fliegen – Gerd erst erzählen, wenn wir dort sind und nach Norden fahren.

Fünf Wochen später buchen wir unseren Flug für den 7. Oktober.

Am Tag vor dem Abflug gibt es ein traditionelles russisches Abendessen bei Gerd, seiner Frau Lidia und der 94-jährigen Großmutter Dina. Lidia ist seit der Hochzeit mit Gerd im Jahr 1976 eine Moskauer Berlinerin. Dina wohnt inzwischen schon fünf Jahre bei ihnen. Sie will dort noch ihren 100. Geburtstag feiern. Was alle freut, denn Dina ist eine

Wladimir Pawlowitsch mit seinen Kriegsorden

Meisterin der russischen Kochkünste. An diesem Abend hat sie mit Lidia für uns mit Fleisch, Kraut und Kartoffeln gefüllte Piroggen zubereitet. Dazu tischt sie Rote-Bete-Salat mit Nüssen, Dorschleber mit Zwiebeln und Ei, Kartoffeln mit fettem russischen Salzhering, Eier mit Kaviar auf …

Als ich Dina 1989 in ihrer Moskauer Wohnung besucht hatte, lebte ihr Mann Wladimir Pawlowitsch noch. Ich wollte ihn in seiner Alltagskleidung fotografieren.

»Nein, warte einen Moment«, sagte er, stand auf, ging ins Nebenzimmer und kam in seinem mit Kriegsorden geschmückten Jackett zurück. Das blieb mir in Erinnerung. Damals hatte ich nicht gefragt, ob Dina Geschwister hat und was ihre Eltern waren. Heute, 30 Jahre später, hole ich es nach.

»Mein Vater kam 1945 aus deutscher Kriegsgefangenschaft nach Hause. Damals war ich 18 …« Sein späteres Schicksal, sagt sie, sei ihr nicht bekannt.

»Lass das heute«, sagt Gerd. »Trinken wir noch einen *possoschok* – letzten Schluck – auf die Krimreise.« *Possoch* sei schließlich die Bezeichnung für Spazierstock.

Unser Flugzeug startet in aller Herrgottsfrühe. Zwischenlanden werden wir nicht in Scheremetjewo, sondern in Petersburg.

Dort hatte ich vor 25 Jahren, als Leningrad wieder in das den Zaren ehrende Sankt Petersburg zurückbenannt worden war, den Panzerkreuzer »Aurora« besichtigt. Von ihm war 1917 der Signalschuss zum Sturm auf das Winterpalais abgefeuert worden, mit dem die Oktoberrevolution begann. Heute gibt es nicht nur auf dem Petersburger Flughafen, sondern in vielen russischen Städten »Aurora«-Geschäfte. Dort wird Schmuck verkauft.

In Petersburg muss ich mir keine Sorgen machen, ob mein Koffer rechtzeitig in die Maschine nach Simferopol umgeladen wird. Ich fliege nur mit Handgepäck. Wegen des Flüssigkeitsverbots auf dem Flug habe ich keinen Thüringer Kräuterschnaps als Geschenk mitgenommen und werde auf dem Rückflug keinen hochprozentigen selbst gebrannten Wodka einpacken können.

Dafür hat Gerds Koffer Übergewicht. Die Hochglanzkataloge und die Vorführkollektion von 50 edlen Stoffen wiegen schwer.

Von Petersburg bis zur Krim braucht die Aeroflot-Maschine knapp drei Stunden. In dem Flughafengebäude von Simferopol hängen immer noch keine chinesischen Wegweiser und auch noch keine Porträts von Putin. Die große grüne Pflanzenwand in der Empfangshalle, von der Alex-

Alles Natur: Efeuwand im Flughafen von Simferopol

ander seinerzeit behauptet hatte, dass ihre Pflanzen durch künstliche ersetzt worden wären, »weil die Russen nichts ordentlich zu Ende wachsen lassen können«, ist inzwischen höher. Ich pflücke ein Blatt. Es schmeckt bitter. Es ist Natur! Draußen auf dem neuen Parkplatz stehen nun Hunderte Pkw.

Vor 9 Monaten wurden die Mietautos noch für umgerechnet 12 Euro am Tag angeboten. »Das waren lediglich die kleinen«, sagt der ältere der beiden Autovermieter. Er hätte für uns aber noch einen großen Datsun-Automatik für 20 Euro.

Ich bin noch nie einen Automatik gefahren. Gerd sagt: »Kein Problem.«

Probleme haben wir nur mit den auszufüllenden Papieren. Eines für den Empfang des Autos. Eines mit unseren Personalangaben. Eines für die allgemeine Versicherung.

Eines für den festgestellten Zustand des Autos. Eines für die Kaution. Eines für die Versicherung bei selbstverschuldeten Unfällen. »Die ist freiwillig. Aber sogar wenn Sie auf der Krim nicht schuld sind: Unsere Polizei kassiert das Geld lieber von einem unschuldigen ausländischen Touristen als von einem schuldigen Krimbewohner.« Es sei also ratsam, dieses Papier auszufüllen und die Versicherung zu bezahlen.

Ein Problem haben wir auch mit dem Geld. Wohl wissend, dass unsere Visa-Karten auf der Krim ungültig sind, haben wir Bargeld mitgenommen. Gerd Rubel. Ich Euros. Die Rubel reichen für die Automiete, nicht für die Kaution. Aber Euros könnten sie nicht nehmen, behaupten die beiden Männer. Schließlich überzeugen wir sie, dass wir 100 Euro Kaution in ein Kuvert stecken, sie das Geld aufbewahren und es bei der Abgabe des unbeschädigten Datsun zurückgeben. Vor dem Heimflug müssten wir zusätzlich 2000 Rubel hinterlegen. »Für Schäden, die wir erst nachträglich, wenn Sie schon wieder in Deutschland sind, entdecken sollten. Wenn keine Schäden, dann Geld zurück.«

Ich frage nicht: »Wie?«

Und Gerd sagt: »*Wsjo budet* – Alles wird.«

So weit die Finanzen. »Die müssen stimmen«, sagen beide. Vor drei Jahren, also in der Zeit, als immer weniger Westtouristen auf die Krim kamen, hätten sie die Autovermietung gegründet.

Der Jüngere, Michail, studiert an der hiesigen Hochschule Tourismus.

»Sind Sie Tatar, Ukrainer oder Russe?«, frage ich.

»Weiß ich nicht genau. Man sagt nicht umsonst: ›Kratze

einem Russen den Pelz, und du findest einen Tataren darunter.‹«

Der Ältere heißt Anton. »Die Krim ist meine Heimat. Mehr brauche ich nicht zu wissen. Ein kleiner Teil Jüdisches ist vielleicht noch in mir, haben die Eltern gesagt. Doch ein bisschen Jude sein, ein bisschen handeln können ist schließlich gut für unseren Job.«

Sie beschreiben uns den umständlichen Weg vom Flughafen zur neuen Autobahn. Wir sollten erst rechts, dann links abbiegen, dann wieder rechts. »Nicht geradeaus. Dort befindet sich …« – außer *butterbrot*, *rucksack* und *galstuk* das vierte mir verständliche Wort, das die Russen der deutschen Sprache entlehnt haben – »… ein *schlagbaum*. Danach ein Tunnel. Und Baustelle. Und wieder nach rechts abbiegen.«

Wir biegen rechts ab, aber wahrscheinlich zu früh. Zwar fahren wir auf der neuen Autobahn, aber in die falsche Richtung. Nicht nach Saki, sondern nach Simferopol. Und auf der neuen russischen Straße ist kein Umkehren möglich. Immer nur geradeaus! Immer nur vorwärts! 10 Kilometer bis Simferopol. Und dann erst wieder zurück.

Die Ausfahrt nach Saki verpassen wir nicht. Doch in Saki zweifle ich, ob die Adresse unserer gebuchten Ferienwohnung richtig ist: Sowjetskaja 23. Gerd meint, dass es wahrscheinlich nicht nur in Nowaja Derewnja eine Sowjetskaja gibt, und schaltet das Navi an. Eine Sowjetskaja kennt sein Navi nicht. Er telefoniert mit dem Vermieter Andrej. Der dirigiert uns an Kirche, Lenin und Seras Geschäft vorbei. Danach sagt er: »Rechts ab und gleich links. Ihr seid richtig!«

Wir sind nicht richtig. Das Navi zeigt uns an, dass wir in der Radjanska stehen. Noch einmal im Kreis. Lenin, Kirche …

»Ja, es stimmt«, sagt Andrej am Telefon. Doch Gerds Navi zeigt wieder keine Sowjetskaja an.

»Was habt ihr für ein Internetsystem? Ihr braucht Yandex.ru.«

»Nein, wir haben Google Maps.«

»Die Amis haben das auf dem Stand von 2014 gelassen. Radjanska war der ukrainische Name. Seit fünf Jahren heißt die Straße wieder Sowjetskaja.«

Wir steigen aus und finden das zwar unbeleuchtete, aber erkennbare Straßenschild Sowjetskaja.

Andrej, ein großer kräftiger Mann, zeigt uns geschäftsmäßig die Wohnung. Große gute Stube und Schlafsofa, geräumige Küche, Bad. »Ein alter Neubau aus Sowjetzeiten.«

In der Küche gibt es eine Glastür zum Balkon. Die probiere ich zuerst. Sie lässt sich öffnen!

Als wir allein sind, holen wir im Supermarkt gegenüber von Seras kleinem Lebensmittelladen um 21 Uhr noch Brot, Speck, Smetana, georgischen Tee, eine große Flasche Krimwein und eine kleine Flasche Wodka. Dann setzen wir uns ins Wohnzimmer. Trinken das erste Glas auf unsere glückliche Ankunft. Um zu wissen, was auf der Welt los ist, schaltet Gerd das russische Fernsehen ein. Bilder von jubelnden Menschen, die in einer ukrainischen Stadt erst ein Mahnmal mit roter Farbe übertünchen und danach den steinernen sowjetischen Soldaten Stricke um die Körper binden und sie vom Sockel reißen.

Auf dem Sockel steht: »Für die Befreiung der Heimat gefallen«.

»Scheiße!«, sagt Gerd auf Deutsch und wiederholt auf Russisch: »*Jeb twoju matj* – Fick deine Mutter!«

Schon am ersten Tag der zweiten Krimreise lerne ich einen mir bis dahin unbekannten russischen Fluch.

Am Morgen gehen wir noch einmal zum Supermarkt. Gerd möchte abends lieber Bier trinken. »Vielleicht gibt es hier auch Krimbier.«

Das gibt es. Als wir drei Flaschen Sewastopoler zur Kasse tragen, schickt uns ein Marktwächter wieder hinaus, um zuerst einen Korb zu holen und meinen Rucksack in einem Gepäckfach einzuschließen. »Wir wollen nur drei Bier«, beteuert Gerd. Doch jede Diskussion ist zwecklos.

»Das muss er machen, um seine Wichtigkeit zu demonstrieren. Einen Türwächter, der still in der Ecke steht, nimmt hier keiner ernst.«

Zuerst zeige ich Gerd den Park. Wir laufen bis zu den Ruinen. Neben den »Es gibt keinen Gott«- und »Hier lebten auch die Schweine«-Sprüchen stehen neue. Auch tatarische Flüche: »Besser mit der eigenen Kotze beschmiert als fremde schlucken.«

Auf der früheren Sanatoriumspromenade spaziert nur ein Mann zwischen vielen Patienten in Rollstühlen. Er geht sehr gerade und sieht sehr gesund aus. Als wir ihm das sagen, lacht er.

»Für rund 40 000 Rubel« – etwa 500 Euro – »werde ich nach der 13-Tage-Kur noch gesünder aussehen.« Er sei als Privatpatient hier, aber inzwischen würden die Gewerk-

Privatpatient Viktor,
ein »Veteran der Arbeit«

schaften ihren »Veteranen der Arbeit« und manche russische Betriebe ihren Werktätigen Zuschüsse für Kuraufenthalte gewähren.

»Ich bin auch ein Veteran der Arbeit. Aber ich habe mir im Leben immer alles selbst verdient. Und so wird es bleiben.« Er, Viktor, 63, stamme aus Rostow und habe dort Geologie studiert.

Bei dem Wort Geologie schaue ich auf die Uhr. Es ist kurz vor 12. »Um 12 Uhr mittags hier in der Weinstube«, hatte mir der Geologe Valeri beim Abschied im Februar gesagt.

Wir müssten uns also beeilen. Bleiben unterwegs aber noch vor dem Denkmal der im Krieg umgekommenen Einwohner und der gefallenen sowjetischen Soldaten stehen. Die ewige Flamme brennt ruhig. Gerd liest die ersten Namen. Er ordnet sie ihren Nationalitäten zu. »Schukow – ein russischer Name, Asaulenko – ein tatarischer,

Schtschuk – ein Weißrusse, Nikolenko – ein Ukrainer …« Sehr leise, als spräche er nur mit sich: »Doch alle sind als sowjetische Soldaten für die Befreiung der Heimat gefallen.«

Dann erklärt er mir, als ob er sich für seinen Fluch von gestern Abend entschuldigen müsste: »Die neuen ukrainischen Führer denken kurz und nationalistisch. Sie glauben, dass sie, wenn sie die Denkmäler für die Sowjetsoldaten stürzen lassen, die Russen treffen. Aber sie schänden damit gleichzeitig das Gedenken an Hunderttausende ihrer ukrainischen Landsleute.«

Als wir in der Weinstube ankommen, sitzen dort wie immer um diese Zeit kaum Gäste. Wie immer steht vor dem Geologen ein Glas Kognak. Wie immer freundliches Willkommenslächeln der Bedienung hinter der Theke. Nur etwas ist anders. Neben Valeri sitzt eine Frau. Sie ist klein und zierlich. Valeri stellt sie nicht vor, und sie sagt auch nur »Guten Tag«. Dabei macht sie ein lustiges Gesicht, denn die Zungenspitze lugt durch eine Zahnlücke.

Valeri will, als hätten wir uns erst gestern hier gesehen, sofort eine seiner Geschichten erzählen. Staunt dann aber, dass schon 9 Monate vergangen sind, und orakelt: »Hättest du damals auf der Krim eine schöne Tatarin … Also, dann wärst du heute schon …« Er fragt nicht, weshalb ich diese zweite Reise mache, sondern spricht gleich über seine Lieblingsthemen: das Meer, die Matrosen und die seemännische Auseinandersetzung zwischen Russen und Engländern. Dieses Mal aber geht es ihm nicht um Möwen und Seeschlachten, sondern um eine Wolgaschifffahrt und ein Wetttrinken zwischen russischen und englischen Matrosen.

Kurze Zusammenfassung seiner ansonsten etwa 15-minütigen Story: Ein russischer und ein englischer Unternehmer wollten entlang der Wolga die soeben erfundenen und von ihren Firmen installierten Telegrafen von Moskau aus auf ihre Funktionstüchtigkeit testen. Dafür mussten russische und englische Matrosen mit einem Dampfer die Wolga bis zum Kaspischen Meer hinunterfahren, in den großen Städten vor Anker gehen, die neuen Apparate ausprobieren und ihren Chefs in Moskau von jeder Station ein Telegramm schicken. Außerdem sollten sie während der Fahrt noch einen internationalen Trinkerwettkampf ausfechten und die Ergebnisse, also den Grad ihrer Trunkenheit, per Telegraf regelmäßig nach Moskau schicken und schließlich melden, welche Mannschaft zuerst auf den Schiffsplanken liegt.

»Die Chefs ließen die Matrosen nicht nur für sich arbeiten, sondern auch für sich trinken. Ausbeutung pur«, kommentiert Valeri. »Auf den ersten Kilometern tranken sie trockenen weißen und trockenen roten Wein und hatten keine Probleme. Danach, die Wolga ist lang, süßen weißen und roten Portwein. Die Matrosen schwankten, doch das ist ihr normaler Seegang. Nach Weinbrand und Whisky geringe Standvorteile für die Russen, aber noch unentschieden. Etwa bei Kilometer 50 und mehrmals *sto gramm* Wodka immer noch kein Sieger. Erst als sie mit Chantré bei Astrachan festmachten, konnten die Russen nach Moskau telegrafieren: ›England ist besiegt!‹«

Die Frau hinter der Theke bringt mir trockenen roten Aluschta-Wein. Ich frage, ob sie weiß, was ihre Kollegin nicht wusste: Weshalb sich, nachdem Gorbatschow auch die Weinstöcke der Krim vernichten ließ, der Weinspezialist von Magaratsch, dem ältesten Weininstitut Russlands und vielleicht der ganzen Welt, das Leben genommen hat. Das weiß sie nicht. Aber Valeri brummelt, weshalb ich ihn nicht gefragt hätte.

»Professor Pawel Golodriga war der international bekannteste Weinspezialist der Krim. Den Krieg hatte er als Kundschafter überlebt. Immer ganz vorn. Immer auf sich allein gestellt, immer dem Feind am nächsten. Er wurde verwundet, kam aber aus dem Krieg zurück. Danach hat er auf der Krim weiter die kostbaren Weinstöcke gepflegt und gehegt und vermehrt. Es gab dort alte französische, italienische und spanische Sorten. Alle einmalig auf der Welt. Als sie vernichtet werden mussten, hat sich der kampferfahrene ehemalige Kundschafter im Dezember 1986 umgebracht.«

Ohne dass wir uns gegenseitig aufgefordert haben, stehen wir auf und stoßen mit Krimwein und Krimkognak an.

Valeri sagt: »Das ist die Politik von gestern.«

»Und die Politik von heute auf der Krim?«

Statt konkret auf die Frage zu antworten, flüchtet er sich in die Vergangenheit der Krimtataren.

»Ihr Volk ist in den letzten 250 Jahren fünfmal durch die Geschichte geteilt worden. Das erste Mal, als Katharina II. die Krim dem russischen Zarenreich einverleibte. Manche Krimtataren schworen den Eid auf Russland. Andere duckten sich oder flohen in die Türkei. Die zweite Teilung geschah im Krimkrieg, als die Franzosen, Engländer und Italiener die Russen von der Krim vertreiben wollten. Manche Tataren kämpften in dieser russlandfeindlichen Allianz.

Andere dienten in der russischen Armee. Die dritte Teilung erfolgte nach der Oktoberrevolution. Manche Krimtataren schlossen sich den Roten an. Andere den konterrevolutionären Weißen. Und Hunderttausende flohen. Die vierte Teilung gab es bei der Besetzung der Krim durch die Deutschen. Die meisten Krimtataren kämpften in der Sowjetarmee, andere in den nationalen SS-Legionen. Und dann kam die letzte Teilung im Jahr 2014 beim Volksentscheid für Russland oder gegen Russland. Und Tausende flohen in die Westukraine oder die Türkei.«

Er wünsche allen Bewohnern der Krim endlich Frieden und Einigkeit. »Wir sind auf der Erde ein Volk. Ein Volk aus vielen Völkern. Mein Vater war ein Schmied in Charkow, der ältesten Hauptstadt der Ukraine. Die Mutter ist eine Krimukrainerin. Wahrscheinlich habe ich wie alle anderen Bewohner der Krim Tatarisches, Griechisches oder Polnisches in mir.«

Gerd meint, dass er einen Gentest machen könnte. »Man schickt 50 Dollar und ein wenig Speichel an ein US-amerikanisches wissenschaftliches Institut und erhält eine genaue Analyse über die Herkunft der eigenen Vorfahren. Sogar wie viel man vom Neandertaler noch in sich hat.«

Valeri rettet sich in einen Witz: »Weshalb trinken die Matrosen am liebsten Rum? Weil Rum nicht in den Kopf, sondern in die Beine geht! Den Kopf brauchen sie auf dem Schiff. Die Beine weniger. Umherlaufen ist an Bord nicht üblich.« Außerdem brauche er keinen Gentest. »Ich wusste immer, wer ich war, wer ich bin. Und ich weiß, wer ich bleibe: ein sowjetischer Mensch.«

Die Frau neben ihm hat seine Worte bisher andächtig

mit großen Augen verfolgt. In unser Schweigen hinein sagt sie nun, dass sie seit 2014 jedes Jahr nach Saki kommt. Sie bemängelt, dass in all den Jahren die geplante Strandpromenade immer noch nicht fertiggestellt wurde. »Bei uns würde das schneller gehen.«

Valeri: »Was redest du? Wenn ihr Moskauer gesehen hättet, wie es hier zu ukrainischen Zeiten aussah, wären euch die Haare ausgefallen.« Und lachend: »Heute stehen sie euch nur noch zu Berge. Aber wenn einer aus Heidelberg kommt, dem fallen die Haare hier immer noch aus.«

Ich rate amüsiert: »Dem könnte man den Kopf mit eurem Heilschlamm einreiben.«

Doch Valeri weiß nicht, ob der Schlamm auch die Haare wieder wachsen lässt. »Er hilft – das haben die Franzosen hier schon 1830 wissenschaftlich nachgewiesen – bei Gelenkschmerzen und heilt Wunden.« Man müsste dieses wertvolle Material jetzt exportieren. »Dafür habe ich schon früher gekämpft und mache es immer noch. Bei diesem Vorhaben unterscheidet sich die alte ukrainische Zeit nicht von der neuen russischen: Früher kämpfte ich gegen die ukrainische, heute gegen die russische Bürokratie.«

Für die Zukunft der Krim hätte er einen schönen Traum. »Die Unternehmer all der Völker, die früher auf der Krim gelebt haben, also zum Beispiel die aus Griechenland, Deutschland, Polen, Israel oder der Türkei, sollten – trotz des Embargos – hier wieder investieren.«

Er bittet um mein Notizbuch und schreibt unvermittelt in schwungvoller kyrillischer Schrift: »Meine ehrerbietigen Grüße für Deutschland, und es soll immer wachsen und

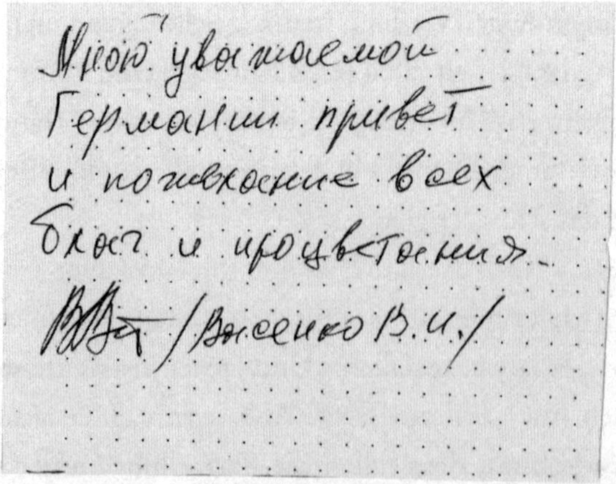

»Meine ehrerbietigen Grüße für Deutschland, und es soll immer wachsen und gedeihen«

gedeihen.« Dann fügt er hinzu: »Der Heilschlamm hier reicht für die ganze Erde.«

Er fragt, wann wir zurückfliegen.

»Schon in drei Tagen.«

»Dann kommt vor der Rückreise noch einmal zu mir und holt euch 5 Kilo Heilschlamm ab.«

Gerd ist begeistert, ihn als Geschenk für Lidia mitbringen zu können.

Von Stalins Angst, dass ihn jüdische Ärzte vergiften, Gulnadas Erzählung, wie sie als Kind trotz blutiger Hände schneeweiße Baumwolle pflücken musste, und der Liebe meines guten Bekannten Leonid zu »Rammstein« und »Kreuzberger Nächten«

Ich habe vor der zweiten Reise niemand in Saki über mein Kommen informiert: weder Reschit noch Alexander Baraschew, seine Brüder, den Chefredakteur Leonid, den hinkenden Boleslaw … und selbst Babuschka Gulnada nicht.

Die Hoftür steht offen. Kinderhemden, Arbeitshosen und Schürzen hängen vor dem Haus auf der Leine. Die frostempfindlichen Feigenbäume sind schon wieder eingemummelt. Vor dem einen Spaltbreit geöffneten Küchenfenster riecht es nach Suppe. Der Hund bellt nicht …

Die Babuschka will sich nach ihrem freudigen Willkommensschrei die fettigen Hände waschen, aber sie umarmt mich sofort. Und wischt sich erst, bevor sie Gerd begrüßt, die Hände an ihrer Kittelschürze ab. Danach öffnet sie den Kühlschrank, holt Käse heraus, schneidet, weil sie keine Wurst findet, die ihr von uns überreichte Thüringer Salami sofort in Scheiben und bedauert, dass die Suppe noch nicht fertig ist.

Sera sei mit den Kindern in Saki und Reschit im Süden der Krim unterwegs. Als sie Tee und Kekse serviert und wir alle Woher-, Weshalb-, Wohin- und Wie-lange-Fragen beantwortet haben, beginne ich in der Hoffnung, auf der zweiten Reise auch darüber mehr zu erfahren, vorsichtig: »Es war bestimmt eine schwere Zeit, als ihr, die verbannten Krimtataren, in Usbekistan gelebt habt?«

Sie geht zum blubbernden Suppentopf, und ich hoffe, dass sie mir als Antwort nicht ein Stück Fleisch zum Probieren anbietet. Aber es ist wahrscheinlich noch nicht weich. Sie setzt sich zu uns und sagt, während sie den Herd im Auge behält: »Eine schwere Zeit? Zeit ist Zeit. Am Tag hell und in der Nacht dunkel.«

Doch heute beendet sie ihre Antwort nicht mit dieser banalen Feststellung. Vielleicht weil ich wiedergekommen bin? Oder weil sie Gerds perfektem Russisch mehr vertraut als meinen mühevollen Versuchen?

Zuerst erzählt sie vom Erdbeben in der usbekischen Hauptstadt Taschkent, als dort am Morgen des 26. April 1966 über 50 000 Gebäude einstürzten und fast 80 000 Familien obdachlos geworden sind. »Ein Jahr später besaßen all die Unglücklichen wieder ein Dach über dem Kopf.« Das hätten die Litauer, Ukrainer, Georgier, Letten, Tataren, Usbeken, Turkmenen, Russen und Kirgisen damals gemeinsam geschafft.

»Meine Mutter, mein Vater und später auch ich arbeiteten in einem der nach dem Beben schnell aufgebauten Betonwerke des Landes. Meine Mutter formte die Teile. Ich lud sie auf. Und mein Vater fuhr sie mit dem Lkw zu den Baustellen.«

Es wäre für alle eine sehr harte Arbeit gewesen. Aber dabei hätte es keinen Unterschied zwischen einheimischen Usbeken und den dort in Verbannung lebenden Wolgadeutschen, Polen und Krimtataren gegeben. »Weder in der

Schule noch bei der Arbeit, weder beim Lohn noch beim Feiern.«

Die vielen Nationalitäten in Usbekistan hätten zusammengehalten. Oder wären zusammengehalten worden, um … Gerd, der sonst Wort für Wort übersetzt, fasst Gulnadas Rede sinngemäß zusammen: »Oder sind zusammengehalten worden, damit alle mit einer Hand zu regieren waren. Um die Sowjetmacht nicht zu gefährden, hätte die Regierung die unterschiedlichsten Nationalitäten vereinen müssen. Im Gegensatz zu den Politikern, die heute an die Macht kommen oder andere Gebiete erobern wollen.« Die würden Nationalitäten gegeneinander aufhetzen.

Dann wechselt Gulnada das Thema, erzählt, dass in Usbekistan nicht die Betonteile am schwersten gewesen wären. »Viel schwerer wog die Baumwolle, die Zehntausende, meist Frauen, auf den Kolchosfeldern pflücken mussten. Eine höllische, qualvolle Arbeit unter der sengenden Sonne. Auch wir Schulkinder wurden während der Erntezeit in die Baumwolle geschickt. Nur die erfahrensten usbekischen Pflückerinnen schafften die Norm von einem Zentner am Tag. Bei einer Handvoll Baumwolle bewegt sich noch nicht einmal die Briefwaage um ein Gramm. Für die erste Qualität durfte man nur die längsten Fäden abzupfen. Wenn einer davon herunterfiel, war er keine erste Qualität mehr. Ich schaffte kaum 20 Kilo. Bei manchmal 50 Grad arbeiteten wir dick eingemummelt.«

Ich frage nach: »Bei 50 Grad und eingemummelt?«

»Ja, mit langer Hose, fester Jacke und wollener Mütze. Was gegen Kälte schützt, sagen die Usbeken, ist auch gut gegen Hitze. Außerdem hing, damit man beide Hände zum

Pflücken frei hatte, der Pflücksack aus Jute an einem Mantel mit Kapuze, die man sich über den Kopf stülpen musste.«

Ich denke einen Moment an die wie Mumien eingewickelten Feigenbäumchen vor Gulnadas Haus.

»An den Baumwollsträuchern wachsen zwischen den Blüten auch sehr harte Dornen. Trotz der blutigen Hände musste die gepflückte Baumwolle schneeweiß bleiben.«

Während die Babuschka Möhren und Kartoffeln für die kochende Fleischbrühe schnippelt, gehe ich in die oberen Räume. Die Fenstergriffe sind immer noch abgeschraubt. Als ich Gulnada danach frage, sagt sie, dass die Kinder, wenn sie allein wären, auf den Fensterbänken herumturnen und vom offenem Fenster herunterstürzen könnten. »Die Kinder sind das Wertvollste, das uns Allah geschenkt hat!«

Ich frage, wie alt sie war, als sie in Usbekistan mit blutigen Händen Baumwolle pflücken musste.

»Zehn.«

Bevor wir gehen, gibt uns Gulnada Reschits Telefonnummer. Wenn wir in die Nähe von Jalta kämen, sollten wir ihn anrufen. »Er bleibt die Woche über dort unten.«

»Zur Kur?«

»Nein, er fährt Arbeiter auf eine große Baustelle am Meer.«

»Was bauen sie?«

»Etwas für die Regierung. Ist wohl geheim. Aber er würde sich freuen, wenn er dich wiedersehen könnte.«

Gulnada meint, dass wir warten sollen, bis die Suppe fertig ist. »Sie reicht für alle.« Doch wir wollen noch zum

Geschichtsbruder, zum Kuhbruder und zum Autobruder.

Die Großmutter steckt mir getrocknete Feigen der von Achtem Baraschew aus Usbekistan mitgebrachten Bäume in den Rucksack.

Als wir gehen, steht der Hund auf der Hütte. Und bellt.

Beim Kuhbruder blöken die Schafe. Sonst ist niemand zu Hause.

Dem Geschichtsbruder legen wir einen Zettel mit unserer Adresse in Saki in den Vorraum. Er solle uns dort bitte besuchen. Vorsorglich würde ich aber die Erinnerungsbroschüre mit den Aufzeichnungen der Enkel über die Deportation der Großeltern beim Autobruder hinterlegen.

Als wir dort keine Motorengeräusche hören, schwindet meine Hoffnung, wenigstens ihn anzutreffen. Doch wir müssen nicht an das Blechtor schlagen. Nach dem Klingeln wird es quietschend geöffnet.

Der Autobruder behauptet lachend, er hätte gewusst, dass ich noch einmal kommen würde. »Das hatte unser lustiger Bruder schon aus dem Kaffeesatz gelesen.«

»Und weshalb begrüßt uns dein Oldtimer nicht mit heulendem Motor?«

»Wir haben ihn verkauft. Für gutes Geld. Man weiß ja nicht, was hier später auf einen zukommt.«

Ich tröste ihn mit der Tatsache, dass auf dem Airport in Simferopol noch keine chinesischen Wegweiser angebracht worden sind.

»Das wäre auch für den Flughafendispatcher zu schwer,

alles auf Chinesisch anzusagen«, meint er lachend, und ich frage, wie sich die tatarische Sprache von der arabischen unterscheidet. Unter dem »Friede diesem Haus«-Bild im Wohnzimmer erklärt er, dass die Tataren zwar lange arabische Schriftzeichen verwendeten, aber ihre eigene tatarische Sprache haben. »Die ist eine Turksprache und mehr mit dem Türkischen als dem Arabischen verwandt. Während der Deportation haben wir sie, um nicht als Verbannte erkannt zu werden, nur in der Wohnung gesprochen.«

Ich packe die Broschüre aus und bitte ihn, sie dem Geschichtsbruder zu geben.

Der Autobruder fragt: »Hast du sie gelesen?«

»Ja.«

»Dann musst du nun nichts mehr fragen. Dann weißt du ja alles über uns.«

»Alles?«

Der Sohn des Geschichtsbruders über seinen Großvater Achtem Baraschew:

Mein Großvater war damals 15. Heute ist er 85 Jahre alt. Er weinte, als er mir vom 18. Mai 1944 und der Leidenszeit danach erzählte: »1944 lebte ich mit meiner Mutter, deiner Urgroßmutter, die zuvor aus der Verbannung im Ural geflohen war, in einem kleinen Krimdorf bei Kurman. Am Morgen des 18. Mai 1944, es war ein Donnerstag, trieben Soldaten mit Maschinenpistolen und bellenden Hunden alle Bewohner auf dem Dorfplatz zusammen. Sie befahlen, dass jede Familie innerhalb von 15 Minuten das Nötigste zusammenpackt. Meine Mutter stopfte Decken und den alten Mantel des Vaters, in dem sie noch ihre Ringe versteckte, in einen Sack. Auch ein wenig Mehl konnte sie mitnehmen. Auf dem Dorfplatz standen die meisten wie erstarrt. Nur wenige schrien laut. Die Mütter verbargen ihre Babys unter Kissen an ihren Körpern. Wie Säcke schmissen die Soldaten die Alten, die nicht mehr gehen konnten, auf die Ladeflächen der Lastkraftwagen. Am Bahnhof von Kurman standen Lokomotiven mit angehängten Viehwagen. Einige Männer wehrten sich, als die Soldaten die Schiebetüren öffneten und die Menschen wahllos hineintrieben.

›Weshalb in Viehwagen?‹, fragten sie. ›Weil ihr Vieh seid!‹, schrie ein Offizier und schoss mit der Pistole in die Luft. Als der Zug schon viele Stunden ohne Halt fuhr und keine Luft in die Waggons hereingelassen wurde, fielen die Ersten in Ohnmacht. Wie viele unterwegs verhungert, verdurstet und an Krankheiten gestorben sind, hat niemand gezählt. Wenn der Zug hielt, durfte keiner aussteigen, um Wasser zu holen. Niemand konnte die Toten begraben. Nach 20 Tagen endete die Fahrt im usbekischen Rayon Fergana. Anstelle von Baracken gab es für uns Verbannte nur Erdhütten. Suppe und ein Stück Brot nach zwölf Stunden Arbeit auf den Baumwollfeldern. Wer eine Feige oder eine andere Frucht von einem Baum pflückte, wurde von den Wächtern halb tot geschlagen …«

Die Tochter des Geschichtsbruders schrieb über die Erinnerung ihrer Großmutter Seline:

Sie war damals noch ein schutzloses Kind. Erst drei Jahre alt. Sie weiß heute nur noch, was ihre Eltern darüber erzählt haben. Aber es ist inzwischen in ihr Herz eingebrannt, als hätte sie es selbst erlebt. Sechs Familienangehörige starben nach der Ankunft in Usbekistan. Man hatte die Kranken und die hungernden Kinder auf Karren vom Bahnhof in Baracken am

Dorfrand gefahren. Die ersten eigenen Erinnerungen der Großmutter waren die an den schrecklichen Hunger. Alle Kinder hungerten damals. Manche verhungerten …

Das hatte ich gelesen. Und mir den letzten Satz vom Sohn des Geschichtsbruders unterstrichen: *Nie konnten sie den Schreckensmorgen im Mai 1944 vergessen und hofften 30 Jahre inständig, ihre Heimat irgendwann wiederzusehen.*

Am nächsten Morgen wollen wir uns im Verwaltungsgebäude von Saki anmelden. Dort erklärt eine Angestellte, dass es nicht nötig sei. Weil wir für die Vorführung der Stoffkollektion schon in Jalta eine Übernachtung gebucht hätten, würde das Hotelpersonal die offizielle Aufenthaltsgenehmigung für die Krim besorgen. Also muss ich mich im Formularausgabebüro nicht wieder von der Plüschente über der Sicherheitskamera beobachten, im Wartesaal nicht vom Zeitcomputer täuschen und schließlich beim Stempeln der Papiere nicht von Putin im Doppelpack begrüßen lassen.

In dem Verwaltungsgebäude sind die Wände im Treppenhaus genauso schmutzig wie im Februar, die Stufen abgetreten, die Türen ramponiert, und immer noch kleben die vergilbten und zerrissenen Benachrichtigungen und Anweisungen vor und in den Büros. Lediglich an den Türen der Sakier Zeitung fehlen sowohl das Redaktionslogo als auch das Namensschild von Chefredakteur Leonid Bortschuk.

Eine Frau, die mit einem Korb Äpfel in der einen Hand und dem Krückstock in der anderen den Gang entlanghumpelt, sagt uns, dass die Zeitungsredakteure nach nebenan in das große Kulturhaus gezogen sind.

»Dort ist die Zeitung dem Lenin näher als hier«, ergänzt ein Wachmann und gibt uns die Telefonnummer von *»towarischtsch glawni redaktor«*.

Als ich anrufe, staunt Leonid Bortschuk, dass ich schon nach knapp neun Monaten wieder in Saki bin, mutmaßt dann aber, dass mir wahrscheinlich die Recherchen der ersten Reise nicht gereicht hätten, denn die Menschen auf der Krim würden sich Fremden oft erst nach der zweiten Begegnung vertrauensvoll öffnen.

Ich will wissen, weshalb er vom Verwaltungsgebäude in den von Lenin abgewandten Kulturpalast umgezogen ist. Er meint, dass ihre Redaktionsräume jetzt zwar kleiner seien, aber der Komfort des Hauses größer wäre. Er entschuldigt sich, dass er erst in einer halben Stunde Zeit für mich hätte. Zuvor müsse er unbedingt noch einmal nach Hause. »Um etwas sehr Wichtiges zu holen. Etwas sehr Wichtiges«, bekräftigt er und legt auf.

Die Wände im Kulturhaus sind geweißt, manche holzgetäfelt. Statt vergilbter Zettel hängen im Foyer Gemälde, Fotos und Urkunden der Chöre und Tanzgruppen von Saki. Leonid erwartet uns in einem kleinen Versammlungsraum. Auf den Tischen liegen Reklamebroschüren. Daneben stehen Flaschen mit Mineralwasser und Saft.

Am liebsten würde ich ihn fragen, ob im Redaktionszimmer noch ein Tresor mit »Arbeitswässerchen« Platz hat, bedanke mich aber stattdessen nur noch einmal für die Flasche 70-prozentigen Selbstgebrannten und gieße mir

Der Chefredakteur

Saft ein. Blättere beim Trinken in der Broschüre über den Kreis Saki: 78 Dörfer mit insgesamt 25 000 und die Stadt Saki mit 30 000 Einwohnern. Auf den ersten Seiten Zukunftsbilder der künftigen »Putin-Promenade«. Danach tanzende Frauen im Park. Denkmäler von Dichtern und Denkern. Lenin fehlt. Eine Doppelseite mit Badenden am Strand. Eine halbe Seite auf der eine Kurpatientin, deren Gesicht unter dem Heilschlamm verborgen bleibt, abgebildet ist. Und schließlich das ganzseitige Foto einer Küche, in der auf dem modernen Herd ein Kochtopf steht, unter dem sich die Gasflamme wie ein Strahlenkranz ausbreitet.

»Gas haben wir im Kreis inzwischen genug. Aber die Versorgung mit Elektrizität ist auf der Krim immer noch problematisch«, sagt Leonid. Ukrainische Nationalisten und krimtatarische Terroristen hätten 2014 im Norden des

Landes die Masten für den Strom aus der Ukraine gesprengt.

»*Swolotschi* – Bastarde!«, schimpft er, schlägt mit der Faust auf den Tisch, sagt auf Deutsch: »Meschugge« – das jüdische Wort für verrückt – und fragt sehr laut: »Hast du kapiert?«

Mit dem Gas sei es dagegen schon vor 2014 auf der Krim manchmal schwierig gewesen. Die ehemalige ukrainische Ministerpräsidentin Julija Tymoschenko hätte es damals, wenn das von Russland gelieferte Gas knapp wurde, zuerst auf der Krim abschalten lassen. Nicht alle Haushalte besaßen deshalb einen Gasanschluss. Also haben die Russen nach 2014 zuerst …

Ich solle raten, wie viele Wohnungen im Kreis heute noch ohne Gasanschluss wären.

Das weiß ich natürlich nicht.

»Keine. Weder in Saki noch in den entfernten Dörfern. Alle heizen und kochen jetzt mit Gas.«

Während er spricht, notiere ich mir Zahlen und Fakten.

Der Chefredakteur: »Du solltest nicht nur wie vor neun Monaten Erfolge, sondern auch Probleme der Krim aufschreiben.«

Ich möchte wissen, welche Probleme er heute meint, doch er lenkt ab. »Du weißt noch so wenig von mir.« Und ergänzt in blumigem Gefühlsrussisch: »Bei der ersten Begegnung schaut man dem Menschen in die Augen und auf die Hände. Bei der zweiten Begegnung auch ins Herz!«

Das Herz schlage bei manchen schnell und bei anderen langsam. »Je nachdem, was du und deine Familie schon erlebt haben oder erleben mussten.« Leonid schlägt wieder mit der Faust auf den Tisch. Diesmal, ohne energisch »Hast du kapiert?« zu fragen.

»Ich bin 1957 im Südwesten der Ukrainischen Sowjetrepublik geboren. Mein Vater war Geschichtslehrer. Der Großvater arbeitete auf einer Geflügelfarm in Podolien. Er war ein polnischer Jude. Schon vor Beginn des Krieges diente er in der Roten Armee. Man stellte ihn damals vor die Entscheidung: Entweder Jude oder Politoffizier! Das heißt übersetzt: Entweder Straflager oder Politnik. Er hat seine jüdische Nationalität abgegeben, und ich durfte viele Jahre nicht wissen, dass meine Vorfahren Juden waren.« Faust auf den Tisch. »Meschugge! Hast du kapiert?«

Nach der Oktoberrevolution hätten die Roten die Juden zuerst sehr umworben. »Die halfen nicht nur mit Geld, sondern auch im Kampf gegen die Weißen. Doch später verleumdete man sie als ›geldgierige Diener des Kapitals und die sozialistische Gemeinschaft zerstörende egoistische Individualisten‹. Ende 1952 initiierte Stalin eine Kampagne gegen eine angebliche Verschwörung jüdischer Ärzte. Er ließ aus Angst, einer von ihnen könnte ihn mit falschen Medikamenten vergiften, keinen jüdischen Arzt an sein Krankenbett. Gott sei Dank starb er kurz danach. Aber leider hatte es deswegen schon Schauprozesse und Hinrichtungen gegeben.« Keine Faust auf den Tisch. Kein »Meschugge!«. Und kein »Hast du kapiert?«.

Wortlose Pause. Dann: »Mein Großvater ist schon 1940 in den Wäldern von Finnland gestorben.«

Stalin hätte damals, weil die Finnen wegen seiner umfangreichen Gebietsforderungen keinen Nichtangriffspakt mit ihm schließen wollten, aber Leningrad nur 30 Kilometer von der finnischen Grenze entfernt war, befohlen, Finnland zu überfallen. Der Krieg hätte nur 100 Tage gedauert, aber über 250 000 Sowjetsoldaten wären umgekommen. »Sie mussten schlecht ausgerüstet, oft nur mit Messern, Pistolen und alten Karabinern bewaffnet, ohne Winterbekleidung gegen die sich in ihren Wäldern zu Hause fühlenden und in weißer Tarnkleidung auf Skiern bewegenden Finnen kämpfen. Schrien ›Hurra!‹, ›Für Stalin!‹ und ›Für unsere Heimat!‹ und fielen. Wie mein Großvater. Russen waren und sind Patrioten!« Der Chefredakteur schweigt und ergänzt: »Doch Patrioten werden nicht als Patrioten geboren. Patrioten müssen sich die Herrschenden erst durch Ideologie formen.«

Ein gegen andere Länder gerichteter nationaler Patriotismus wäre sehr oft Regierungspolitik. »Denn Patrioten fragen nicht, ob gut oder schlecht, ob richtig oder falsch. Alles, was sie machen, ist patriotisch! Also gut und richtig, sagen die Demagogen.«

Hunderttausende sowjetische Soldaten wären im »Großen Vaterländischen Krieg« zum Beispiel zur Verteidigung von Leningrad Reihe für Reihe in das Maschinengewehrfeuer der Faschisten gelaufen. »Eine Menschenreihe Tote. Und danach ›Vorwärts!‹ – vielleicht 3 Meter weiter. Und die nächste Menschenreihe Tote. Und danach, aber schon 8 Meter weiter vorn, die nächste Reihe Tote …«

Dieses Mal leise und ohne mit der Faust auf den Tisch zu schlagen: »Meschugge! Hast du kapiert?«

Ich muss an die Geschichte von Gardeschütze Matrossow denken, die ich, ein Jungpionier, bei der Feier zum Tag der Befreiung, die Tränen verschluckend, vortragen musste: Gardeschütze Matrossow robbte bis an einen wegen seiner exponierten Lage schwer einzunehmenden deutschen Bunker und verdeckte mit seinem Körper dessen Schießscharte. So konnte der feindliche Bunker eingenommen werden.

Leonid wiederholt: »Russen sind Patrioten. Oder sie spielen Patrioten fürs Vaterland.«

Als Potemkin 1787 die Zarin Katharina II. mit großem ausländischen Gefolge auf ihrer ersten Reise durch die eroberten Krimprovinzen begleitete, hätte er in der Steppe Dörfer als Theaterkulissen aufbauen lassen. »Tausende Statisten mussten dort der Zarin auch Leben vorspielen.

Die Begleiter der Zarin: ›Habt ihr gut gearbeitet?‹

Die ›Bewohner‹: ›Ja, wir arbeiten immer fleißig für das Vaterland.‹

›Und werdet ihr jetzt auch den Besuch eurer Zarin ordentlich feiern?‹

Die ›Bewohner‹: ›Ja, wir trinken auf das Wohl der Zarin und essen heute etwas Gutes.‹

›Und was esst ihr?‹

›Eine Ente.‹

Die Ente, der einzige gegenständliche Beweis in den Potemkinschen Dörfern, wurde von einem Ort zum anderen mitgenommen und dort jedes Mal der Zarin präsentiert. Nach drei Tagen stank sie. Die Ente.[5]

5 An dieser Stelle möchte ich – weil mir schon der Baustellenwächter Anatoli von den Potemkinschen Dörfern erzählt hatte – eine zweite Version erwähnen. Der ehemalige russische Botschafter in Deutschland, Wladimir Kotenjow, hat sie mir, als er das Manuskript las, in einer E-Mail so beschrieben: »Die Legende von Potemkinschen Dörfern wurde von den westlichen Diplomaten erfunden, die sich im Tross befanden, als die Zarin Katharina die Große durch die neu erschlossenen Gebiete reiste, welche

Meschugge! … Hast du kapiert? Als Patriot für das Vaterland sterben oder schauspielernd für das Vaterland arbeiten.«

Ich frage Leonid: »Und du?«

Der Chefredakteur beginnt unvermittelt zu singen: »Kreuzberger Nächte sind lang …«

Jetzt frage ich sehr laut: »Meschugge?«

»Mein Bruder lebt in Deutschland. Der schickt mir, damit ich mein Deutsch aufbessere, deutsche Sauflieder. Er säuft selbst sehr viel. Aber inzwischen gefällt es ihm nicht mehr in Deutschland. Er würde dort zu wenig verdienen. Ich fragte ihn, wo er leben will. Nicht in Deutschland? Nicht auf der Krim? Nicht in Russland? Er sagt: ›In Kasachstan! Dort kann ich mir für eine Flasche Wodka ein ganzes Dorf kaufen!‹«

»Und wo möchtest du leben, Leonid?«

»Hier. Schon fast 40 Jahre lebe ich in Saki. Und bleibe Saki für immer treu.«

»Und wirst du dich später als Pensionär in einem der Sanatorien pflegen lassen?«

»Dafür reicht meine Pension nicht.«

Die Sanatorien in Saki seien nach 1992 privatisiert und modernisiert worden. »Modernisiert unter anderem mit damals in ostdeutschen Kliniken ausgesonderten Rönt-

sie Kleinrussland (Malorossija) benannt hatte. Im Auftrag der Zarin hatte Potemkin in diesen Gebieten schon Stützpunkte der Kosaken organisiert. Die nicht leibeigenen, sondern freien Kosaken haben das Land bestellt und immer ihre Waffen bei sich gehabt, um jede unerwartete Attacke der Krimtataren abzuwehren. Diese Siedlungen kamen für die westlichen Diplomaten so unerwartet, dass sie in ihren Berichten über eine Täuschung durch den Grafen Potemkin berichtet haben.«

genapparaten.« Inzwischen sei nicht viel Neues hinzugekommen. »Nur die Preise sind neu.« Im Sanatorium »Poltawa« reiche seine monatliche Pension vielleicht für eine Woche.

»Dein erstes Heilschlammbad …?«

»… war 1984 mit 27. Gegen Hexenschuss. Außerdem steigert unser Heilschlamm die Potenz.« Lachend: »Ein Jahr später wurde unser Sohn geboren.«

Jetzt würde er jeden Tag im Meer schwimmen.

»Jeden Tag?«

»Regelmäßig vom 9. Mai bis zum 7. November.«

»Also vom Jahrestag der Befreiung bis zum Jahrestag der Oktoberrevolution?«

»Ja, ich bin immer noch ein sowjetischer Patriot.«

Ich dagegen habe das Meer auf der Krim auch diesmal nicht mit den Füßen begrüßt.

Leonid holt eine 2-Liter-Flasche Wein aus seiner Tasche. »Von mir gekelterter süßer Krimwein. Schnell noch geholt, als ihr angerufen habt.«

Er steckt sie vorerst wieder in die Tasche. »Wir sehen uns heute Nachmittag noch einmal. Jetzt muss ich zum Interview mit einem Vertreter der Regierung.« Wenn ich mich früher gemeldet hätte, würde er mich jetzt zur »Regierung« mitnehmen können.

»Du hast noch niemand von oben – keinen Vertreter der Krimtataren, keinen Parteichef und keinen Bürgermeister – zur aktuellen Situation auf der Krim befragt. Also nichts Offizielles erfahren.«

»Es reicht mir, was die Leute erzählen.«

Zwei Stunden später treffen wir uns in einer griechischen Gaststätte. Leonid bestellt nur Käse, bittet aber den Wirt, Weingläser mitzubringen. Dann holt er die 2-Liter-Flasche wieder aus seiner Tasche.

»Bevor ihr nach Deutschland zurückfliegt, kommt noch einmal bei mir vorbei. Dann schenke ich euch eine neue.«

Der Wein ist goldfarben. Ehe wir anstoßen, frage ich den Chefredakteur, ob es erlaubt ist, in der Gaststätte den eigenen Wein zu trinken.

»Eigentlich nicht«, meint Leonid. »Aber der Wirt spricht wie ich ein wenig Deutsch. Er hat fünf Jahre lang ein Restaurant in Stuttgart geleitet, und ich habe, wie du weißt, über die Geschichte der deutschen Kommunisten geschrieben.«

Beim zweiten Glas frage ich ihn, auf wen wir noch trinken wollen. »Hast du Vorbilder für dein Leben?«

»Ja. Che Guevara, Präsident Roosevelt, Fidel Castro und Amet, den tatarischen Kampfflieger.«

Nach Che und Fidel muss ich ihn nicht fragen. »Doch weshalb Roosevelt?«

»Der war ein Sozialist. Ein Sozialist in den USA! Außerdem schwärmte er von der Schönheit der Krim.«

»Amet«, frage ich, »meinst du Amet-Chan, den krimtatarischen zweifachen ›Helden der Sowjetunion‹?«

»Ja. Er hat 49 deutsche Flugzeuge abgeschossen und kämpfte, obwohl sein Volk in die Fremde verbannt worden war, für die sowjetische Heimat. Jedes Mal, wenn ich in seinem Geburtsort, in Alupka im Süden der Krim, bin, lege ich Blumen auf sein Denkmal.«

»Du hast Gorbatschow in der Aufzählung deiner Vorbilder nicht erwähnt?«

»Weshalb sollte ich?«

»Weil er für die Weltgeschichte und das Ende des Sozialismus wichtig war. Hast du ihn weggelassen, weil er die alte Weinkultur auf der Krim vernichten wollte?«

»Ich weiß nicht, ob die Anti-Alkohol-Kampagne – das ›trockene Gesetz‹ – seine Idee war. Oder ob die sich schon früher sein asketisch lebender Chefideologe Suslow ausgedacht und Gorbatschow sie später nur angeordnet hat. Gorbatschow, der Sohn eines Bauern, arbeitete in seiner Jugend auch als Traktorist. Ein Traktorist pflügt nur das Feld, das der Kolchosvorsitzende ihm zugeteilt hat …«

Der Chefredakteur beendet die politischen Themen mit dem abgewandelten historischen Stalin-Spruch: »Die Politiker kommen und gehen. Aber der Krimwein bleibt bestehen.«

Nachdem wir mit dem nächsten Glas auf das deutsche Volk und den Krimwein angestoßen haben, singt Leonid ein Lied. Nein, nicht »Kreuzberger Nächte …«, aber die Melodie kenne ich.

»Rammstein?«

»Ja, meine Lieblingsband.«

Ich frage Leonid, der seine Diplomarbeit über die Geschichte der Kommunistischen Partei Deutschlands geschrieben hat: »Weshalb ausgerechnet die zur ›Neuen Deutschen Härte‹ zählende Metal-Band Rammstein?«

Er holt weit aus. »Über das Leben vieler bedeutender Mitglieder der KPD fand ich in den DDR-Archiven für die Zeit nach 1933 nur noch den Vermerk: ›Exil in der Sowjetunion.‹ Alles andere blieb im Dunkeln. Erst viele Jahre nach Stalins Tod kamen ihre Geschichten auch für mich ans Licht. Umgebracht! Aber nicht von den Faschisten! Führer der Kommunistischen Partei Deutschlands wurden auf Befehl des Führers der Kommunistischen Partei der Sowjetunion erschossen!«

Die Weingläser scheppern. So heftig schlägt der Chefredakteur auf den Tisch.

»Und was hat das mit Rammstein zu tun?«

»Ihre gewaltige Musik steigt wie eine Hymne aus dem Dunkel hervor. Aus dem Dunkel wie 1987, als eine finnische Delegation Saki besuchte und ich einen etwa 90-jährigen Mann fragte, ob er im sowjetisch-finnischen Krieg gekämpft hat. Er nickte. Ich sagte, dass mein Großvater, ein polnischer Jude, als sowjetischer Soldat in den finnischen Wäldern gefallen ist und vielleicht zuvor finnische Soldaten getötet und später von ihm …«

Der Finne habe den Kopf geschüttelt: »Bevor ich ins Feld musste, küsste mich meine Mutter und hängte mir ein Amulett um den Hals. Sie sagte: ›Die Seelen der Russen und die Seelen der Finnen sind verwandt. In ihnen wohnt der gleiche Gott. Schieße also niemals auf deine Brüder!‹ Ich hätte deinen Großvater nie töten können. Ich zielte immer auf die Bäume, neben denen die sowjetischen Soldaten lagen.«

Leonid wischt sich die Augen. Die Flasche ist noch halb voll.

»Nehmt sie für heute Abend mit.«

Beim Abschied sagt der Chefredakteur der Sakier Zeitung: »Mein Freund, bei unserer zweiten Begegnung hast du nicht wie bei der ersten Reise nur auf meine Hände und in meine Augen, sondern in mein Herz schauen können. Wenn du zum dritten Mal auf die Krim kommst, werde ich auch in dein Herz blicken.«

Von philosophischen Theorien bei Gerds Stoffpräsentation in Jalta, dem Preisnachlass, den die Malerin Vika im Restaurant »Orchidee« erhält, und dem Rat, bei der Fahrt nach Armjansk die sumpfige Landenge von Perekop zu meiden

Der Geschichtsbruder hat unsere Nachricht gefunden. Und auch die Sowjetskaja 23 in Saki. Wir brühen usbekischen Tee und stellen deutsche Kekse auf den Tisch. Als wir die Wodkaflasche vorsorglich in den Schrank stellen wollen, schlägt der muslimische Geschichtsbruder vor, einen kleinen Schluck auf unser Wiedersehen zu trinken. Aber er achtet darauf, dass in seinem Glas nur der Boden bedeckt ist.

Die Broschüre der Enkel hat ihm der Autobruder schon gebracht. Er fragt nicht, was ich beim Lesen empfunden habe, sondern sagt nur: »Als wir zurückkamen, waren die Friedhöfe unserer Vorfahren zerstört. Wenn man die Gräber nicht wiederfindet, ist man nicht zu Hause angekommen.«

Ohne Brot und Wurst brennt der Wodka. Auf dem Fensterbrett liegen die Feigen, die uns Gulnada mitgegeben hat. Ich reiche dem Geschichtsbruder eine Feige zum Wodka. Er protestiert: »Lass sie liegen! Ich darf sie nicht zum Schnaps essen. Sie ist auf einem Baum unseres Vaters gewachsen.«

Wodka sei eine Sünde für jeden Muslim. Und ein russisches Wort, das keine Ähnlichkeit mit einem tatarisch-türkischen aufweise. Ansonsten heißt Vater auf Russisch:

otez, auf Tatarisch: *ata*. *Kulak*, das russische Wort für den wohlhabenden Bauern, stamme aus dem Türkisch-Tatarischen und bedeute Faust. Der Arbat, das Künstlerviertel Moskaus, sei auf das tatarische Wort *arba* – Karre – zurückzuführen. Viele bedeutende Vertreter der russischen Geschichte und Künste wären Tataren gewesen: Dostojewski, Fürst Jussupow – der Mörder von Rasputin –, die Großmutter von Peter I. … Und viele russische Adlige in Moskau hätten tatarische Frauen geheiratet …

Der Geschichtsbruder will uns die Größe des früheren tatarischen Reiches im Verhältnis zum russischen demonstrieren. Für das tatarische Imperium östlich, westlich und südlich von Moskau stellt er drei große Teller auf den Tisch. Für das Moskauer Reich sucht er einen kleinen Gegenstand. Findet keinen und legt schließlich eine der Feigen zwischen die Teller.

Er glaubt, dass Stalin die Krimtataren nicht deshalb verbannen ließ, weil einige die deutschen Faschisten unterstützt hätten. »Stalin wollte verhindern, dass die Türkei bei einem späteren Friedensvertrag die Gebiete ihres früheren osmanischen Reiches, also auch die Krim, wieder beansprucht. Wie sollte sie das begründen können, wenn auf der Krim kein muslimischer Tatar mehr lebt und es dort nicht mal tatarische Friedhöfe gibt?«

Zwar interessiere er sich für die tatarische Geschichte, aber manchmal wäre es besser, weniger zu wissen … »Je mehr du weißt, umso mehr leidest du.« Unvermittelt lenkt er ab. »Grobe Menschen – ich meine nicht die Russen – haben viel Freude in ihrem Leben. Aufmerksame, zärtliche dagegen viel Trauer, sagen wir Krimtataren.«

»Und du?«

»Ob die Menschen auf der Krim unter einer russischen oder einer ukrainischen Regierung oder in einer tatarischen Autonomie leben: Ich möchte immer das Positive sehen.«

Wir trinken keinen *possoschok*. Doch beim Abschied isst der Geschichtsbruder eine Feige.

Nachdem er gegangen ist, frage ich mich, welche der flüchtigen, unvollständigen, widersprüchlichen oder nur angedeuteten Informationen ich auswählen soll. Wie viel mehr müsste ich erfahren, um die Fragen nach dem Leben auf der Krim beantworten zu können.

Es bleiben noch drei Tage bis zum Rückflug.

Gerd will den Tisch decken.

»Warte! Lass uns erst zum hinkenden Lebenskünstler Boleslaw gehen. Der hatte erwähnt, dass die Sanatoriumsmitarbeiter von Jewpatorija 1987 Kinder aus der Gegend von Tschernobyl und nach dem Chemieunglück von 2018 auch Kinder aus Armjansk betreut haben.«

Gerd meint, dass ich allein gehen soll. Er will die Stoffmuster für die Kollektion in Jalta ordnen.

Zuerst laufe ich wieder an der Baustelle der künftigen Strandpromenade vorbei. Nikolai und sein Hund sind wahrscheinlich schon weitergezogen. Zwar ist der Hang zum Meer hinunter noch aufgebaggert, doch auf dem Kamm gibt es inzwischen einen rollstuhlbreiten kilometerlangen Betonweg. In der Nähe des Friseurgeschäfts hole ich ein ordentlich gefaltetes Papier aus meinem Rucksack und stecke es in die Manteltasche. Falls Boleslaw nicht zu Hause ist, werde ich es in seinen Briefkasten werfen: das Liebesgedicht seiner Frau, das er mir beim Abschied geschenkt hatte. Ich habe es zu Hause übersetzt und mich an einer Nachdichtung versucht. Vielleicht werde ich es Boleslaw in der für ihn fremden Sprache vorlesen.

Steine in den Bergen

Auf steinigen Wegen
halten wir uns an den Händen.
Wenn ich über Steine stolpere,
dann hältst du mich.
Wenn du über Steine stolperst,
dann halte ich dich.
Stolpern, ohne zu fallen,
haben wir gelernt.
Die Steine auf unserem Weg
räumen wir gemeinsam
zur Seite.

Die Tür des kleinen Hauses, in dem Boleslaw wohnt, ist offen. Mich an seinen Vater im Rollstuhl erinnernd, klingele ich im Erdgeschoss. Eine Frau in Kittelschürze und mit sehr wildem lockigen Haar beantwortet meine Frage mit einem energischen: »Boleslaw? Noch nie gehört!«

»Sein Vater, der vor einigen Jahren gestorben ist, saß im Rollstuhl.«

»Junger Mann, hier hat, seit ich vor 35 Jahren eingezogen bin, kein einziger Mann im Rollstuhl gewohnt.« Sie ruft die Nachbarin. Aber auch sie versichert, dass es im Haus keinen hinkenden Boleslaw gibt.

Ich gehe nach nebenan zum *parikmacher*. Die Friseuse meint, dass sie die Namen aller Bewohner der Straße und auch die meisten des Viertels kennt – doch keinen Boleslaw, der hinkt.

Ich versuche es mit einer genauen Personenbeschreibung. »Er ist über 70, schiebt seinen Freund regelmäßig zum Treffen der Rollstuhlfahrer. Er trägt einen alten Patronengürtel um die Hüfte, und am Kragen seines Mantels befindet sich eine auffällige rote Applikation.«

Nun nickt sie. Den habe sie schon oft gesehen. »Aber der kommt aus dem Stadtzentrum. Er wohnt nicht hier in der Gegend.«

Für umgerechnet nur 2 Euro schneidet sie mir die Haare. Während sie den weißen Umhang festschnürt, grübele ich, weshalb Boleslaw mir eine falsche Wohnung gezeigt hat. Weshalb er sich vor einer zweiten Begegnung mit mir verstecken wollte. Oder verstecken musste?

Als ich nach einer Viertelstunde in den Spiegel schaue, habe ich zwar keine Antwort gefunden, staune aber, wie schnell man – nun mit russisch-militärischem Stoppelschnitt – zumindest äußerlich ein völlig anderer werden kann.

Gerd hat Brot und Zwiebeln und Speck aufgeschnitten. Als ich ihm von der erfolglosen Suche nach Boleslaw erzähle, meint er, dass es ungewöhnlich war, dass dieser Boleslaw mir, einem Fremden, einem Ausländer (!), schon bei der ersten Begegnung sein Leben erzählt hat. »Manche schweigen bis zum Tod über ihre Vergangenheit. Ein immer noch heftig wirkender lebendiger sowjetischer Fluch ...«

Gerd, ein gebürtiger Mühlhäuser, hat ab 1974 am sowjetischen MGIMO, dem bekannten Institut für politische Beziehungen, fünf Jahre Diplomatie studiert. Er liebte die Sowjetunion und Lidia, die er nach dem Studium geheiratet und in die DDR mitgenommen hat. Ihre Kinder heißen Alexandra, Andrej und Pawel. Gerd spricht, denkt und träumt auf Deutsch und Russisch. Mit Lidia, die in Moskau zur Textilingenieurin ausgebildet wurde, gründete er 2000 eine kleine Handelsagentur für Heimtextilien.

»Weshalb wollte Boleslaw mit seiner Lebensgeschichte erkannt werden, aber gleichzeitig unerkannt bleiben?«, frage ich ihn noch einmal.

»Ich hatte dich am Abend vor unserem Abflug unterbrochen, als du Großmutter Dina nach ihrem Vater gefragt hast, und versprochen, dass ich dir seine Geschichte unterwegs erzähle.«

Vielleicht sollte er das jetzt tun. Jetzt, wo wir nicht nur geographisch unterwegs wären …

»Dinas Vater, einen sowjetischen Offizier, hatten die Deutschen in ein Kriegsgefangenenlager nach Frankreich gebracht. Als die Alliierten es befreit hatten, hoffte er auf den Tag, an dem er in die Heimat zurückkehren und Frau und Tochter wiedersehen würde. Doch Kameraden rieten ihm, in Frankreich zu bleiben, denn sowjetische Offiziere, die nicht im Kampf gefallen, sondern in Gefangenschaft geraten waren, würden als Verräter behandelt. Dinas Vater glaubte das nicht.«

Er sei nach Hause gegangen.

»Er umarmte und küsste Frau und Tochter, dann heizte er die Banja an. Er wollte für das Leben zu Hause den

Körper und die Seele vom Schmutz des Krieges reinigen. Während er in der Banja saß, hielt ein Militärauto vor dem Haus. Die Soldaten fragten nur: Wo ist er? Nachdem sie die Tür der Banja aufgerissen hatten, verhüllte eine Dampfwolke den gereinigten Körper des Heimkehrers. Das war Dinas letztes Bild von ihrem Vater. Danach haben sie nie mehr eine Nachricht von ihm oder über ihn erhalten und 70 Jahre darüber geschwiegen.«

Inzwischen gebe es in Russland ein Komitee zur Rehabilitierung der Opfer der Stalin-Diktatur. Dort hätte auch Dina eine Auskunft über das Schicksal ihres Vaters und eine Opferrente beantragen können. »Aber sie hat es nie getan. Genauso wenig wie ihre Tochter Lidia.«

»Weshalb nicht?«

»Weil sich die Angst nicht nur in den Seelen der Menschen, sondern auch in ihren Genen festsetzt. Die übertragen diese Ängste auf die nächsten Generationen.«

Wir teilen uns an diesem Abend das letzte Krimbier.

Die Stoffproben – jeweils ein Meter auf einem schmalen Bügel – hat Gerd im Koffer nach Designgruppen, Material und Farben geordnet. Der dickste Stapel ist grau. Auch die übrigen Dekostoffe und Gardinen sind meist einfarbig. Grellbunt gemusterte sehe ich keine, auch Kontrastfarben fehlen.

»Nicht gerade lebendig, deine Auswahl«, sage ich.

Gerd widerspricht heftig. »Es gibt 50 verschiedene Grautöne. Schimmernde, glänzende, hellere, dunklere …«

»Aber für mich bedeutet Grau Eintönigkeit. Alles ist

grau – das Symbol für einen ärmlichen, irgendwie traurigen Zustand.«

Darüber würde er morgen ausführlich bei der Präsentation sprechen. »Nur so viel vorneweg: Die Leute haben das nach Belieben austauschbare Schwarz oder Weiß, also das ausschließlich Gute oder das ausschließlich Böse, satt. Bestimmt gibt es auch hier auf der Krim eine Sehnsucht nach den Zwischentönen. Das Grau als Farbe, die man mit Blau, Grün oder Rot harmonisch kombinieren kann …«

Am nächsten Morgen müssen wir später als geplant nach Jalta fahren. Der Motor unseres großen Datsun-Automatik springt erst nach einem Dutzend erfolglosen Versuchen an. Die Batterie ist zu schwach.

Obwohl der Motor unterwegs streiken könnte, meidet Gerd die viel befahrene Fernverkehrsstraße. Stattdessen kurvt er nahe der Küste auf einsamen Seitenwegen, hält vor engen Schluchten, farnbewachsenen Höhleneingängen und an Bergen, von deren nackten Felsspitzen die noch schräg stehende Vormittagssonne Feuerzeichen zum Meer hinunter sendet. Auf einer von Zypressen, Kiefern, Palmen und Eukalyptusbäumen gesäumten Steppengraswiese steigen wir aus und atmen den warmen Duft von Thymian, Salbei, Oregano und Nadelgehölzen ein. Gerd träumt davon, irgendwann tagelang in diesem Paradies umherwandern zu können. »Der Krieg um die Krim könnte vielleicht beendet werden, wenn Russen, Ukrainer und Krimtataren sich einigen, dass diese Halbinsel künftig keinem von ihnen gehört.«

»Sondern?«

»Sondern zum Beispiel der UNESCO. Die würde aus der Krim ein internationales Naturschutz-, Urlaubs- und Kurgebiet machen, das allen Menschen gehört. Man müsste nur …«

Die detailliertere Ausarbeitung von Gerds Idee verhindert ein Telefonanruf aus Deutschland. Seine Frau ist glücklich, weil Babuschka Dina ihre Wohnung in dem zu sowjetischen Zeiten gebauten Moskauer Hochhaus endlich verkaufen darf.

»Die Wohnung gehört ihr?«

»Ja. Wer in der Sowjetunion seine Miete einige Jahre an den Staat bezahlt hatte, erhielt zur Wendezeit die auf diese Weise abgezahlte Wohnung als Eigentum. Einen zusätzlichen Gewinn wollte der Staat mit den Wohnungen nicht machen. Wie heute noch auf Kuba.«

Ihn an unser gestriges Gespräch erinnernd, sage ich: »Mit deiner Verkaufsphilosophie in Grau wirst du wahrscheinlich auch kaum Gewinn machen können.«

Diese Bemerkung war leichtfertig, denn bis zum Stadtrand von Jalta haben wir keinen Blick mehr für die Schönheit der Krim. Gerd doziert über Dekostoffe. »Sie sind die Seele der Wohnung. Man muss sie anfassen und befühlen wie die Haut einer Frau. Als Verkäufer solltest du immer neue Designlegenden erfinden. Ein weißer Seidenstoff mit vier roten Kreisen. Weiter nichts. Vier rote Kreise. Die deutest du als Symbole für die Jahreszeiten und erzählst von deinen Gefühlen im Sommer, Herbst, Winter und Frühling.« Er wiederholt, dass Weiß oder Schwarz, Böse oder Gut die Weltpolitik beherrschen. »Aber die meisten Menschen sehnen sich überall nach Kompromissen, nach der gewaltlosen Lösung von Konflikten, nach Harmonie und Geborgenheit. Und dieses Lebensgefühl vermittelt ihnen kein grellbunter, sondern lediglich ein wollig-warmer, in Grautönen gehaltener Vorhang am Fenster. Grau.«

Außerdem müsste man beim Handel in Russland, also auch auf der Krim, eine Besonderheit beachten: »Die russischen und ukrainischen Oligarchen, die nach dem Zusammenbruch der Sowjetunion Dollar-Millionäre und Rubel-Milliardäre geworden sind, wollen keinen Vorhang, der zwar qualitativ gut ist, aber nur 9,99 Euro pro Meter kostet. Wie gesagt, Stoffe haben eine Seele. Für die Oligarchen offenbart die sich jedoch nicht in Faser und Farbe, sondern im Preis und in der Marke. Für 9,99 Euro kaufen sie vom eigenen russischen Produzenten nicht einen Meter. Doch wenn ein anderer Händler denselben Stoff für 101 Euro oder von der italienischen Nobelmarke Rubelli anbietet, können sie nicht genug davon bekommen.«

Das sei zwar widersinnig, aber aus der russischen Geschichte erklärbar. »Nach der Oktoberrevolution flohen die Reichen ins Ausland oder wurden enteignet. Heute wollen die neuen Reichen den verlorenen Prunk und Protz der Zarenzeit zurückholen oder überbieten. Möbel, Geschirr und Stoffe können nicht teuer genug sein, denn sie möchten sich mit dem von ihnen erworbenen Reichtum präsentieren. Nur in der Banja, in der sie allein sind, verraten schlichte Vorhänge aus Baumwolle oder Leinen mit Blumenmustern noch die Herkunft der Oligarchen. In der Banja müssen sie nicht protzen und präsentieren, nur schwitzen und dürfen das sein, was sie früher waren, und so, wie sie heute wirklich noch fühlen.«

Ich frage Gerd, ob es in unserem Hotel eine Banja geben wird. Das weiß er nicht. »Aber selbst wenn – wir werden keine Zeit dafür haben.« Schließlich wären wir nicht nach Jalta gefahren, um uns zu erholen. »Ich bin seit 2012 nicht mehr hier gewesen. Marina Orlowa und meine anderen Kundinnen aus Sewastopol, Jalta und Simferopol habe ich nur noch bei Heimtextilmessen in Russland gesehen. Nach 2014 versuchten wir, Stoffe über Moskau auf die Krim zu schicken. 2017 gab es die letzte Sendung für Marina.«

Auch international bedeutende Firmen würden es noch nicht wagen, das westeuropäische Handels- und Investitionsverbot für die Krim öffentlich zu durchbrechen. »Vor der Angliederung an Russland standen in und um Jalta große Werbetafeln für die Radisson-Hotels. Um ihre Geschäfte auf der russischen Krim zu verschleiern, hat die Hotelkette inzwischen ihre Häuser vorsorglich in *Tawrija* – die alte Bezeichnung für die Krim –, das heißt Taurien, umbenannt. Ein neuer Name, aber der alte Eigentümer.«

Unser Hotel heißt »Passatwind«, gehört einem ukrainischen Oligarchen und steht oberhalb des Stadtzentrums. Der Wind weht nicht die Abgase der Autos, sondern die salzige Luft des Meeres zum Hotel hinauf. Wir setzen uns im Schatten von Palmen und Zypressen auf Korbstühle, die zwischen Maulbeerbüschen stehen, und warten auf Marina. Ich erkenne sie schon von Weitem. Wie bei unserer ersten Begegnung am »Schwalbennest« hat sie eine weiße Seidenbluse an und schüttelt zur Begrüßung ihren langen blonden Pferdeschwanz. Sie versichert, dass sie für Gerds Präsentation alles gut vorbereitet hat. Ein Dutzend

Interessenten würden uns im Kulturpalast »Orchidee« erwarten.

Es sind genau 15 Frauen und Pawel Choritschenko, der, erklärt Marina, das »Bell'Arte«-Designstudio in Jalta leitet. »Heute ist er vor allem unser Getränke- und Technikverantwortlicher.« Sie bittet ihn, die beiden Kleiderstangen, auf denen Gerds Kollektion hängt, so zu platzieren, dass sie die Leinwand und den Beamer nicht verstellen.

»Willst du auch Bilder zeigen?«, frage ich Gerd.

»Ja, ich habe eine PowerPoint-Präsentation vorbereitet.« Danach ergänzt er, als müsste er sich Mut machen: »Alles nur Routine.«

»Hier auch?«, frage ich.

Er druckst. Natürlich sei es hier und heute anders als in Deutschland. Die Interessenten auf der Krim wären sachkundiger, neugieriger und streitlustiger. Doch er hofft, dass er die Frauen sofort in ein interessantes Frage-Antwort-Gespräch verwickeln kann.

Lachend, aber wie eine versteckte Drohung fügt er hinzu: »Wenn das nicht gleich funktioniert, werde ich – um die Frauen zu ermutigen – zuerst dich über diesen oder jenen Stoff befragen.«

Ich setze mich vorsorglich so weit als möglich nach hinten. Nach der Begrüßung beginnt Gerd nicht sofort über seine Philosophie vom Grau der Stoffe zu sprechen, sondern zeigt zuerst Fotos von Salons, Sälen und Räumen, in denen Stoffe aus seiner Kollektion hängen. Die Designerinnen, Raumausstatterinnen und Innenarchitektinnen, die an zwei langen Tischen sitzen, kommentieren die Kollektion sehr fachfrauisch. Ich muss in meiner Fluchtecke

Nach der Stoffpräsentation

nichts sagen und habe Zeit, die unterschiedliche Herkunft der blonden oder schwarzhaarigen, der dunkel- oder hellhäutigen Frauen zu erraten: Ukrainerinnen, Tatarinnen, Russinnen, Lettinnen, Griechinnen?

Während Gerd die Dekostoffe zur Begutachtung herumreicht, spricht er endlich über Trumps politische Gut-und-Böse-Provokationen, die Sehnsucht der Menschen nach Harmonie und die symbolische Farbe Grau. Viele Lobesworte und langer Beifall für seinen Vortrag. Danach bringt Pawel Tabletts mit Käsehappen, Piroggen, Wurst, Weintrauben und Oliven und stellt Flaschen mit Saft, Sekt und Wein auf den Tisch. Und ich verlasse nun auch meinen Platz im Hintergrund.

Bei Gerds Präsentation haben sich die Frauen nur knapp, sachlich und höflich geäußert. Jetzt aber reden die Ukrainerinnen, Russinnen, Krimtatarinnen (ich habe es aufgegeben, ihre Nationalitäten zu erraten) fröhlich und einander unterbrechend laut durcheinander. Alle auf Russisch. Es beginnt ein Diskussionswirrwarr, dessen Inhalt ich nur unvollständig und ungeordnet aufschreiben kann, denn die Frauen legen mir unentwegt Käsehappen und Konfekt auf den Teller und wollen alle nacheinander mit Gerd und mir anstoßen.

Marina erzählt, dass sie inzwischen nicht nur kaufen und verkaufen, sondern auch Wohnhäuser, Kulturpaläste, Theater und andere Gebäude ausstatten. »Sieben Frauen nähen …«

Ihre Partnerin Tatjana unterbricht sie: »Ja, aber wir haben nur Arbeit für alle Näherinnen, wenn genügend Aufträge da sind! Und über die Vergabe der staatlichen Aufträge wird nicht in Sewastopol, sondern in Moskau entschieden.«

Marina: »Das wird noch, Tatjana. So wie du, eine Ukrainerin, und ich, eine Russin, schon immer gut zusammengearbeitet haben. Das wird alles noch. Lass erst mal wieder Züge über die neue Brücke bei Kertsch von Moskau auf die Krim fahren.«

Die schwarzhaarige, anscheinend jüngste Frau erklärt Gerd: »Ob ich das mit dem Grau so wie Sie erzählen kann? Und ob meine Kunden sich deshalb für diese Farbe entscheiden? Das weiß ich nicht. Außerdem liebe ich wie viele hier das Bunte. Und Schwarz und Weiß als Gegensatz. So wie das Leben auf der Krim ist: bunt und gegensätzlich. Nicht grau.«

Marina schwärmt von der Zeit vor 2014: »Mit dem Zug von der Krim bis Kiew und von dort mit dem Bus zu Messen nach Paris, nach Wien, nach Dresden … Ich sah die neuesten Trends. Heute fährt für mich kein Bus mehr dorthin. Selbst wenn ich in Moskau bin, geht es für uns nicht weiter.«

Eine mir schon wieder Sekt nachschenkende Frau in einem bis zu den Füßen reichenden weißen Kleid: »Als Russin, die auf der Krim wohnt, bekomme ich weder von den Franzosen und Italienern noch von den deutschen Behörden ein Visum.«

Pawel hält eine Kreditkarte hoch. »Eine russische. Eine neue! Sie heißt *Mir*.« (Auf Deutsch bedeutet das sowohl Welt als auch Frieden.) »Die könnten wir überall in der Welt benutzen.«

Die Frauen: »Wenn die Welt es zulässt!«

Die sehr dunkelhäutige Frau, von der ich überzeugt war, dass sie eine Krimtatarin ist, lässt sich von Gerd noch einen Seidenstoff zeigen und stellt sich vor: »Lilija. Ich bin Ukrainerin und komme aus dem Osten der Ukraine. Aus Luhansk.«

»Aus Luhansk, in dem seit fünf Jahren die ukrainische Armee gegen die Separatisten, die mit Russlands Unterstützung eine eigene Republik gegründet haben, kämpft? Wo schon Zehntausende Menschen durch diesen Krieg umgekommen sind?«, frage ich.

»Stimmt. Doch ich lebe bereits seit 2013 hier. Zuerst ein Jahr auf der ukrainischen, danach auf der russischen Krim. Ich werde hier als Ukrainerin nicht diskriminiert. Außerdem: Auf der Krim ist Frieden. Kein Krieg wie in Luhansk.«

Mir gegenüber sitzt eine Frau, die bisher schwieg.

Während der Präsentation trug sie eine Hornbrille mit großen Gläsern. Die in der Mitte gescheitelten rotbraunen Haare fallen ihr auf die Schultern. Die Brauen sind sorgsam gezupft und die Lippen liniengenau geschminkt. Ihre Augen schauen ruhig von einem zum anderen. Ihr Gesicht: ein von einem Künstler gemaltes Porträt. Es sind noch nicht alle Käsehappen, Kekse und Weintrauben gegessen und die Sektflaschen nicht ausgetrunken, als sie aufsteht und sehr laut sagt: »Ich bin Vika. Damit ihr zwei Deutschen nach diesem Abend nicht glaubt, dass alle hier nur für eine russische Krim sind, will ich euch sagen: Ich denke, dass die Krim wieder ukrainisch werden sollte. Ich bin nicht feige. Ich sage immer, was ich denke.« Sie will sich setzen, fügt aber noch hinzu: »Ihr müsst nicht fragen, weshalb ich für die Ukraine bin. Das ist meine Sache.«

Marina bindet ihren gelockerten Pferdeschwanz neu und erklärt, dass Vika immer sehr selbstbewusst auftreten würde. »Sie kommt aus einem Dorf in der kalten dürren Grassteppe im Norden der Krim. Sie hat in Charkow Malerei studiert und ist eine hervorragende Designerin. Wir vertrauen uns sozusagen blind.«

Marina schenkt Wein nach. »Auf unsere stolze Krimtatarin!«

Nach einer reichlichen Stunde *prasdnik* – Feiertag – räumen alle unter Pawels Kommando die Tische ab und bringen das schmutzige Geschirr in einen küchenähnlichen Nebenraum. Keine der Frauen verbietet, dass auch ich als Gast Gläser und leere Flaschen hinaustrage. Als wir »klar Schiff« gemacht haben (Gerd versucht vergeblich, diesen

Vika vor ihrem Bild

Begriff wörtlich ins Russische zu übersetzen), sagt Marina, dass sie für uns vier Plätze im Restaurant des Kulturpalastes bestellt hat.

»Vier?«

»Ihr beide, ich und Vika – die mit vollständigem Namen übrigens Viktorija – Sieg – heißt.«

Im Restaurant sind die meisten Plätze unbesetzt. Als der Kellner Marina und Vika erblickt, deutet er eine Verbeugung an und bringt uns zu einem Tisch. Er steht zwischen Grünpflanzen, die bis zur Decke gewachsen, und Säulen, die mit Natursteinen verkleidet sind. Das Restaurant ähnelt einem Jaltaer Park – eine Miniaturausgabe in Grün. Nur eine Ziegelwand ist blau gestrichen. Auf sie hat ein Künstler ein expressives, bestimmt 3 mal 4 Meter großes Bild gemalt. Weiße, ineinander verschlungene Kreise, die wie Tentakeln eines Tintenfisches oder Blütenstängel einer Phantasieblume aussehen.

Marina

Marina sagt stolz: »Das hat Vika gemalt.«

Am anderen Ende des Raumes hängt ein realistischeres Bild: Marx mit roter Fahne.

»Das hat Vika nicht gemalt.«

Marx-Bilder gehörten zwar wie die Lenin-Statuen zur sowjetischen Vergangenheit, doch Tradition wäre Tradition. Jedes Jahr würde am 19. Mai in Sewastopol noch der »Tag der Pioniere« gefeiert. »Erwachsene Frauen und Männer sitzen dann um ein Lagerfeuer, singen sowjetische Jugendlieder und haben sich ihre roten Pionierhalstücher umgebunden. Manchmal bin ich auch dort«, sagt Marina.

»Mit rotem Pioniertuch?«

»Nein. Ich war früher Lehrerin, Zeichenlehrerin. Bei der Feier treffe ich ehemalige Schüler. Im Jahr 2000 bin ich als beste Lehrerin der Krim ausgezeichnet worden.«

»Und du hast trotzdem den Lehrerberuf aufgegeben, um mit Stoffen zu arbeiten?«

»Stoffe können doch auch Kunstwerke, kunstvolle Bilder sein, oder?«

Gerd und Vika nicken heftig, und Marina erzählt, dass sie heute noch Landschaftsbilder malt. »Und das Meer. Das Meer in seinen vielen Farben. Das Meer bleibt immer das Meer. Doch in jeder Minute ist es ein anderes. Ich versuche wieder und wieder, seine Seele in meinen Bildern festzuhalten.«

Es gäbe nur einen Maler auf der Welt, der das geschafft hätte: der 1817 auf der Krim geborene und 1900 auf der Krim gestorbene Iwan Aiwasowski. »Er schuf über 4000 Meeresbilder. Wenn ihr seine Gemälde seht, hört ihr das Rauschen der Wellen, erschreckt vor dem Brüllen der Brandung und denkt, dass euer Kahn mitten auf dem Meer fährt. Kennt ihr Aiwasowski?«

Ich nicke und sage, dass ich zur See gefahren bin …

Als sie uns erzählt, wo sie irgendwann einmal leben möchte, nennt sie jedoch keine Stadt am Meer, sondern eine am Fluss. An der Elbe. »Dresden. Dort würde ich gern leben.«

»Weshalb in Dresden?«

»Wegen der Gemäldegalerie.«

»In Moskau hättest du die Tretjakow-Galerie viel näher«, meint Gerd.

»Doch dort hängt nicht die ›Sixtinische Madonna‹.«

Sie fragt übergangslos, ob ich bei unserer ersten Begegnung am »Schwalbennest« verstanden hätte, dass die Ablösung Gorbatschows kein demokratischer Akt gewesen wäre.

Obwohl ich wieder heftig nicke, erzählt sie noch einmal vom »weltgeschichtlichen Ereignis«, an dem ihr Vater Alexander beteiligt war.

»Am Tag X, dem 18. August 1991, wurde Gorbatschow durch die Putschisten mit seiner Familie in der Regierungsdatscha in Foros von der Außenwelt isoliert und festgehalten. Drei Militärboote – auf einem fuhr mein Papa – sperrten vom Meer aus alle Ein- und Ausfahrtmöglichkeiten. Sie warteten auf einen Befehl des Verteidigungsministers, der die Putschisten anführte, was mit Gorbatschow und seiner Familie geschehen soll. Es kam kein Befehl.

Inzwischen haben Gorbatschow, Zeitzeugen und Geschichtsverfälscher Wahres und Erfundenes über diese Tage auf der Krim geschrieben. Auch über die flammende Rede, die Jelzin, der gewählte Präsident der Russischen Sowjetrepublik, in Moskau, auf einem Panzer stehend, gegen die Putschisten und für die Demokratie hielt, ist viel gesagt worden. Spekuliert hat man dabei aber, ob es Jelzin damals nicht so sehr um die Macht des Volkes als um seine eigene ging. Die sicherte er sich nach einem Treffen mit den Präsidenten der Ukraine und von Belarus Ende 1991 auch durch die Auflösung der UdSSR. Die drei entschieden eigenmächtig über das Schicksal von 15 Sowjetrepubliken. Und über die weitere Zugehörigkeit der Krim zur Ukraine und die Teilung der Schwarzmeerflotte. Eine Hälfte an die Ukraine, die andere an Russland.«

Doch darüber hätte ihr Vater damals nicht gesprochen. »Er war ein Militärangehöriger! Aber später sagte er immer wieder: ›Wenn Jelzin nur eine Stunde – also etwa so lange, wie er später brauchte, um eine Flasche Wodka auszutrinken –, wenn er nur 60 Minuten ernsthaft über die Zukunft des sowjetischen Vielvölkerstaates nachgedacht hätte … Also dann wären die Gebietsansprüche und Grenzen der sich als neue Staaten unabhängig machenden Sowjetrepubliken noch gemeinsam zu regeln gewesen. Auch die friedliche Rückkehr der Krim zu Russland. Alles wäre damals noch möglich gewesen. Aber …«

Das »Aber« erklärt sie nicht und erzählt stattdessen die Geschichte ihrer Familie. »Meine Großeltern kommen aus dem Ural. Der Großvater besaß dort ein kleines Stück Land. Das ernährte ihn, seine Frau und die sieben Kinder. Doch unter Stalin nahm man ihm das Land weg. Er konnte kein Getreide mehr anbauen, um Brot zu backen, keine Kühe halten, um den Kindern Milch zu geben. Zwei der Kinder verhungerten. Mein späterer Vater überlebte.«

»Davon hast du bei unserem ersten Treffen kein Wort gesagt.«

»Weshalb sollte ich? Fast in jeder Familie wird man dir ähnliche Geschichten über Enteignungen, sibirische Lager, Verbannungen, Erschießungen erzählen. Doch das russische Volk kann leiden, ohne zu hassen. Und viele möchten nicht mehr an die Zeit der Leiden erinnert werden, denn die Erinnerung ist auch eine Mutter des Hasses. Also lässt man die Pandora-Büchse der Erinnerungen an die stalinistischen Verbrechen zu. Niemand hier will sie öffnen.«

Niemand?

Wären wir – was wir erst morgen machen werden – schon gestern nach Armjansk gefahren, um dort mit Jewgeni Rypnerski über die Chemiekatastrophe im Titanwerk zu sprechen, könnte ich Marina heute sagen: »Es gibt Russen, die auch diese Pandora-Büchse öffnen.«

Doch das werden wir erst morgen erfahren. Heute schweigen wir nach Marinas Geschichte über die verhungerten Geschwister ihres Vaters. Ich nippe nur am Glas mit dem roten Wein und frage Vika leise nach der Vergangenheit ihrer Eltern. Marina will anstelle von Vika sofort antworten: »Alle Krimtataren wurden 1944 deportiert und mussten …« Doch Vika unterbricht sie: »Nicht die Ukrainer haben mein Volk verbannt und unterdrückt! Nicht die Ukrainer! Die nicht!« Mehr sagt sie nicht.

Als Gerd und ich die *tschebureki* und den Wein für alle bezahlen wollen, wehren die Frauen sehr entschieden ab. »Ihr müsstet hier den vollen Preis bezahlen. Wir nicht. Wir bekommen immer Rabatt.«

»Weshalb?«

»Weil Vika nicht nur das Wandbild gemalt, sondern bei der Gestaltung des Restaurants geholfen hat.«

Obwohl wir am Abend nicht nur eine Flasche Wein getrunken haben, will uns Marina mit dem Auto ins Hotel bringen. »Wegen ein paar Gläsern Wein bestrafen dich die Milizionäre hier nicht. Aber wehe, wenn du 50 Meter in der falschen Richtung in die Einbahnstraße gefahren bist. Dann bezahlst du. Deine Richtung muss stimmen.«

Nach dem letzten Schluck umarmt Marina Gerd sehr lange. »Danke, dass du trotz der EU-Blockade mit deinen Stoffen zu uns auf die Krim gekommen bist, du mutiger Deutscher.«

Wieder oben im »Passatwind«, sitzen Gerd und ich noch lange im herbstlich milden, von Mond und Sternen erleuchteten Park. Er sinniert: »Idiotisch: Man braucht Mut, um mit Stoffen zu handeln? Vielleicht hatte Marina recht, aber …«

»Aber?«

»Aber Mut deswegen? Den werden vielleicht die 2400 deutschen Soldaten brauchen, wenn sie im nächsten Frühjahr mit 35 000 anderen NATO-Soldaten bei dem größten Kriegsmanöver der Nachkriegszeit, dem ›Defender 2020‹, wie geplant vor den Toren Russlands aufmarschieren sollen. Vielleicht werden sie sogar am 9. Mai, dem Tag, an dem die Russen den 75. Jahrestag des Sieges über den deutschen Faschismus feiern und ihrer Opfer gedenken, dort marschieren.«

»Verwechselst du Mut jetzt nicht mit gedankenloser, rücksichtsloser Verletzung der Gefühle eines Volkes? Mit gewissenloser Kriegsprovokation und …«

»Mag sein! Aber geht es auch eine Nummer kleiner?«

Am nächsten Morgen versuchen wir Reschit zu finden, der irgendwo zwischen Jalta und Sewastopol Arbeiter mit dem Bus auf eine Baustelle bringt. Auf eine Baustelle am Meer, von der nicht einmal Babuschka Gulnada wusste, wo genau sie sich befindet und was genau dort entstehen soll. Nachdem wir erfolglos eine Stunde auf der einzigen Uferstraße, die beide Orte miteinander verbindet, nach einer Großbaustelle oder einem Bus mit Reschit am Steuer gesucht und ihn auch telefonisch nicht erreicht haben, schlage ich vor, statt noch mehr Zeit zu verschwenden, zum nördlichsten Zipfel der Krim, nach Armjansk, zu fahren und uns dort mit Jewgeni und seiner Frau Nadja zu treffen. Ich möchte die Grüße ihrer Tochter Olga aus Erfurt übermitteln und sie bitten, uns von der geheimnisvollen Katastrophe im Titanwerk zu berichten.

»Nach Armjansk sind es gut 180 Kilometer«, schätzt Gerd.

Ich erzähle, dass wir bei der Fahrt nach Norden auch durch das Gebiet kommen, in dem Joseph Beuys mit seiner Ju 87 abgestürzt ist. Und weil diese ungeklärte Geschichte inzwischen auch Gerd sehr interessiert, ist er einverstanden, die Suche nach Reschit für heute zu beenden.

Wir fahren an Saki und Jewpatorija vorbei in die Steppe. Obwohl Gerd vorsichtig um alle Schlaglöcher kurvt, bildet sich hinter uns eine dicke Staubwolke. Sie legt sich auf das im Sommer zu graubraunen Büscheln vertrocknete Gras. Dazwischen glänzen wollköpfige Disteln. Bäume sehen wir nur bei den immer seltener werdenden Dörfern. Als Gerd nach Kormowe kommt, einem der größten Dörfer, vor dem viele schlanke Pappeln stehen, will er von der Hauptstraße auf einen kaum befahrbaren Weg abbiegen. Er nimmt an, dass es ein abgelegenes Dorf gewesen sein müsse, in dem Beuys nach dem Absturz von den Krimtataren wochenlang heimlich gepflegt und schließlich mit Filz und Fett geheilt worden sei.

Ich sage nur: »Fahr weiter geradeaus! Es lohnt nicht, hier danach zu suchen.«

Wir streiten. »Halt an«, bitte ich und hole aus dem Rucksack eine kleine Zeichnung. Darauf ein Mann, der einen Beutel in der Hand trägt. Er ist nur als Schattenriss zu erkennen. Neben ihm läuft ein strohgelber Hund. Das sei, sage ich, der umherstreunende, aber zutrauliche Hund, der

Sergej Lochthofens Zeichnung

Sergej Lochthofen nachgelaufen war, als der in der Krimsteppe Spuren von Beuys gesucht hatte.

»Und wer hat das Bild gemalt?«

»Sergej Lochthofen.«

»Der Schriftsteller, der das Erinnerungsbuch ›Grau‹ geschrieben hat?«

Ich nicke. Aber um mit Gerd nicht noch einmal über seine gestern bei den Händlerinnen angepriesene Modefarbe Grau philosophieren zu müssen, sage ich: »Für dich verkörpert Grau die Sehnsucht der Menschen nach Harmonie. Für Sergej Lochthofen stand sie für das Gegenteil: Willkür, Entbehrung, Frost, Zwangsarbeit, Todesangst …«

Danach erkläre ich Gerd, dass der später weltbekannte Joseph Beuys schon einen Tag nach seinem Absturz in das Militärlazarett 179 nach Kurman eingeliefert worden sei. »Das ist durch den offiziellen Eintrag im Eingangsbuch dieser Feldklinik auf der Krim nachgewiesen worden. Die Legende seiner Heilung bei den Krimtataren hat der Maler sich ausgedacht.«

Gerd schaut das Blatt mit dem gelben Hund und Lochthofen in der Krimsteppe noch einmal an. Dann fragt er: »Hat der damalige Kunststudent also keine Spur von Beuys, sondern nur diesen treuen Begleiter, den gelben Hund, gefunden?«

Ich nicke. »Sergej Lochthofen bestätigt, dass die Heilungsstory eine von Beuys erfundene Legende war. Allerdings eine, die er in der Zeit des Kalten Krieges in der westdeutschen Kunstszene sehr wirkungsvoll erzählen konnte. Wilde Tataren, von denen er durch seine späteren Lieblingsmaterialien Filz, Fett und Honig geheilt worden wäre. Alles Kokolores. Aber niemand konnte das Gegenteil beweisen. Große Teile der sowjetischen Krim waren militärisches Sperrgebiet. Für Touristen aus dem Westen tabu. Auch für kunsthistorische Spurensucher.«

Ich stecke die Zeichnung wieder in den Rucksack. Wir fahren weiter nach Norden. In unserem Hotel hatte ich mir heute Morgen vorsorglich Brot, Käse und Tomaten eingepackt. Das war klug. In keinem der kleinen Dörfer finden wir ein Geschäft und erst recht kein Restaurant. Wir setzen uns an den Straßenrand auf einen großen Stein, auf dem, wie auf anderen auch, »Unser Weg ist richtig« steht.

Neben uns trottet ein alter Mann über die Straße. Er trägt einen weithin sichtbaren grasgrünen Anorak, der allerdings nicht zu seinem Äußeren passt, denn der Mann ähnelt mit seinem Bart, der sich weder farblich noch in der Länge von seiner grauen Haarmähne unterscheidet, einem

Methusalem. Seine Augen haben sich, als würden sie Schutz suchen, tief in den Höhlen versteckt. Und sein Mund scheint ausgetrocknet. Er stützt sich auf die Astgabel eines Stockes, mit dem er ein Dutzend Ziegen zusammenhält.

Gerd meint, dass wir den Alten nach Beuys fragen sollten. »Wenn er etwas über den Absturzort weiß, hast du eine Sensation für das Krimbuch. Dann ist nicht alles nur grau in grau.«

Ich brauche keine Sensation und biete dem Mann Brot und Käse an. Er holt Äpfel aus seiner Anoraktasche. Wir tauschen.

Er ist schon 85 Jahre alt. Ich rechne, er war 1944 zehn.

»Deportiert worden?«

»Nein, ich bin Russe. Ein Belarusse, ein Weißrusse. Aber ich bin auf der Krim geboren und werde auf der Krim sterben.«

Ich frage ihn nach Beuys, aber er hat erst in den 70er Jahren von dessen Absturz hier in der Nähe gehört.

»Wo genau?«

Das hätten seinerzeit viele Deutsche gefragt. »Die sind extra wegen dieses Mannes auf die Krim gekommen.«

»Und haben sie es erfahren?«

»Nein. Doch Tataren sind gute Geschichtenerzähler.« Für ein kleines Trinkgeld hätten sie die Story von der Heilung noch ausgeschmückt. »Und die Deutschen, sogar Studierte, haben sie geglaubt.«

Er nimmt einen Schluck aus unserer Wasserflasche, verzieht seine nicht mehr trockenen, aber immer noch blassen Lippen zu einem Grienen und philosophiert nun auch wie ein Methusalem. »Man glaubt immer das, was man glauben will. Einer erzählt etwas, der Nächste erzählt es weiter. Einer schreibt es auf, der Nächste schreibt es ab.« Und Beuys' Geschichte wäre in der Nachkriegszeit in Deutschland nützlich gewesen und auch heute noch für bestimmte Politiker brauchbar. »Sehr passend: Die Krimtataren helfen im Krieg einem deutschen Soldaten. Also können die deutschen Besatzer hier gar nicht so schlecht und so böse gewesen sein.«

Er treibt die störrischen Ziegen von der Straße, auf der seit gut einer halben Stunde kein Auto vorbeigekommen ist.

Weiter in Richtung Norden. Starke Böen schütteln das Auto. Der Wind hat das braune Steppengras als Büschel dicht auf den Boden gedrückt. Die Kilometersteine darunter sind nur mit den weiß gekalkten Spitzen zu sehen. Hinter einer Kurve steht in der baum- und hauslosen Einsamkeit ein Pferdewagen am Wegrand. An seine Deichsel ist allerdings kein Pferd gebunden, sondern ein Fahrrad gelehnt. Eine Frau kniet auf dem Feld und senst das trockene Gras mit einer Art Sichel ab. Mit der linken Hand hält sie ein Grasbüschel fest. Mit der anderen schwingt sie das wie eine Machete gebogene Messer so weit ausholend, als ob sie im karibischen Dschungel Lianen mähte. Das abgeschnittene Gras bündelt sie zu Rollen, die den bei uns von Mähmaschinen gepressten und zusammengebundenen Heuballen ähneln. Sie sind nur kleiner.

Wir halten an. Die Frau richtet sich verwundert auf. An ihrem Gesicht erkenne ich nicht, wie alt sie ist, denn sie hat Stirn und Kinn mit einem schwarzen Wolltuch umwickelt. Wahrscheinlich aber doch schon älter als 50, denn sie humpelt, ohne sich aufzurichten, mit krummem Rücken zu uns herüber. Als sie staunt, dass Deutsche allein im Norden der Krim umherfahren, erkläre ich, dass ich nicht als Tourist, sondern als *pissatel*, als neugieriger Schreiber, hier bin. Die Frau nickt verstehend, dann sagt sie, dass sie früher auch Artikel geschrieben hat. »Ich war damals in unserem Sowchos die Wandzeitungsredakteurin.«

»Damals? Wie alt sind Sie heute?«

»Ich bin so alt, wie ich aussehe.« Und sie hätte sich in ihrem Leben nicht immer mit diesen … dreimal von allen Teufeln verfluchten … mit diesen von der Krimsonne ausgetrockneten harten Gräsern herumquälen müssen. »Und alles nur, damit die einzige Kuh, die noch in meinem Stall steht, nicht verhungert. Ein verdammtes Schicksal.«

»Und früher?«

»Früher haben wir im Sowchos vom Gras unserer Wiesen mehr als 1000 Milchkühe füttern können. Damals … Damals war das Gras hier sogar noch im Herbst grün und saftig. Das Heu roch nach Sommer. Nach Blumen und Kräutern. Damals …«

Damals, das sei die Zeit bis 2014 gewesen. »Danach sperrten die ukrainischen und tatarischen Nationalisten den Kanal. ›Kein Tropfen Wasser mehr für die Russen auf der Krim!‹, brüllten diese gottlosen Verbrecher.«

»Sie sind Russin?«

Sie nickt, presst die Fäuste in den Rücken und steht nun sehr gerade. Die Großeltern ihrer Großeltern wären aus dem Ural auf die Krim gekommen. »Früher gab es hier noch viel Regen und volle Flüsse. Das Gras wuchs im Sommer so hoch, dass sich die kleinen tatarischen Krieger darin verstecken und unbemerkt an die Dörfer heranschleichen konnten. Die Alten dort haben sie getötet, die Jungen gefangen genommen und als Sklaven verkauft.«

An dieser Stelle unterbreche ich sie, protze mit meinen Geschichtskenntnissen und sage, dass auf dem Markt in Jewpatorija eine Säule stand, an der die Sklaven zur Begutachtung für die Käufer angebunden wurden.

Ob ich auch weiß, dass Usbeken, Russen, Balten und andere, die damals auf der Krim lebten, den Zaren in Moskau um Schutz vor den Tataren gebeten haben?

»Nein. Und half der ihnen?«

»Ja. Er schickte russische Soldaten. Aber ...«

Sie schneidet sich mit einer heftigen Handbewegung – die »Machete« liegt Gott sei Dank neben ihr – die Rede ab.

»Was aber?«, will ich wissen.

»Aber leider waren die russischen Soldaten alle mindestens einen Kopf zu lang. Auch wenn sie sich duckten, blieben sie gute Zielscheiben für die im Gras versteckten kleinen tatarischen Krieger. Damals hatten die Ukrainer, die Russen, die Balten und die anderen Krimbewohner nur einen gemeinsamen Feind: die Tataren!«

»Und heute?«, frage ich und helfe der Frau, einen der Ballen zu ihrem Pferdewagen zu tragen. Der Sturm wirft uns fast um.

Sie überhört die Frage und sagt, dass sie noch drei Hennen und einen Hahn besitzt. »Die Kuh wird in drei Monaten ein Kalb bekommen.« Die Frau lacht und wickelt ihr schwarzes Wolltuch ab. Ich hatte darunter graue Haare vermutet. Aber sie sind schwarz und lang, und der Sturm wirbelt sie sofort auseinander.

Ich frage, wo sie die Kuh in dieser gottverlassenen Gegend hat decken lassen.

»In der Nachbarschaft wohnt ein Krimtartar. Der hat drei Ziegen, ein Pferd, eine Kuh und einen Bullen. Der Bulle heißt Selim. Sein Besitzer heißt Mustafa. Und der bringt seinen Bullen zu meiner Kuh.«

»Und wie heißt Ihre Kuh?«

»Die hat einen russischen Namen: Irina.«

Der Pferdewagen ist inzwischen so hoch beladen, dass es Gerd und ich nicht schaffen, ihn auf die Straße zu schieben. Die Frau wickelt das Wolltuch wieder um den Kopf, bedankt sich und sagt, dass wir uns nicht mühen müssten. »Ich habe doch mein Fahrrad.«

Und als wir sie ungläubig anschauen: »Damit fahre ich jetzt zu Mustafa. Die Seelen all seiner Vorfahren sollen den guten Mann immer beschützen! Er gibt mir sein Pferd, hilft mir in den Sattel. Ich reite hierher, binde das Pferd an die Deichsel des Wagens und schreie ›Hüh‹.« Sie sagt es auf Russisch und steigt aufs Fahrrad.

Bevor sie sich verabschiedet, rät sie uns, bei Armjansk auf keinen Fall abseits der festen Straßen zu den Buchten vom Siwasch, dem faulen Meer, zu fahren. »Dort bleibt ihr im Sumpf stecken.« Die Landenge von Perekop, die dort das ukrainische Festland mit der Halbinsel Krim verbindet, sei an manchen Stellen nur wenige Kilometer breit.

Das hatte ich schon vor unserer Reise in einem 1962 in der DDR erschienenen Fotobuch über die Krim gelesen. Auch dass im Bürgerkrieg zwischen der Roten Armee und den zaristischen Weißgardisten unter General Wrangel die Schlacht um die Ukraine 1920 auf dem Perekop entschieden wurde. Die Roten unter Michail Frunse hätten angriffsbereit auf dem ukrainischen Festland gestanden und wollten die Weißen, die sich auf die Krim zurückgezogen hatten, dort vernichten. Aber dafür hätten die Roten auf dem schmalen Perekop die kilometerlange, ordentlich befestigte Verteidigungslinie der Weißen erst durchbrechen müssen. Das schien unmöglich. Doch am Vorabend des dritten Jahrestages der Oktoberrevolution verbündete sich der Sturmwind mit den Roten. Er blies das Wasser des Siwasch zum offenen Meer, das danach nur noch knietief war. Frunse befahl, in der Dunkelheit die Landenge zu umgehen. Also wateten die Soldaten durch die Bucht, die Pferde zerrten die Geschütze durchs flache Wasser. Am Morgen standen die Roten im Rücken der Weißen, konnten sie nun von vorn und hinten gleichzeitig angreifen und eroberten auch die Krim.

Von der Suche nach der Familie Rypnerski, einem auf dem Acker des adligen Großvaters gelandeten polnischen Flugzeug und den »Hängt die Russen an die Bäume«-Sprechchören in ukrainischen Schulen

Nachdem wir eine halbe Stunde auf dem Perekop gefahren sind, sehen wir vor uns die Silhouette von Armjansk, der nördlichsten Stadt der Krim, in der rund 20 000 Einwohner leben. Eine Kleinstadt mit niedrigen russischen, tatarischen und ukrainischen Holzhäusern, die ich lieben werde, vermute ich. Doch 9-stöckige, 100 Meter lange Wohnblocks bestimmen das Stadtbild. Während ich Olgas Zettel mit der Adresse ihrer Eltern zu entziffern versuche, ahne ich, dass wir wahrscheinlich vergeblich nach deren Wohnung suchen werden. »Nadja und Jewgeni Rypnerski. II. Mikrorayon, Haus 16, Wohnung Nr. 481.«

Vor den Blocks steht ein niedriges mit Holz verkleidetes Restaurant. Dort halten wir. Ich rufe bei den Rypnerskis an und schlage vor, dass wir uns in dieser Gaststätte treffen. Der Mann freut sich zuerst wortreich über unsere Ankunft, fragt dann aber erstaunt: »Weshalb im Restaurant? Gäste empfangen wir zu Hause!«

Ich erkundige mich, wie wir im II. Mikrorayon im Haus 16 die Wohnung Nr. 481 finden können.

Wir sollen auf ihn warten. »Ich werde Sie abholen, habe einen roten Anorak an. Das Rot ist aber schon ausgeblichen.«

»Uns erkennen Sie an meinem roten Rucksack«, sage ich

und will ergänzen, dass auch dessen starkes Rot mit der Zeit verblasst ist. Doch der Mann hat schon aufgelegt.

Zehn Minuten später steht er vor uns. Keine überschwängliche Begrüßung, aber in seinen kleinen Augen, die er, wie um sie vor dem Licht zu schützen, nur einen Spaltbreit hinter der randlosen Brille öffnet, spiegeln sich Freude und Neugier zugleich. Ein schmaler Mund, kurze Haare, die ihm nur noch auf dem Hinterkopf wachsen. Im ersten Augenblick denke ich: ein vom Kämpfen und Forschen durchgeistigter erschöpfter Wissenschaftler.

Er führt uns, sehr aufrecht und in ruhigem Gleichmaß gehend, zuerst auf einer schönen Promenade – der Schlaglochweg vor den Wohnblocks ist wahrscheinlich seit Jahren nicht repariert worden – durch einen kleinen Park. Grüner Rasen und Laubbäume, die noch nicht alle Blätter abgeworfen haben. »Die Bäume sind so alt wie die 1983 gebauten Wohnblocks für die damals 3000 Beschäftigten des Titanwerkes, für Lehrer, Ärzte, Beamte und Bauarbeiter«, erklärt er.

Zwischen den Bäumen steht ein rot-grau-blau gesprenkelter Granitsockel mit einer schwarzen Marmorplatte. Darauf unter dem Sowjetstern die Namen von 18 »Helden der Sowjetunion«. »Sie sind im Großen Vaterländischen Krieg bei den Schlachten am Perekop gefallen.«

Nicht alle Namen kann man lesen. Einige sind von zwei fast mannshohen, mit Kunstblumen geschmückten Gebinden verdeckt.

»Die Kämpfe um Armjansk waren sowohl bei der Besetzung als auch bei der Befreiung der Krim sehr schwer und verlustreich. Am 26. und 27. September 1941 wechselten die Sieger und Besiegten hier viermal.« Schließlich hätte der Nordwind das Wasser aus der Karkinizka-Bucht herausgetrieben, und die deutschen Panzer hätten, auf dem Meeresboden fahrend, die Verteidigungslinien der sowjetischen Truppen umgehen können.

»Auch General Frunse ist mit der Roten Armee hier durch den Siwasch marschiert und hat die Weißen damals …«, ergänze ich.

Jewgeni nickt. »Ja, diese Geschichte stimmt.« Doch die von den deutschen Panzern würden die Armjansker erzählen, um den Kampf um ihre Stadt noch spektakulärer und den Perekop noch interessanter zu machen.

»Eine Legende wie viele andere Kriegsberichte. Jede Gesellschaft braucht ihre Siege und ihre Helden. Die Niederlagen werden genau wie die Verbrechen verschwiegen. Aber auf meinem Schreibtisch liegen viele Dokumente, in denen die Niederlagen und Verbrechen der Stalinzeit aufgelistet sind. Verbrechen, zu denen wir viele Jahrzehnte geschwiegen haben. Ich zeige Sie Ihnen.«

Wir steigen in den Fahrstuhl. Er drückt den Knopf für den 5. Stock. »Seit 35 Jahren leben wir hier in der 481.«

Die Wohnungstür steht offen. Jewgeni zieht in Windeseile seinen roten Anorak aus, hilft mir, den roten Rucksack abzusetzen, stellt seine Frau mit: »Das ist Nadja. Sie hat für uns Fleisch gebraten«, vor und geht mit uns sofort in ein schmales Zimmer, in dem ein Sofa mit geblümten Kissen und vor dem Fenster ein Schreibtisch stehen. Darauf häufen sich ordentlich sortierte Stapel von Fotos, Zeitungsartikeln, Akten, Urkunden …

»Mein Archiv«, sagt er stolz und zeigt uns als Erstes ein

Dokumente der Liquidierungen (Foto: Gerd Aderhold)

etwa zehnseitiges Heft mit der Aufschrift »*Prikas!* – Befehl!«. Das sei einer der vielen Befehle über die Repression und Liquidierung von Millionen sowjetischer Menschen: Russen, Ukrainern, Tataren, Usbeken, Letten … Unterschrieben am 30. Juli 1937 vom Chef des NKWD der Union der Sozialistischen Sowjetrepubliken Nikolai Jeshow.

Jewgeni liest die befohlenen Liquidierungsplanzahlen für die einzelnen Sowjetrepubliken und autonomen Gebiete vor: »In der Belorussischen Sozialistischen Sowjetrepublik innerhalb von vier Monaten 12 000, in der Autonomen Sowjetrepublik Dagestan 3000, im Tscherkowsker Gebiet 5500, von den bereits in Straflagern Gefangenen 10 000 …«

Seine Frau kommt herein und mahnt mütterlich, dass wir zuerst essen und trinken sollten.

Den Begrüßungsschluck trinken wir in der Küche. Die ist klein, aber vom Kochen angenehm warm. Als ich das sage, lächelt Nadja und fragt, ob mir ihre Tochter Olga erzählt habe, dass nach der Unabhängigkeit der Ukraine von der Sowjetunion in Armjansk die Heizungen abgestellt waren und es kein warmes Wasser gab. »Wir haben im Winter Flaschen mit heißem Wasser oder im Gasofen erwärmte Ziegelsteine in die frostklammen Betten der Kinder gelegt. Wenn wir nichts kochten, ließen wir die Tür des Gasofens offen, damit wenigstens die Küche warm wurde.«

Nach dem Essen will ich Nadja, die jünger als ihr Mann aussieht und in deren Augen sich immer ein kleines Lächeln versteckt, nach ihrer Arbeit fragen. Doch Jewgeni sagt nur: »Sie ist Krankenschwester«, und geht mit uns sofort wieder in sein »Archiv- und Arbeitszimmer«. Er beteuert, dass alle Familiendokumente, die er gesammelt hat, kopiert und beglaubigt wären. »Es sind sehr viele. Mein Vater Wladimir, der früher Waclaw hieß, hatte sechs Brüder und eine Schwester. Ein Bruder, der 1901 geboren wurde, ist während der Repression in einem von Stalins Konz-Lagern ermordet worden. Die anderen haben die Lager überlebt oder sind vorher nach Polen geflohen.«

Seine Frau streichelt ihm wie unabsichtlich die Hand. Beruhigt ihn wie einen aufgeregten Sohn. Erinnert, dass wir gekommen sind, um die Geschichte des Chemieunfalls zu erfahren.

Doch er geht noch einmal zum Schreibtisch, holt den *»Prikas«*. Wechselt vom Sie zum Du: »Hört zu! Hört das!« Vor Aufregung rutscht ihm die Brille auf die Nasenspitze.

Er schiebt sie nicht wieder hoch. »Hört zu! Nur wer das kennt, wird auch im Heute leben können.«

Gerd kann nicht so schnell übersetzen, wie Jewgeni liest. »Geistliche und Kirchendiener … Pferdediebe … aus den Lagern der Verbannung Geflohene … Teilnehmer von Banditenaufständen der Weißen … Kulaken … alle antisowjetischen Elemente … die Sicherheitsorgane müssen diese Banden in unserem Land rücksichtslos liquidieren …« Er wedelt mit dem Papierbündel, als müsse er umherfliegende Wespen vertreiben.

Seine Frau mahnt wieder leise: »Jewgeni, das Unglück vor einem Jahr in dem Betrieb, in dem du früher gearbeitet hast.«

Er entgegnet, Armjansk sei im Verhältnis zu dem, was er uns über die Zeit der Stalindiktatur vorlesen müsste, nur eine Episode, eine Bagatelle im Leben der Menschen. »Die ist schnell erzählt.«

Er geht in die Küche und kramt ein Nadelkissen aus der Schublade. Wie ein Magier zieht er eine Nähnadel nach der anderen vorsichtig aus dem Stoff. Die Spitzen der Nadeln, die im Kissen steckten, sind blitzblank. Die frei stehenden Öhre dagegen rotbraun verrostet.

»Am 23. und 24. August 2018 hatte sich eine Wolke mit ätzenden Gasen über der Stadt ausgebreitet. Das Gas kroch sogar in die Schränke. Scharniere und Fenstergriffe verrosteten. Der Rasierspiegel im Bad wurde blind. Du hast wie immer hineingeschaut, aber ein Fremder guckte dich an.«

»Was war passiert?«, frage ich.

»Ein Chemieunglück im Werk ›Krimski Titan‹. Ich habe

von 1983 bis 1991 dort gearbeitet. Hatte es damals nicht weit zur Arbeit. Unsere Blocks, die hier für die Beschäftigten des neuen Werkes gebaut wurden, waren ja nur 10 Kilometer entfernt. Für die Arbeit gut, aber am Unglückstag sind auch die Dächer der Autos, die vor den Blocks standen, wie von Salzlösung angefressen worden. Die Blätter der Bäume haben sich verfärbt. Die Vögelchen sind weggeflogen. Viele Einwohner verließen Armjansk. Plötzlich war es eine Geisterstadt.«

Jewgeni kann sich an keine einzige ähnliche Katastrophe in dem fast 50 Jahre alten Chemiewerk erinnern.

»Also, um es für euch kurz zu machen: Das Abwasser der Chemieproduktion wird in einem von einer Mauer hermetisch abgetrennten Teil des Siwasch gesammelt. Bis 2014 war mit dem Wasser vom Krimkanal, der nördlich an Armjansk vorbeifloss, dieses chemische Abfallmeer immer gereinigt worden. Doch nachdem wir uns Russland angegliedert hatten … Das wisst ihr.«

An den extrem heißen Tagen des Glutsommers 2018 sei die Chemiebrühe im Auffangbecken ausgetrocknet und hätte dabei die Gase erzeugt. Das sei alles.

»Zuerst verschwiegen oder bagatellisierten die Verantwortlichen der Krim-Administration in Simferopol die Fakten. Ob aus Unwissenheit oder um zu vertuschen, kann ich nicht bewerten.«

Dann jedoch hatten die Kinder angefangen zu husten.

Seine Frau unterbricht ihn. »Unsere Enkel waren sechs und vier Jahre alt. Ich bin also mit ihnen zum Arzt. Als Krankenschwester war mir klar: Ihr Husten kann keine Sommergrippe sein. Das sind Reaktionen auf die ätzenden

Gase. Aber als ob man Angst hätte, meine Vermutung zu bestätigen, blieben die Ärzte hier bei der Diagnose: Sommergrippe.«

Wenige Tage nachdem die Vögel aus der Stadt verschwunden waren, haben die Behörden alle Kinder – wie sie sagten – »zur Erholung« in Kliniken und Ferienheime von anderen Krimorten gebracht. »Evakuiert! Unsere zwei Enkel fuhren mit ihrer Mama für einige Wochen nach Jewpatorija, wo 1986 schon die Tschernobyl-Kinder aufgenommen worden waren.«

Ihr Sohn, also der Papa der beiden Kinder, sei hiergeblieben. »Er war und ist im Titanwerk beschäftigt. Er arbeitete damals mit Atemmaske.«

»Das ist die ganze Geschichte und die ganze Wahrheit. Ihr habt die verrosteten Nadelöhre gesehen und wisst damit alles. Ein Beweis ist ein Beweis. Nichts kann verschwiegen werden«, ergänzt Jewgeni.

Ich frage: »Die Ukraine hätte, um die Menschen hier zu schützen, in der Katastrophe helfen können, indem man den Kanal wieder öffnete?«

»Nein! Für die Politiker in der Ukraine war es eine Freude, eine Genugtuung, die ›russischen Verbrecher‹ auf der Krim für die Katastrophe verantwortlich zu machen. Und das in alle Welt hinauszuposaunen. Schließlich sei das früher ukrainische jetzt ein russisches Werk, behaupteten sie.«

»Und wem gehört es?«

»Immer noch dem alten Besitzer, einem sehr reichen Oligarchen aus der Ukraine, dem Milliardär Dmytro Firtasch.«

»Das Werk ist nach 2014 nicht von den Russen enteignet worden?«

»Nein. Der Besitzer fühlte sich trotzdem nicht für das Unglück verantwortlich.« Dmytro Firtasch sei zu der Zeit als Chef der reichen ukrainischen Group DF wegen Geldwäsche in Wien vor Gericht gestellt worden.

»Die ukrainische Regierung hat den Oligarchen wegen der Chemiekatastrophe nicht angeklagt«, mutmaße ich.

»Nein. Um ihrer selbst willen auf gar keinen Fall. In jeder Gesellschaft ist alles nützlich, was hilft, die Macht zu erhalten. Auch die Lüge, das Beschwichtigen und das Verschweigen.«

Fein säuberlich steckt er die Nadeln wieder ins Kissen. »Ich werde den Rost nicht abkratzen. Niemand wird wieder mit diesen Nadeln nähen. Aber jeder wird sich erinnern: Armjansk, 23. und 24. August 2018.«

Er nimmt erneut den »*Prikas*« und liest vor: »II. Punkt 1. Alle antisowjetischen Elemente werden in zwei Kategorien aufgeteilt ... a) Zur ersten Kategorie zählen die gefährlichsten Elemente. Nach der Untersuchung ... Erschießungen ...«

Jewgeni legt den »*Prikas*« zur Seite und gibt uns ein einzelnes graugelbes Blatt. Oben links prangt das sowjetische Wappen mit Hammer, Sichel und Stern. Darunter: *Prokuratura* – Staatsanwaltschaft der UdSSR –, 24. 1. 1992. Nummer 13/2792.

In der Mitte des Papiers in Großbuchstaben *SPRAWKA* – Auskunft – über die Rehabilitierung.

Darunter: »Verhaftung am 21. 11. 1930. 2 Jahre, 7 Monate und 12 Tage Konz-Lager, auf Grundlage St. 54-6,

54-10, Ukrainische SSR. Danach Übergabe an die Russische SSR, Lager in Sibirien (Ural).«

Auf der rechten Seite des Schreibens neben dem Wappen der UdSSR die Adresse des Rehabilitierten: »Gebiet Perm, Stadt Krasnokamsk, Bankowski Nr. 6, Quartier 27. Rypnerski, Wladimir Kasperowitsch«. Eingefügt in Klammern sind hinter Wladimir noch die Vornamen Wladislaw und Waclaw.

»Das ist mein Vater«, sagt Jewgeni.

»Im Straflager? Ein antisowjetisches Element?«

»Schlimmer. Aus einem adligen Geschlecht stammend. Und angeblicher Kulak. Und dazu noch Pole! Er ist 1911 im westlichen Gebiet der Ukraine, das damals zum Polnischen Reich gehörte, geboren und als 18-Jähriger 1930 von dort ins Straflager gebracht worden.«

Jewgeni zeigt uns einen noch nicht vollständigen Stammbaum der Rypnerskis. »Mein Großvater Kasper hatte mit seiner Frau Elisabeta acht Kinder. Einer der sieben Söhne war mein Vater Waclaw. Von ihm habe ich inzwischen die wichtigsten Lebensdaten gefunden. Von anderen noch nicht. Beim 1901 geborenen Albin fehlt mir das genaue Jahr seines Todes. Er ist im Konz-Lager umgekommen«, sagt Jewgeni. Die einzige Tochter, die 1897 geborene Adele, habe viele Jahre Verbannung überlebt …

Ob wir die Geschichte seines Vaters, seines Großvaters und der »Kulaken«-Familie hören möchten?

Ich schlage eine neue Seite in meinem Notizbuch auf.

»Das Steppenland in Podolien im Westen der heutigen Ukraine war immer ein Grenzland zwischen Russland und Polen. Durch Podolien marschierten die Tataren auf ihren Kriegszügen vom asiatischen Osten in den europäischen Westen. Ukrainer, Russen, Polen und andere siedelten deshalb nicht gern in diesem Gebiet. Aber unter dem Steppengras bei Chmelnyzkyj befand sich fruchtbarer Ackerboden. Dort siedelte die Familie meines Großvaters Kasper. Ja, er war von Geburt adlig. Aber er besaß keine Leibeigenen. Er arbeitete selbst auf den Feldern. Noch vor dem Ersten Weltkrieg hatte er 60 Hektar Land erworben.«

Während Jewgeni erzählt, muss ich bei den Jahreszahlen, den Orten und Namen immer wieder nachfragen und mich entschuldigen. Er beruhigt mich. Die Jahreszahlen und die Schreibweise der Orte und Namen wären für das Verstehen der Vergangenheit nicht so wichtig. Nur das Leben der Menschen in dieser Zeit, in diesen Orten. Alle Namen wären austauschbar. Vielleicht würde er jetzt abschweifen, aber er müsste noch einmal über die Vergangenheit sprechen und ein Geschichtskapitel zwischen die Erlebnisse seiner Familie einfügen: »Nach dem Ersten Weltkrieg hatte das viele Jahre zwischen Russland, den Habsburgern und Deutschland aufgeteilte Polen seine nationale staatliche Souveränität zurückerhalten. Es grenzte damals an die Ukraine und Weißrussland. Die Polen versuchten 1919, diese Grenze durch einen militärischen Angriff nach Osten zu verschieben und kamen dabei bis vor Kiew. Also griffen die Truppen der Roten Armee 1920 die von Weißgardisten und ausländischen Verbänden unterstützten Polen an, schlugen sie zurück und besetzten ihrerseits große Teile von Ost- und Zentralpolen. Dann aber kam es zum Kampf um Warschau. Stalin war damals als Politkommissar ein einflussreiches Mitglied des Kriegsrates. Er versäumte es, Budjonnys Rote Reiterarmee rechtzeitig in die Entscheidungsschlacht um Warschau zu schicken. Die Polen siegten und marschierten erneut gen Osten. Sie eroberten die westlichen Gebiete von Weißrussland und der Ukraine und verschoben die Grenze nach Osten um 250 Kilometer.«

Jewgeni schlussfolgert: »Diese Niederlage und der Verlust eines großen Territoriums, für die er die Verantwortung trug, blieben für Stalin zeitlebens ein Stachel in seinem Fleisch. Die ersten ›antisowjetischen Elemente‹ und angeblichen ›Spione‹, die er zu Beginn der von ihm befohlenen Liquidationen 1937/38 erschießen ließ, waren die Militärs und Politiker, die von seiner Fehlentscheidung im Polenkrieg wussten. Er versuchte, alle Augenzeugen zu beseitigen.«

Diesen Krieg hat Isaak Babel in seinem Buch »Die Reiterarmee« beschrieben. Der in Odessa geborene jüdische Journalist und Schriftsteller war 1920 Kriegsreporter in Budjonnys Reiterarmee. 1926 erschien sein Buch über die Grausamkeiten dieses Krieges, in dem die Soldaten sinnlos in die MG-Garben der Polen hineinreiten mussten. Tote Pferde zu Hunderten. Tote Soldaten zu Tausenden. Tote polnische Zivilisten zu Zehntausenden. Massenerschießungen. Stalins Vertrauter Budjonny giftete, und nachdem Berija eine Denunziation gegen Babel aufgegriffen hatte, unterschrieb Stalin den Befehl, den »Feind des Volkes«, über den Maxim Gorki bis zu seinem Tod die schützende Hand gehalten hatte, zu erschießen.

Jewgeni schweigt, dann fragt er noch einmal, ob wir die Geschichte seiner Familie wirklich hören wollen.

»Setzt euch mit mir auf das Sofa. Sie ist lang. Das Anwesen von Großvater Kasper endete kurz vor der polnischen Grenze. Man musste nur den Maschendraht anheben, hindurchkriechen und war in Polen. Einige der Söhne des Großvaters, sie hatten in der Schule Russisch, Polnisch und Ukrainisch gelernt, flohen damals vor der Sowjetmacht in ihre alte Heimat. Der Großvater wollte seinen Grund und Boden nicht verlassen. 1928 hatte er dort ein Haus für die Familie gebaut. Doch dann kam das Jahr 1929 und der Tag, an dem ein Flugzeug auf einem der Felder des Großvaters notlanden musste.«

Jewgeni hat bisher schon sehr schnell, aber in langen zusammenhängenden Sätzen gesprochen. Jetzt verkürzt er alles. Seine Worte überschlagen sich.

»Genau weiß ich das nicht. Ich habe noch nicht alle Einzelheiten der Familiengeschichte ans Tageslicht bringen können … Also, die jungen Leute des Dorfes – auch mein späterer Vater Waclaw – liefen auf das Feld, um das Flugzeug zu sehen. Der Pilot reparierte es und flog nach kurzer Zeit weiter. Doch alles hatte ein furchtbares Nachspiel. Ein Jahr später wurde Waclaw verhaftet. Der NKWD beschuldigte ihn der Spionage, weil im Flugzeug angeblich sein nach Polen geflohener Bruder gesessen und von ihm geheime Informationen erhalten hätte. 1937, dem Beginn von Stalins zweiter Repressionskampagne, hätte man Waclaw sofort wegen Spionage erschossen. Allein der Verdacht hätte damals ausgereicht. Im Jahr 1930 reichte der Neid der Nachbarn auf Haus und Felder des Großvaters, um die

Rypnerskis endlich anzuzeigen. Und damit den Großvater ins Zuchthaus und Waclaw in ein Lager bringen zu lassen.«

Atempause. Dann sinniert Jewgeni: »War das politische Wachsamkeit gegenüber den Feinden des Staates? Nein! Das war Neid, Missgunst, Karrieresucht. Es geschah nicht aus politischer Motivation. Für Denunziantentum gibt es keine moralische Überzeugung. Zählt keine staatspolitische Berufung. Nein, man versteckte lediglich die einfachsten niedrigsten Instinkte hinter einer angeblichen politischen Wachsamkeit.«

Tiefes Luftholen wie ein Stöhnen. Nun spricht Jewgeni noch schneller, so als könnte er, wenn er langsam redet, etwas Wichtiges vergessen. »Nach 6 Monaten Gefängnis wurde Waclaw in ein Straflager nach Karelien gebracht. Einen Gulag weit oben im Nordwesten von Russland. Die Strafgefangenen mussten dort mit Hacke und Spaten im gefrorenen Boden Wege ausschachten. Danach in einem Sumpf Eisenbahngleise für den Kohletransport verlegen. Später Erdölleitungen bauen und Torf stechen. Zehntausende sind bei diesen Strapazen ums Leben gekommen.

In Waclaws Straflager waren nur Politische. Gefangene, die in der Küche arbeiteten, gaben ihm, bevor er verhungerte, Kartoffelschalen. Die kochte er in einer Blechdose. 1933 wurde er aus dem Straflager entlassen. Der Wachmann, der ihm die Papiere ausstellte, sagte: ›Ich schreibe besser nicht Waclaw, sondern Wladimir, damit niemand mehr weiß, dass du Pole bist. Du bist jetzt der Russe Wladimir.‹«

Doch irgendwann habe Wladimir einen Brief von einem

Bruder erhalten. »Einen Brief in polnischer Sprache! Er versteckte ihn in der Ritze einer Fensterbank. Als ein ›politisch Wachsamer‹ den Brief fand, wurde Waclaw nun auch als Wladimir verhaftet. Bei seiner Entlassung musste er unterschreiben, dass er sich nie mehr im Grenzgebiet zu Polen oder in einer Gebietshauptstadt aufhalten darf. Er arbeitete auf einer Großbaustelle und hoffte, in der tausendköpfigen Menge unbemerkt zu bleiben. Unbemerkt für die ›politisch Wachsamen‹. Die Denunzianten. 1937 erlebte er, wie tatarische Arbeiter aus Kasan als angebliche Spione der Japaner in Güterwagen gepfercht wurden. Ihre Frauen standen kreischend vor den Waggons. Da zerrten die Soldaten auch die Frauen in die Viehwaggons.«

Jewgenis Frau bringt Kaffee. Der Mann bedauert, dass er noch nicht alles über das Schicksal der Familie herausgefunden hat. Zumindest müsste er noch erwähnen, dass ein nach Polen geflohener Bruder des Vaters Adolf hieß. »Bevor der später nach Frankreich ging, um dort in der Résistance gegen die Faschisten zu kämpfen, rieten ihm polnische Antifaschisten, dass er erst seinen Namen ablegen sollte. Aus Adolf wurde Mirian. Und dieser Mirian hat Wladimir Briefe geschrieben. Auf Polnisch. 1977! Wladimir versteckte auch sie. Immer noch hatte er Angst vor ›politisch Wachsamen‹. Auch später erzählte er mir nur wenig von seiner Zeit im Gulag. Keiner von den Rypnerski-Brüdern machte das. Nur Adele, die Schwester. Sie war 1937 am Ende ihrer Strafe zwar aus dem Lager entlassen worden, doch hier, der *›Prikas‹*, lest, was da steht: ›Zu liquidieren sind auch aus den Straflagern entlassene Volksfeinde.‹ Adele gehörte nicht zur Kategorie 1: erschießen, sondern erhielt

Jewgeni und Nadja Rypnerski

die 2: noch einmal 10 Jahre Lagerhaft in Kolyma im Fernen Osten. Die Anklage konnte sie nicht lesen. Die Schergen hatten das Urteil mit einem Stück Papier abgedeckt und nur für die Unterschrift Platz gelassen. ›Hier unterschreiben!‹ Sie unterschrieb 10 Jahre Lagerhaft.«

Tante Adele sei, wie gesagt, die Einzige, die über ihre Lagerzeit berichtete. »Alle anderen hatten Familie, Kinder. Adeles Mann war im Straflager verschollen oder ermordet worden … Sie blieb kinderlos. Bei ihr konnte man nicht, wie im *›Prikas‹* befohlen, auch die Familie des ›verbrecherischen Elements‹ bestrafen.«

Abrupt steht er auf, geht zum Schreibtisch und holt aus einer Mappe ein Bündel Fotos. Bilder der adligen polnischen Vorfahren. Familienfotos und Aufnahmen von Waclaw in der Verbannung. Außer den Fotos liegen in der Mappe fein säuberlich geordnete Lebensläufe der Verbannten. Kopien der Urteile. »Sie haben alle Personalien und Fotos der Lagerhäftlinge sorgsam in ihren Geheimarchiven aufbewahrt. Wie für die Ewigkeit.«

»Ja«, sagt seine Frau. »Aber wenn man das für immer aufbewahrt, dann doch nur, wenn man an die Ewigkeit des Systems glaubt.«

Ich kaue am Bleistift.

Die Frau legt eines der blumenbestickten Kissen zur Seite und setzt sich neben ihren Mann. Streichelt für einen winzigen Augenblick seine Hand. Schweigen. Ich stecke das Notizbuch ein.

Schon seit Minuten kocht in der Küche das Kaffeewasser. Die Frau blickt wie ihr Mann gedankenverloren zu Boden. Während ich die beiden anschaue, spüre ich in mir eine stille Traurigkeit. Und Frieden im Schweigen …

Irgendwann geht Nadja in die Küche und holt Kuchen.

Und ich frage Jewgeni nicht weiter nach der Zeit der stalinistischen Verbrechen, sondern will, Mandelkuchen kauend, wissen, wie er und Nadja die neue Zeit nach dem Krieg erlebt haben.

»Die neue ist inzwischen schon die alte Zeit. Ich bin 1950 in Krasnokamsk geboren. Krasnokamsk liegt im Gebiet von Perm, im Uralvorland. Wie viele Verbannte durfte auch mein Vater nach der Freilassung nicht in die alte Grenzheimat zurück. Also wurde der Ural für mich die Heimat.«

»Dort habe ich ihn kennengelernt, meinen Jewgeni«, sagt Nadja lachend. Er habe damals chemische Technologie in Perm studiert und sie Medizin. »Eine Studentenliebe. Und mehr. Denn am Ende des Studiums wurde unser Töchterchen Olga geboren.« Später hätte Jewgeni als Ingenieur im staatlichen Institut für angewandte Chemie gearbeitet. »Und ich als Hebamme im Krankenhaus von Krasnokamsk, bis 1983. Damals erhielt Jewgeni eine Delegierung in das neue Chemiewerk in Armjansk. Wir zogen also mit Olga und unserem erst zwei Monate alten Sohn Wadim vom Ural auf die Krim. Hier in die Wohnung Nr. 481. Alles war gut. Bis zum Jahr 1991. *Konez* – Ende! Das Ende der Sowjetunion. Ehemalige staatliche Betriebe, die für Land und Leute wichtig waren, wurden von den neuen Besitzern, ukrainischen Oligarchen, geschlossen, weil sie mit ihnen keinen Gewinn machen konnten. Oder sie verkleinerten die Betriebe, kündigten vielen Beschäftigten.«

Jewgeni: »Ich bin 17 Jahre lang immer auf der Suche nach Arbeit zwischen Armjansk, Perm und Krasnokamsk unterwegs gewesen. Umhergestreunt wie ein aus dem Haus gejagter Hund, der jeden hingeworfenen Knochen dankbar annimmt. So bekam ich auch eine kurze Anstellung in einem ehemaligen großen Rüstungsbetrieb in der Nähe von Perm. Die Arbeiter erzählten mir, dass sie früher im Akkord eine Rakete nach der anderen gebaut hätten. Rüstung, Rüstung über alles. Während der Perestroika wollte Gorbatschow diesen Teufelskreis der Rüstungspolitik beenden. Er hoffte, dass sein Beispiel der Abrüstung auch im Westen Schule machen würde. Doch nichts davon. Mit dem Ende der Rüstungsproduktion brach nur die Wirtschaft zusammen. Das wussten und wissen die im Westen. Als ich 2002 in dieses ehemalige Rüstungswerk kam, in dem früher Zehntausende Menschen arbeiteten, waren dort nur noch 2000 beschäftigt, und die bauten Fahrräder.«

In seiner Zeit als Wanderarbeiter zwischen Ural und Krim sei Nadja mit den beiden Kindern allein gewesen. »Sie musste alles schaffen und verdiente als Krankenschwester wenig Geld. Wenn alles abgezogen war, blieben von ihrem Lohn umgerechnet noch 10 Dollar im Monat.«

»Und was war abgezogen worden?«

»Steuern, Miete, Heizung …«

»Die Heizung?«, frage ich verwundert.

»Ja. Wir mussten auch für die Heizung und warmes Wasser bezahlen, obwohl die nicht lief und das Wasser kalt war. Die Kinder froren in der Wohnung. Aber die neuen Beamten der nun freien ukrainischen Administration waren zwar die alten Beamten, hatten aber kein soziales Gewissen mehr.«

Ihm rutscht die Brille wieder auf die Nasenspitze. Nadja beruhigt ihn. »Jewgeni ist damals immer wieder nach Hause gekommen. Andere Männer verschwanden bei ihrer Arbeitssuche in der Fremde auf Nimmerwiedersehen und ließen Frau und Kinder zurück. 2008 wurde er Rentner, konnte zu Hause bleiben, sich um unsere Datsche kümmern. Gemüse anbauen.«

»Eine Datsche?«

»Draußen vor der Stadt in einer großen Gartengemeinschaft. Ein idyllischer Ort.«

Leider hätte diese Idylle auch die Begehrlichkeiten der ukrainischen Immobilienmakler geweckt. »Sie wollten die Datschen abreißen und dort Villen bauen lassen. Wir sollten also in der neuen Freiheit der unabhängigen Ukraine enteignet werden.«

Das sei auf die alte russisch-ukrainische Art und Weise geschehen. »Zuerst hat man das Wasser abgestellt. Danach die Anlage nicht mehr bewacht. Die Polizei ließ Rowdys und Diebe ungestört plündern und zerstören. Ein Datschenbesitzer nach dem anderen gab sein Land und sein Häuschen ›freiwillig‹ her.«

»Und Ihr?«

Jewgeni überhört die Frage, er sagt unvermittelt: »Maidan 2014. Proteste gegen Janukowitsch, weil er ein politisches Assoziierungsabkommen mit der EU nicht unterzeichnete und …«

Ehe er ausführlich weiterberichten kann, unterbricht ihn seine Frau: »Lass mich erzählen, Jewgeni.« Sie habe das als Krankenschwester alles selbst erlebt.

»Sie waren in Kiew auf dem Maidan?«, frage ich.

»Nein. Aber im Krankenhaus von Armjansk. Dort mussten wir Verletzte vom Maidan versorgen. Sie hatten Wunden an den Köpfen, an den Armen … Man brachte sie auch nachts zu uns. Niemand wusste, wer sie waren. Manche trugen Uniformen. Wofür oder wogegen sie in Kiew demonstriert und geschrien hatten, von wem sie angeschossen oder verprügelt worden waren, blieb uns meist ein Geheimnis. Wir haben sie nur verbunden und etwas gegen die Schmerzen gespritzt …«

Nun fällt ihr Jewgeni doch ins Wort: »Janukowitsch, der damals rechtmäßig und frei gewählte Präsident der Ukraine, hätte den blutigen Konflikt auf dem Maidan verhindern können. Aber die Ukraine war schon immer ein wichtiges

Land in der Auseinandersetzung der Machtblöcke in Europa. Entweder Verbündeter, Puffer oder Aufmarschgebiet zwischen Russland und Europa. Hätte der prorussische Janukowitsch, der auch gegen einen NATO-Beitritt der Ukraine war, den von Russland abgelehnten Vertrag mit der EU unterschrieben, hätten Frankreich und Deutschland vielleicht seine willkürlich erfolgte Absetzung durch die Oppositionsbewegung des Maidan formell nicht gebilligt. Hätte … Hätte … Hätte. Fakt ist, dass danach die ukrainischen Nationalisten und Extremisten, die sich den Maidan-Demonstrationen angeschlossen hatten, rebellierten und …«

Jewgeni schweigt plötzlich unsicher. Pause.

Nadja: »Als auf dem Maidan geschossen wurde und die Maidan-Kämpfer und die Regierungstruppen sich gegenseitig für die Toten dort verantwortlich machten, wussten wir im Norden der Krim nichts Genaues. Wir waren hier in der Grassteppe abgeschnitten, und wir hatten Angst. Angst vor den ukrainischen Nazis und Nationalisten, den alten und neuen Faschisten, die sich später zu den Anführern des Maidans gemacht haben.

Ein Mann, dem ich seine Kopfwunden verband, erzählte, dass sie von Simferopol mit einem Bus zum Maidan gefahren waren, um dort für Janukowitsch und gegen den Umsturz zu demonstrieren. Viele wären am Beginn der Proteste von der Krim nach Kiew gefahren. Aber noch bevor es dort eskalierte, also vor den Schüssen, seien sie zurückgekehrt. Auf dem Weg nach Hause hätte man die Busse angehalten. Sie hätten sich alle hinknien müssen, erzählte der Mann. Wer floh, sei erschossen worden. Sogenannte Revolutionäre schlugen mit Knüppeln auf die Köpfe und Rücken der Knienden. Und zwangen sie, lauthals die ukrainische Nationalhymne zu singen. Das erzählte mir der Mann, nachdem ich seinen Kopf verbunden hatte …

In einem Jeep hielten damals Aufständische vor unserem Krankenhaus und schrien: ›Nach dem Maidan kommen wir zu euch auf die Krim …!‹

Auch wenn ihr es als Deutsche nicht versteht: Wir waren froh, als die Russen damals kamen und am Perekop eine Grenze zur Ukraine zogen. Also auch eine Grenze zum Maidan. Vielleicht ist dadurch ein Krieg hier verhinderten worden. Und hoffentlich bleibt das so, denn die Hetze …«

Nadja hebt drei Finger zu einem Schwur. »Ich habe es im ukrainischen Sender gesehen: Schulstunde in der Ukraine. Die Kinder mussten im Chor wiederholen: ›Hängt die Russen an die Bäume … die Russen an die Bäume … die Russen …‹ Und dazu im Takt hüpfen. Wer aus dem Takt kam, wurde bestraft …

Die Mutter einer Nachbarin schleppte aus der Ukraine einen Sack Kartoffeln und eine Tasche mit Mehl zu ihr. Die wunderte sich. ›Weshalb machst du das, Mutter?‹ Sie: ›Ihr habt auf der Krim bei den Russen doch nichts mehr zu essen. In unserem Fernsehen zeigen sie die leeren Regale in euren Geschäften …‹«

Jewgeni: »So sät man Feindschaft und Hass zwischen den Nationen. Man kann ein Volk widerstandslos regieren, wenn man es aufhetzt. Heute immer noch. Als sich die Chemiewolke über Armjansk ausbreitete und das ukrainische Fernsehen schadenfroh und genüsslich darüber berichtete, litten darunter auch Ukrainer, Russen und Tataren in der ukrainischen Grenzregion.«

Die Frau blickt ihren Mann unsicher an. Fragt, ob sie erzählen soll, was in ihrer Klinik … Er nickt.

»Eine tatarische Kollegin, mit der ich zusammengearbeitet habe, schrie während eines heftigen Streites: ›Ihr Stalin-Russen! Mit dem Blut eurer Kinder werden wir noch die Dächer unserer Häuser rot anmalen.‹«

Jewgeni hält ihre Hand minutenlang fest. »Den Krimtataren fällt es noch heute schwer, die Deportation zu verzeihen. Wir Russen haben das Verzeihen gegen unsere Peiniger in der Stalinzeit inzwischen lernen müssen«, sagt er zu uns.

Er nimmt seine Brille ab. Das hatte er auch getan, als er uns die Fotos seiner Familie aus der Verbannung zeigte. Er wischte über die Gläser, als wären sie verschmutzt und er könnte nicht hindurchblicken. Doch sie waren und sind auch jetzt blitzblank.

Fast fünf Stunden sprechen wir mit Nadja und Jewgeni in ihrer Armjansker Wohnung Nr. 481.

Zum Abschied schenkt uns Jewgeni eine Kopie vom »Prikas Nr. 00447«. »Lest das noch einmal! Lest und vergesst es nicht!«

Gerd fotografiert die Rehabilitierungsurkunde, die Wladimir Waclaw Wladislaw Rypnerski 1992 von der Staatsanwaltschaft der UdSSR erhalten hat.

Umarmungen und Küsse, die ich in Erfurt an ihre Tochter Olga und die Enkel verteilen soll. Nadja sagt beim Abschied, dass wir vor unserer Heimreise nach Deutschland auf jeden Fall noch nach Jewpatorija fahren und dort das Tschernobyl-Museum besuchen müssen.

Jewgeni zieht den ausgeblichenen roten Anorak an, hilft mir, meinen roten, ebenfalls ausgeblichenen Rucksack aufzuhucken, und bringt uns zum Auto. Unterwegs sagt er, dass er vergessen hat, uns eine der halb verrosteten Nadeln mitzugeben. »Man wird eben alt.«

Bevor wir uns verabschieden, frage ich, was aus seiner Datsche geworden ist. Und der seit unserer Ankunft sehr ernst, nachdenklich und manchmal traurig blickende Mann lacht nun doch noch. »Die Spekulanten konnten die Datschen nach 2014 nicht mehr abreißen und dort keine Villen bauen. Aber wir konnten dort auch keine Möhren und Zwiebeln mehr ernten. Die Gartenanlage befindet sich inzwischen genau auf der neuen Grenzlinie zwischen der Ukraine und Russland und wird von Polizisten bewacht.«

Von einem Erlebnis auf dem Friedhof von Nowaja Derewnja, das ich mir eigentlich für einen Roman aufheben wollte, dem bereits dritten strahlengeschädigten Direktor des Tschernobyl-Museums in Jewpatorija und Worten und Fakten, die nicht miteinander verheiratet sind

Auf der Rückfahrt schweigen wir. Fahren in der Grassteppe auch wortlos an dem Gebiet vorbei, wo Beuys abstürzte …

Am Abend lesen wir im »Prikas Nr. 00447«, dass die in diesem Befehl genannten Planzahlen für die zu Liquidierenden in nicht mal vier Monaten – vom 15. 8. 1937 bis zum 5. 12. 1937 – abgearbeitet werden mussten. Dabei konnten die örtlichen Partei- und Staatsorgane das Verhältnis der zu Bestrafenden von Gruppe 1 – erschießen – zu Gruppe 2 – strengste Haft im Konz-Lager – noch ändern. Die Armee und der Geheimdienst wurden angewiesen, überall geeignete Erschießungskommandos zu rekrutieren. Das Verhältnis der Zahlen von Gruppe 1 zu 2 war in den einzelnen Gebieten unterschiedlich. Im Kiewer Gebiet 3000 Erschießungen und 3500 in Lagerhaft. Im Gebiet von Swerdlowsk 4000 Erschießungen, 6000 in Lagerhaft. Die örtlichen Partei- und Staatsorgane erhielten die Liquidierungsplanzahlen immer auf Tausende beziehungsweise Hunderte hochgerechnet …

»Zur Planerfüllung waren damals Anzeigen notwendig«, meint Gerd. »Wer seinen Nachbarn, den er nicht leiden konnte, als ›Feind des Volkes‹ bei den Organen meldete, wurde dafür belobigt. War aber dadurch nicht sicher, dass ihn später sein Arbeitskollege, der weniger als er verdiente, nicht ebenfalls als ›Feind des Volkes‹ anzeigte.«

Während Gerd sich Bier im Supermarkt holt, versuche ich, das Armjansker Gespräch in meinem Kopf einzuordnen. Heute habe ich zum ersten Mal authentische Dokumente über die Verbrechen im Namen des Sozialismus in den Händen gehalten. Schwarz auf weiß. Befehle zur Planerfüllung beim Erschießen! Stalinzeit. Ein Unterschied zu Hitlers Völkermord? Hitler ließ Juden und Sinti und Roma systematisch und industriell vernichten. Stalin ließ die eigenen Leute, oft verdienstvolle Kampfgefährten und Gesinnungsgenossen, als angebliche antisowjetische Feinde erschießen. Ich, der ich ständig noch einen zwar schon stark verblichenen, aber immer noch roten Rucksack mit mir herumschleppe, verfluche den Versuch, Morde zu unterscheiden, Verbrechen zu relativieren. Trinke, um nicht zu heulen, einen großen Wodka. *Sto gramm* – 100 Gramm. Und einen zweiten.

Gerd ist noch nicht zurück. Als müsste ich dem Verbrechen eine andere menschliche Eigenschaft entgegensetzen, erinnere ich mich an eine unvergessliche Begegnung am Ende meiner ersten Krimreise. Eigentlich wollte ich sie in diesem Buch nicht erzählen, sondern sie aufsparen und vielleicht später einen Roman darüber schreiben. Ich hätte ihn »Die Kreuzfrau« genannt.

Anfangs war ich auf dem kleinen zaun- und torlosen Friedhof in Nowaja Derewnja allein mit den Gräbern. Nach einer Weile kam eine Frau, die ein Holzkreuz schleppte. Wie Jesus. Ich hatte die bestimmt 80-Jährige schon in ihrem Garten am Ende der Sowjetskaja gesehen. Einmal schaufelte sie Mist auf den Acker. Gleich hinter dem Gartenzaun beginnt das freie Feld, an dessen Rand nur einige halb fertig gebaute Bungalows und die Reste verfallener Hütten, der Notunterkünfte der 1989 aus der Verbannung heimgekehrten Krimtataren, stehen.

Ich grüßte die Frau. Sie nickte, ging hinter die Gräber und holte unter einem Busch eine versteckte Spitzhacke hervor. An einem namenlosen Grabstein versuchte sie, ein Loch in die ausgedörrte Erde zu hacken.

Ich fragte: »Für das Kreuz?« Sie nickte wieder. Ich nahm ihr die Hacke ab. Als das Loch tief genug war, steckten wir das aus zwei zusammengenagelten Latten gefertigte Kreuz hinein. Mit den Händen füllte die Frau Erde in die Vertiefung, ohne dass ich ihr helfen durfte. Nachdem wir die Erde festgetreten hatten, setzte sie sich auf einen Grabstein. Ich schaute sie fragend an. Sie nickte. Also setzte ich mich zu ihr.

Wir schwiegen. Schließlich erzählte sie – wohl, damit ich sie verstehe – in knappen Sätzen ihre Geschichte.

»Meine Eltern Jaseli und Wuda waren Krimtataren. Neben ihnen wohnte ein ukrainischer Mann mit seiner russischen Frau und seinem Sohn.« Der Mann sei ein alter Bolschewik gewesen. Der Sohn Soldat der Roten Armee. Er sei 1942 in der Schlacht vor Kiew verwundet worden. Sein Freund, der ihm damals das Leben rettete und aus der Frontlinie schleppte, sei dabei angeschossen worden. Man brachte sie nach Hause, nach Saki. Die Mutter pflegte beide. Dann hätten die Deutschen auch die Krim besetzt und in Saki Kommunisten und sowjetische Soldaten gesucht. Die Eltern versteckten den Sohn und seinen Freund unter dem Schutt eines kaputten Gewächshauses.

»Doch mein Vater, der Tatar, hat sich damals gewünscht, dass die deutschen Faschisten die Ukraine von der Sowjetmacht befreien. Er kannte das Versteck der Nachbarn und meldete es den Deutschen. Die erschossen zuerst den Vater und dann, ohne sie erst unter dem Schutt hervorzuzerren, auch den Sohn und dessen Freund. Zwei Jahre später wurden die Deutschen vertrieben, und Stalin hat alle Krimtataren deportieren lassen. Auch meine Mutter und meinen Vater und meinen kleinen Bruder. Ich war, als die Sowjetsoldaten alle Tataren zusammentrieben, weggelaufen. Fast eine Woche bin ich nicht zu unserem Haus zurückgegangen. Ich lebte von Beeren und Saatkartoffeln, die ich ausgrub. Halb verhungert fand mich unsere Nachbarin, die Russin, die inzwischen ihren erschossenen Mann und ihren Sohn und seinen Freund auf diesem Friedhof begraben hatte. Sie nahm mich mit in ihr Haus. Ich war damals vier Jahre alt. Ich lebte bei ihr, bis sie 1973 gestorben ist.«

»Auf dem Kreuz steht Jaseli und Wuda.«

»Ja, sie haben ihre Heimat nie wiedergesehen.«

Ein Romanstoff?

Heute Abend müssen wir noch unsere Koffer packen und im Auto verstauen. Den morgigen, unseren letzten Tag in Saki haben wir schon minutiös verplant. Frühzeitig wollen wir noch einmal an die Südküste fahren, um Reschit irgendwo zwischen Jalta und Sewastopol zu treffen. Gegen 11 Uhr Weiterfahrt nach Jewpatorija. Um 13 Uhr werden uns dort Vertreter der Lokalzeitung zu einem Informationsgespräch empfangen. Danach der von Nadja als unbedingtes Muss empfohlene Besuch des Tschernobyl-Museums. Zum Abschied werden wir in Saki halten. Gerd will vom Geologen die versprochenen 5 Kilo Heilschlamm und vom Chefredakteur die 2 Liter Hauswein abholen. Ich werde auf dem Markt Stecklinge für die roten süßen, keine Tränen treibenden Krimzwiebeln und Samen von Krimweißkohl, der noch wie Kohl schmeckt, und von Krimgurken, die noch wie Gurken schmecken, kaufen. Und meine Hand in die Wunschvertiefung des Erinnerungspavillons legen. Ich habe beim Abschied viel mehr und nur schwerer oder nicht erfüllbarere Wünsche als bei der Ankunft. Anschließend werden wir zum Flugplatz nach Simferopol fahren. Zwar startet die Maschine erst gegen Mitternacht, doch um 18 Uhr müssen wir unser Auto abgeben. Danach wäre kein Angestellter mehr auf dem Ausleihplatz, niemand könnte das Auto auf Schäden kontrollieren und uns die hinterlegte Kaution zurückgeben, hatte der Chef angekündigt und lachend ergänzt: »Doch Deutsche sind ja immer überpünktlich.«

Am Morgen ist alles so, wie es sich für eine Fahrt an die Südküste gehört: Die Herbstsonne scheint noch sehr heiß. Wir kurbeln die Autofenster herunter. Mit der Kühle strömt auch der Duft von Bergkiefern, Zypressen und Kräutern herein. Auf den Serpentinen hinunter zum Meer schaut Gerd bei jeder Kurve sehr konzentriert auf die Straße. Ich kann den Blick genießerisch in dem, wie er es nennt, »Paradies der Naturwunder« umherwandern lassen.

Reschit ruft an. Er warte auf einem Parkplatz an der Küstenstraße zwischen Jalta und Sewastopol auf uns und werde winken. Ich denke, dass wir ihn nicht übersehen können. Schließlich ist ein MAN-Touristenbus kein Kleinwagen. Doch nachdem wir an drei Parkplätzen suchend vorbeigefahren sind, umkehren, das Ganze noch einmal von vorn beginnen, aber wieder weder Reschit noch den MAN-Bus finden, ruft Gerd an. Reschit sagt, wir sollten uns an den Kilometersteinen orientieren. Wir ständen genau 2500 Meter vor dem Parkplatz. Zwei Minuten später winkt er – fast mittig auf der Straße stehend. Und lacht. Er hat sich in den letzten acht Monaten anscheinend nicht verändert. Trägt die Sonnenbrille auf den kurz geschorenen Haaren. Ist auch während seines jeweils eine Woche dauernden Arbeitsaufenthaltes in der »Fremde« ordentlich rasiert und hat eine hellblaue flauschige Jeans und das auffällige weinrote T-Shirt an, das ich kenne.

»Und wo steht dein MAN-Bus?«

Er zuckt die Schultern. Der deutsche MAN sei eine andere Zeit gewesen. Jetzt fahre er die Arbeiter mit einem russischen PAZ zur Arbeit. Als ich nach der Baustelle frage, winkt er ab. Man baue am Meer. Drumherum ein hoher Zaun. »Ich setze die Leute davor ab.«

»Und was wird dort entstehen?«

Da er nicht antwortet, sondern nur sagt, dass er wenig Zeit hat, weil er am Vormittag noch eine Fahrt machen muss, bohre ich nicht mehr im »Staatsgeheimnis«. Stattdessen nutze ich Gerds Dolmetscherdienst und frage Reschit, ob ich ihn damals richtig verstanden hätte, als er erzählte, dass er – ein in der Verbannung geborener Krimtatar – von den russischen Behörden als vertrauenswürdiger Chauffeur für den Transport der Journalisten zu Putins erster Pressekonferenz auf der Krim ausgewählt worden war. »Der Pressekonferenz, auf der Putin vor internationalen Medien den Anschluss der Krim an Russland erklärte.«

»Ja. Wahrscheinlich hatte man mich zuvor ordentlich durchleuchtet. Aber weshalb zweifelst du? Ich fahre sicher und kenne mich mit Bussen aus.«

»Weil ich gehört habe, dass russische Behörden und Betriebe Vorbehalte gegen Krimtataren haben.«

»Fakten und Worte sind nicht miteinander verheiratet«, sagt Reschit lakonisch.

Der Parkplatz, ein zwischen Felsen eingeengtes Plateau, füllt sich. Doch die Fahrer ruhen sich hier nicht aus. Sie steigen auf einer steilen Treppe zum Gipfel hinauf. Wir folgen ihnen. Oben angekommen, schließe ich für einen Moment die Augen. Öffne sie langsam wieder. Doch das Bild hat sich nicht verändert. Das Panorama ähnelt einer riesigen wunderbaren farbigen Theaterkulisse. Unter uns das blaue Schwarze Meer. Bis zum Horizont drängt es sich in Felsschluchten und mit Palmen bewachsene grüne Buchten. Im seichten Uferwasser liegt ein kilometerlanges, golden schimmerndes Sonnenband.

Ich sage leise: »Ja, die Krim ist ein Paradies.«

Reschit zeigt mit weit ausgestreckten Armen auf eine breite Bucht ohne Goldband. Wie ein sicherer Hafen ist sie durch Felsen vor Sturmfluten geschützt. Er sucht mit forschendem Blick angestrengt das Meer vor der Bucht ab. Dann sagt er enttäuscht: »Ich wollte euch die Delphine zeigen. Sie kommen täglich. Aber vielleicht ist es heute noch zu früh. Gefüttert werden sie gewöhnlich später.«

Bevor wir zum Parkplatz zurückgehen, schaue ich noch einmal auf das Meer hinunter und versuche, mir das Panorama als Kopfkino für immer zu speichern. »Also die Delphine«, stört mich Reschit, »also die Delphine waren für den Krieg hier so dressiert, dass sie magnetische Minen transportieren und an weit entfernte feindliche Schiffe anheften konnten. Dafür braucht man Delphine inzwischen nicht mehr. Das erledigen ferngesteuerte Drohnen heute besser. Aber die Kindeskinder dieser Minen-Delphine kommen immer noch zur Bucht. Sie sind ans Gefüttertwerden gewöhnt.«

Es gäbe auch Berichte, dass in den Felsgrotten wieder U-Boote der russischen Schwarzmeerflotte versteckt wären. Vielleicht sogar Atom-U-Boote. Das hätten die NATO-Strategen natürlich gewusst, noch vor den Maidan-Demonstrationen. Das würde erzählt, meint er und wiederholt, dass Worte und Fakten nicht miteinander verheiratet sein müssen.

Doch wahrscheinlich sind sie dieses Mal wirklich ein Ehepaar, denn auch Sergej Lochthofen hatte mir von den U-Booten in den Meereshöhlen der Krim erzählt. Die Krim sei in der Sowjetunion über weite Teile militärisches Sperrgebiet gewesen.

»Genau der Krim gegenüber hatte die NATO damals ihre modernsten Mittelstreckenraketen aufgestellt. Die Krimkrise 1962 begann ja …« An dieser Stelle grinste Sergej Lochthofen über seinen Versprecher. »Ich meine die Kubakrise! Sie begann ja nicht – wie überall angenommen – in

Kuba, sondern am Schwarzen Meer in der Türkei. Im Streit um die Stationierung russischer Raketen auf Kuba hat sich nicht, wie man heute noch lesen kann, Kennedy gegen Chruschtschow durchgesetzt.«

In Wirklichkeit wäre es anders gewesen.

»Also die Mittelstreckenraketen der USA im türkischen Izmir standen nur 900 Kilometer von der Krim entfernt. So nah war das westliche Militärbündnis der UdSSR sonst nirgendwo. Immer gab es Pufferzonen dazwischen: die DDR, Tschechien, Rumänien … Die Krim wurde deshalb militärisch sehr gut aufgerüstet. In unterirdischen Höhlendepots zwischen Jalta und Sewastopol lagen Atom-U-Boote der Schwarzmeerflotte …

Wie gesagt, die amerikanischen Raketen brauchten nur Minuten bis Kiew oder Moskau. Das veränderte die Balance einseitig und grundsätzlich. Nicht die Russen zündelten zuerst auf Kuba, sondern die Amerikaner direkt vor ihrer Haustür. Dass Chruschtschow ein Choleriker war, wusste seit seiner Schuh-Performance in Ost wie West jeder. So kam es, wie es kommen musste, und die Welt blickte langsam in den atomaren Abgrund … Auf beiden Seiten liefen die Propagandamaschinen heiß. Damals konnte man sich noch nicht direkt verständigen. (Der »Heiße Draht« zwischen ihnen wurde erst ein Jahr später eingerichtet.) Ende Oktober 1962 drehten zuerst die Russen sichtbar bei. Das sind die Bilder, die wir heute noch kennen. Etwas später packten die Amerikaner, wie im Geheimen abgemacht, leise ein. Sie waren gezwungen, die Raketen in der Türkei abzubauen, die uns das alles eingebrockt hatten. Nach außen wurde es als ein grandioser Sieg des jungen amerikanischen Präsidenten verkauft. Ein schönes Beispiel, wie Propaganda funktioniert … So werden die ganz großen Legenden gemacht.«

Dagegen sei die von Beuys eher harmlos …

Am Rande der Aussichtsplattform stehen Münzfernrohre. Ich richte eines davon auf die geheimnisvolle Hafenbucht. Aber wir haben kein Kleingeld. Keine einzige Kopeke für die Fernsicht.

Beim Abschied schenke ich Reschit Kaffee für Babuschka Gulnada. Für ihn habe ich das Foto, das ich an dem tonnenschweren Jaltakonferenz-Denkmal gemacht habe. Er mit Roosevelt, Truman und Stalin.

»Ich sehe neben denen aber sehr klein aus«, sagt Reschit und lacht.

An den Bergen vorbei fahren wir in Richtung Sewastopol. Wir liegen gut im Zeitplan. »Wir schaffen heute alles ohne Hektik«, frohlockt Gerd.

Sewastopol streifen wir nur am Stadtrand, wo das steinerne Denkmal für die »Heldenstadt« steht. In der Sowjetunion gab es nur sieben Städte, die den Titel »Heldenstadt« tragen durften. Hinter dem Denkmal die Felswände von Sewastopol. Und die Höhlen. »Zehntausende Soldaten und Einwohner haben hier die Stadt verteidigt. Haben ein halbes Jahr lang widerstanden, bis die Faschisten Gas in die Höhlen pressten«, erinnert sich Gerd. Und ich grübele über die Delphine. Weshalb sie immer noch regelmäßig in die Bucht schwimmen, in der vielleicht russische U-Boote versteckt sind. Ich versuche mir vorzustellen, was geschehen würde, wenn die NATO heute auf der Krim …

Endlich sehen wir die ersten Weinberge im Windschatten der Felsen. Hier wachsen an erhaltenen und neu gepflanzten Weinstöcken die Trauben für die berühmten Sewastopoler Weine und Sekte des Weingutes Inkerman, die auch in der Taverne von Saki ausgeschenkt werden. Die Brauerei des Sewastopoler »Krimskoje piwo« entdecken wir nicht.

Auf der Asphaltstraße in Richtung Saki und Jewpatorija verlangen weiß gekalkte Inschriften: »Bitte beschmutzt die Straße nicht!« Stilisierte Kameras warnen vor dem nächsten Blitzer.

Wir kommen auf der wenig befahrenen Hauptstraße schnell voran. Schon nach einer reichlichen Stunde sind wir kurz vor dem kleinen, bis in die 80er Jahre nur militärisch genutzten Flughafen Belbek. An der links nach Belbek abzweigenden Nebenstraße stehen Polizisten. Einer verbietet mit einer Signalkelle die Weiterfahrt, der andere befiehlt uns mit barscher Handbewegung, auf einen Feldweg abzubiegen. In Deutschland hätte Gerd in solch einem Fall wahrscheinlich nach dem Grund für die Umleitung gefragt. Hier fragt er nicht. Er nimmt an, dass auf dem Flugplatz hohe Politiker landen. Bei den ersten Ackergräben und grubenähnlichen Schlaglöchern kann er nur mit artistischer Fahrkunst das Aufsitzen des Datsun verhindern.

Vor uns fährt ein geländegängiger Jeep. Als der neben einem Haufen Rüben angehalten hat, sind wir weit und breit allein. Nirgends ist ein Ende der Felder oder ein Dorf zu sehen. Wir vermeiden alle Abzweigungen und nehmen nur den breitesten, von Traktoren zerfurchten Feldweg. Bei jedem Loch, das wir im Schritttempo umfahren, schwindet unsere Hoffnung, das Tschernobyl-Museum in Jewpatorija zu besuchen, in Saki beim Chefredakteur Leonid Wein und beim Geologen noch Heilschlamm abzuholen und das Auto um 18 Uhr abzugeben. Ich werde meine Hand auch nicht mehr in den Wunschabdruck legen können.

Umleitungsschilder entdecken wir keine. »Ein noch gültiges Relikt aus Sowjetzeiten«, sagt Gerd. »Man fährt immer nur in eine Richtung. Umleitungen sind nicht vorgesehen und wenn nötig, werden sie nicht angezeigt.«

Nach zwei oder drei Stunden querfeldein erreichen wir eine Asphaltstraße. In der Ferne ein Ort. Dann der Wegweiser: »Bachttschissarai, 3 Kilometer«.

Bachttschissarai!

Die alte Hauptstadt der Krimtataren! Der Palast der Khane. Der grausame Khan Qırım Giray, der zum ersten Mal Tränen vergoss, als seine junge Lieblingsfrau Diljara-Biketsch von einer Rivalin erstochen worden war, und der zur Erinnerung an sie 1764 einen Brunnen bauen ließ: den Brunnen der Tränen. Wassertränen, die aus einem Mamorstein fließen. Puschkin verfasste 1822 ein Gedicht auf den Tränenbrunnen. Die Verkäuferin im Reisekiosk von Saki hatte es mir als »sein schönstes Gedicht« geschenkt und gemeint: »Erst wer Bachttschissarai, die Khanpaläste und den Brunnen der Tränen, den wir auch Selsebil, die Quelle des Paradieses, nennen, wer all das gesehen hat, darf sagen: ›Ich war auf der Krim.‹«

Doch Gerd schüttelt den Kopf und gibt Gas. »Wir müssen spätestens um 18 Uhr das Auto zurückbringen.«

»Da waren wir eben nicht auf der Krim«, maule ich.

Saki, Heilerde, Zwiebeln ohne Tränen, Krimweine,

Wunschhand haben wir schon abgeschrieben. Aber weil ich sehr hungrig bin, bitte ich Gerd, wenigstens im nächsten Dorf Brot und Käse zu kaufen. Wir halten vor einem *magasin*. Es ist geschlossen. Ein Pappschild hängt an der Tür: »*Sanitarny den* – Sanitärtag!«

»Desinfektion?«, frage ich.

»Nein, Regeneration. Gestern war Sonntag. Sonntag ist Wodka-Tag. Und am Montag, dem Sanitärtag, muss man sich regenerieren.«

Hungrig erreichen wir Jewpatorija. In der Redaktion warten zwei Frauen und ein Mann auf uns. Zuerst bringen sie uns Präsente: Broschüren, Zeitungen, Fotos und zwei Beutel mit Konfekt und Keksen. Danach serviert eine der Frauen belegte Brote und Kaffee. Die Krimwelt ist für mich wieder in Ordnung.

Alle drei – Watin, der Vertreter der Deutschen in Jewpatorija, Natascha, die Redakteurin, und Irina, die Pädagogin – bedauern, dass wir nur wenig Zeit haben. Weil auch der geplante Stadtrundgang ausfallen muss, frage ich nach den Gothaer Straßenbahnen. Die roten Wagen verkehren noch auf der Linie 3, sagt Watin.

Natascha will wissen, was ich über die Krim schreiben werde. Als ich die Deportation der Krimtataren 1944 erwähne, unterbricht mich Watin. Er ergänzt, dass auch die auf der Krim lebenden Deutschen verbannt worden wären. »Die meisten davon nach Sibirien.« Sie hätten zuvor in den über 20 deutschen Dorfgemeinschaften der Krim gelebt. »Es waren die Nachfahren der deutschen Kolonisten, die im 18. und 19. Jahrhundert unter anderem von Zarin Ka-

In der Lokalzeitung von Jewpatorija

tharina II., einer ehemaligen deutschen Prinzessin, ins Land geholt wurden. Bauern, Handwerker, Künstler. Sie erhielten in Russland eine neue Heimat, und ihre Nachfahren lebten auch in der Sowjetunion unbehelligt. Doch mit dem Kriegsbeginn waren sie plötzlich Feinde der Heimat! Über ihr furchtbares Schicksal auf der Krim wird heute weniger gesprochen als über das der Krimtataren«, sagt Watin und beginnt sofort, die Geschichte seiner Familie zu erzählen. Dass der Großvater 1920 enteignet, 1941 in ein Straflager in den Ural gebracht worden sei, dass sein Vater dort geboren wurde, in der Verbannung im Bergwerk schuften musste, dass … Irina unterbricht ihn und lobt ihn, weil er in Jewpatorija trotzdem eine Partnerschaft mit Ludwigsburg aufgebaut hat. In ihrem Deutschen Verein würden sie versuchen, Schülern wieder die deutsche Sprache nahezubringen. »Wir kochen deutsche Gerichte, feiern deutsche

Feste, und ich übe mit den Kindern für Veranstaltungen deutsche Volkslieder.« Sehr leise singt sie: »Sah ein Knab ein Röslein stehn …«

Ich frage, wie sich die offizielle Partnerschaft zu Ludwigsburg nach 2014 entwickelt hat. Sie überhört die Frage und sagt stattdessen: »Es war sehr gut, dass uns Russland 2014 aufgenommen hat. Wir haben hier seitdem keine Angst mehr vor den Banditen.«

Angst! Ich erinnere sie, dass wir unbedingt noch das hiesige Tschernobyl-Museum besuchen wollen …

Natascha telefoniert. »Das Museum hat nicht immer geöffnet, aber der Leiter wird es für euch aufschließen.«

Der Eingang in das barackenähnliche Gebäude ist hinter Bäumen und einer Mauer versteckt. An der Tür befindet sich kein Museumsschild, und im kleinen Vorraum steht keine Kasse mit Eintrittspreisen. Aber an der Wand hängt eine große farbige Ikone. Es ist die erste, auf der ich realistisch gemalte Menschen mit Gasmasken sehe. Auf der Gegenseite liegen tote, flügellose durchsichtige Seelenkörper. In der Mitte thront eine Dreieinigkeit von Jesus, Maria und Erzengel Michail. Über allem steht »Tschernobyl«.

Ein Mann öffnet uns die Tür zum Ausstellungsraum. Auf die drei Heiligen zeigend: »Auch sie haben die Retter dort nicht mehr retten können.«

Er stellt sich förmlich vor: »Wladimir Luzenko – nichtprofessioneller Museumsdirektor.« Zwar begrüßt er uns freundlich, doch obwohl er mehrmals betont, dass er sich über unser Interesse für die Ausstellung sehr freut, bleibt sein Gesicht reglos. Unergründlich. Ich kann mir nicht vorstellen, als was er arbeitet. Aus seiner Kleidung – schwarzer Pullover, dunkelblaue ausgebeulte Hose und nachtfarbene untaillierte Arbeitsjacke – könnte man mutmaßen: ein Anlagenfahrer in einem Metallbetrieb oder Schweißer auf einer Schiffswerft …

Im Ausstellungsraum spricht er sehr ruhig, klug, frei und sachkundig wie ein studierter Historiker. Zuerst erklärt er die Geschichte der »bisher größten technologischen Katastrophe auf der Erde. Durch die Explosion im 4. Block des AKW ›Lenin‹ ist am 26. April 1986 rund 200-mal mehr todbringende Radioaktivität als 1945 beim Atombombenabwurf über Hiroshima und Nagasaki freigesetzt worden.«

Als ob ihm das Laufen schwerfällt, geht er ein wenig gebückt und mit hängenden Schultern zu der Seitenwand, an der die Porträtfotos vieler junger Männer hängen. »Alle 31 Feuerwehrmänner, die noch in der Katastrophennacht ohne Schutzanzüge den Atombrand löschen wollten, sind tot. Die Orden, die ihnen postum verliehen wurden, haben wir neben ihren Porträts angebracht.«

Auch die Hubschrauberpiloten, die in den ersten Wochen nach der Explosion viele Tonnen Sand und Blei zielgenau in das nicht zu löschende Feuer der Atomhölle schütten mussten, wären spätestens nach zwei Jahren gestorben.

»Die Todesstrahlen erreichten die Menschen noch im Umkreis von 30 Kilometern. Niemand konnte sie sehen, schmecken, hören oder riechen. Der schwarze Tod war für alle unsichtbar.«

Ein Viertel des Ausstellungsraumes beansprucht ein Modell des AKW. Wladimir Luzenko schaltet mit der Fernbedienung die Imitation der Nuklearexplosion an. Ein glei-

Wladimir Luzenko, Direktor des Tschernobyl-Museums

ßend rot glühender Feuerstrahl. Ich schließe zuerst die Augen. Dann schaue ich dem Museumsdirektor ins Gesicht. Ein kleiner grauer Schnauzbart ziert seine Oberlippe. Erst auf dem Hinterkopf wachsen ihm Haare. Die Lippen öffnet er beim Reden nur einen winzigen Spaltbreit.

Während er mit uns näher zum Modell des AKW geht, glaube ich in seinen Augen Traurigkeit zu erkennen. Oder Angst? Oder hilfesuchende Blicke?

In diesem Moment weiß ich, wo ich einen ähnlichen Menschen schon einmal gesehen habe. In dem Dorf meiner Kindheit. Der vielleicht 50-jährige Mann hatte ein Holzbein und war Hausmeister an unserer Schule. Wenn er in der Turnhalle den Boden gewischt hatte und sich danach umzog, klauten ihm die Jungs der oberen Klasse manchmal den großen gepolsterten Lederstiefel, den er über dem Holzbein trug. Er musste dann, mit seinem Holzbein auf dem Holzboden klappernd, den Johlenden hinterherrennen. Er schrie nicht, er fluchte nicht. Er hob den Schutzschuh auf und stand schweigend vor den Unholden. Schien sagen zu wollen: Bitte, tut mir nichts. Ich tue euch doch auch nichts. – Und schwieg.

Wladimir Luzenko schaltet das Atomfeuer aus. »Damals … das Atomfeuer von damals wird in dem aus 100 000 Tonnen Zement und Stahl errichteten Sarkophag, der 100 Meter lang ist und immer noch erneuert werden muss, viele Jahrhunderte brennen. Das Plutonium 239, das vor 33 Jahren in die Luft geschleudert wurde und heute noch auf den Feldern der Ukraine liegt, wird erst im Jahre 25 986 nach Christus zur Hälfte zerfallen sein. Damals …«

Damals wären mindestens 700 000 sogenannte Liquidatoren eingesetzt worden, um gegen die tödlichen Strahlen zu kämpfen. »Sie begruben die radioaktiv verseuchten Häuser in und um Tschernobyl und auch die verstrahlte Bodenkrume der Oberfläche tief unter der Erde. Sie schachteten einen 150 Meter langen Kühltunnel vom dritten Reaktorblock bis zum Brandherd, schaufelten die Atomtrümmer von den umliegenden Dächern … Hunderttausende von ihnen gehören inzwischen zu den Opfern des unsichtbaren schwarzen Todes.«

Ich denke, dass es keine gute Idee war, am letzten Tag unserer Krimreise das Tschernobyl-Museum zu besuchen. Ich möchte Wladimir Luzenko auch nicht nach den über 1000 Tschernobyl-Kindern, die damals in den Kurkliniken der Stadt betreut wurden, fragen … Doch Natascha, die mein Anliegen kennt, erkundigt sich.

»Die Kinder aus Tschernobyl blieben über ein Jahr hier. Alle wurden während dieser Zeit auch unterrichtet. Kinder, deren Mütter inzwischen an den Strahlen gestorben waren, bekamen Adoptiveltern. Die Krim war für sie alle das Paradies. Die Luft, das Meer, die Solidarität der Menschen … Ja, das Paradies auf Erden«, sinniert er. Es gebe für eine Ausstellung über die Tschernobyl-Kinder viele Fotos, Briefe, Berichte.

»Und wo liegen Dokumente über den Aufenthalt der Kinder aus Armjansk? Auch hier im Museum?«

Der Mann schüttelt den Kopf. »Nein. Die Kinder aus Armjansk konnten sich in Jewpatorija mit ihren Müttern zwei oder drei Wochen erholen. Nach dem Chemieunglück ist keiner gestorben. Armjansk war eine Bagatelle.«

Diesen Satz hatte ich schon von Jewgeni gehört. Der Museumsdirektor wiederholt: »Eine Bagatelle. Nur erwähnenswert, weil sie ausgerechnet bei uns auf der Krim und heute im neuen Kalten Krieg des Westens gegen Russland passiert ist.«

Ich frage, seit wann er im Museum der ehrenamtliche Direktor ist.

»Erst seit kurzer Zeit. Der erste Direktor starb nach vier Jahren. Er war ein Liquidator. Der zweite, auch ein Liquidator, starb nach zwei Jahren.« Mehr sagt er nicht. Er geht noch einmal in den Ausstellungsraum, denn er hat vergessen, das Sterbelämpchen neben den Bildern der Toten zu löschen.

Als er zurückkommt, frage ich: »Wladimir Luzenko, waren Sie auch ein Liquidator?«

Er nickt. »Ja! Ich habe dort Brücken gebaut. Brücken von

draußen bis zur Unglücksstelle. Drei Wochen lang. Wenn man zu hohe Strahlenwerte im Körper hatte, wurde man ausgetauscht.«

Langsam und müde geht er mit uns zum Ausgang.

Beim Abschied sagt er: »Vergessen Sie nie: Die Erinnerung ist die Wurzel unseres Lebens.«

Ich umarme ihn und sage laut: »Wenn wir in fünf oder sechs Jahren noch einmal auf die Krim kommen, möchte ich, dass Sie mich wieder als ehrenamtlicher Direktor des Tschernobyl-Museums begrüßen.«

Er senkt die Augen. Und lächelt.

Es ist inzwischen schon 16 Uhr. Wir fahren an der großen Moschee, der prächtigen russisch-orthodoxen Kirche und der Synagoge vorbei. Am Hafen von Jewpatorija ankern Segeljachten und Fischerboote nebeneinander, im Park schaukeln Kinder. Verliebte sitzen im Schatten von Palmen. Auf dem reglos ruhenden Meer springen Fische in die Höhe.

Am Sandstrand vor Saki stehen viele große weiße Jurten, wie sie die Tataren früher gebaut haben. Touristen sind nicht zu sehen. Ich bitte Gerd anzuhalten.

Es ist meine letzte Chance, doch noch auf der Krim im Meer zu schwimmen und die Bitte meines Freundes Wassja zu erfüllen. Er hatte geschrieben: »Paradies Krim! Küsse die Erde von mir!«

Ich laufe nackt ins Wasser. Im Windschatten der Berge ist es noch im Oktober warm. Herauskommend, verneige ich mich vor der Sonne, dann knie ich nieder, beuge meinen Kopf und küsse den Sandboden.

Lächelnd sage ich: »Nun habe ich alles und doch wenig auf der Krim erledigt.«

»Aber du hast es versucht«, entgegnet Gerd.

An Saki fahren wir wortlos vorbei. Ohne Krimwein vom Chefredakteur. Ohne Heilschlamm vom Geologen. Ohne süße Zwiebeln vom Markt. Und ohne im Wunschpavillon die Hand aufzulegen. Vor dem Ortsausgangsschild hupt Gerd. Einmal und noch einmal und noch einmal …

In einer halben Stunde müssen wir das Auto abgeben. »Wir schaffen das locker«, prophezeit Gerd. Bevor wir in den Kreisel vor dem Flugplatz fahren, fragt er: »Was hättest du dir beim Handauflegen in Saki gewünscht?«

»Darf man nicht sagen, sonst erfüllt es sich nicht.«

»Hast es ja nicht gemacht! Also was?«

»Dass, wie es Nasur in seinem Theaterstück machen will, alle Panzer halbiert werden. Und man, darin sitzend, nicht mehr schießen, sondern nur noch sein Leben erzählen kann.«

»Du Utopist! Mit Panzern, die nicht schießen, verdienst du keinen Cent.«

»Und du verdienst mit deinen grauen Stoffen der Harmonie, die du in Jalta angepriesen hast, in diesen Zeiten der Handelskriege und des Krimembargos auch nichts.«

»Wer weiß. Noch nicht. Vielleicht ändert sich das bald. ›*Wsjo budet!* – Alles wird!‹, sagen die Russen.«

»›Der Bär frisst den Honig auch von den Bäumen‹, sagen die Tataren«, entgegne ich.

Zwar ist die Abflughalle des Flughafens hell erleuchtet, doch wir suchen vergeblich nach einem Mitarbeiter des Autoverleihs. Also gehen wir zurück zum Wagen. Dort steht Anton, der uns bei der Ankunft gesagt hatte, dass noch Gene seiner jüdischen Vorfahren in ihm zu finden wären. Er begutachtet schon das Äußere des Autos und klagt, dass immer weniger ausländische Touristen auf die Krim kommen. Umso mehr freut er sich über unsere Begeisterung für Landschaft und Leute. Er beginnt, das Innere des Datsun zu kontrollieren. Der Tank ist voll. Doch nach der Begrüßung des Meeres habe ich mir die Füße nicht ordentlich abgespült. Sandreste liegen auf der Fußmatte. Die übersieht Anton. Ich hoffe, dass der Unterboden des Autos bei unserer Feldweg-Umleitung nicht gelitten hat. Aber unter das Auto kriecht Anton nicht. Er bestätigt, dass alles *otschen choroscho* – sehr gut – sei, und überreicht mit großer Geste das Kuvert unserer 100-Euro-Kaution. Als wir gehen wollen, sagt er, dass wir – wie vereinbart – für eventuell später entdeckte Schäden 2000 Rubel hinterlegen müssten.

»Und wie bekommen wir die in Deutschland zurück?«

»Wir überweisen sie auf Ihr Konto.«

Wie das funktionieren soll, wenn zurzeit keine Zahlungen zwischen der russischen Krim und Deutschland möglich sind, kann Anton nicht sagen. Aber Gerd findet die Nummer von Babuschka Dinas Moskauer Konto. Anton nickt, verabschiedet sich mit guten Wünschen für unseren Heimflug und versichert: »Wenn Geld ankommt, keinen Schaden gefunden. Kommt kein Geld, haben wir Schaden gefunden.« (An dieser Stelle ist ein Vorgriff erlaubt: Wahrscheinlich haben Anton oder sein Kollege doch einen großen Kratzer gefunden!)

In der Abflughalle schlage ich vor, noch einen Abschiedswodka zu trinken. Hinter dem Tresen einer geräumigen Bar stehen fünf verschiedene Sorten vom »Wässerchen«. Aber wir sehen keinen Barkeeper, nur ein Schild. Nein, kein *»Sanitarny den«*, diesmal *»Technitscheski pereryw* – Technische Pause!«. Es ist Montag.

Geöffnet haben die beiden Gebetsräume. Ein russisch-orthodoxer und ein muslimischer. Doch ich möchte vor dem Flug nicht beten, sondern Wodka trinken. Noch einmal anstoßen auf die Schönheit der Krim. Auf die Menschen, die mich mit ihr vertraut gemacht haben: Babuschka Gulnada. Die wortlose Frau vor dem Denkmal. Die Schmuckverkäuferin. Alexej und seine krimtatarischen Brüder. Den Höhlenbewohner Boleslaw. Jewgeni und seine Frau in Armjansk. Marina, die Stoffhändlerin. Den Liquidator in Jewpatorija …

Gerd, der schon vor dem Abflug versucht, eine E-Mail-Verbindung nach Berlin herzustellen, beendet meine Gedankenaufzählung. Er schaut ungläubig auf sein Handy. Schaut noch einmal. Und liest. Und liest noch einmal. Schüttelt schließlich verwundert den Kopf. »Stell dir vor: Mein Studienkollege am MGIMO, Wladimir Kotenjow, der bis 2016 der Botschafter Russlands in Deutschland war, schreibt, dass er sich über unsere Krimreise sehr freut. Sein MGIMO-Freund, Georgi Muradow, sei jetzt stellvertretender Ministerpräsident der Krim. Wir sollten ihn besuchen und Grüße von Wladimir bestellen. Ich könnte ihn auch unangemeldet interviewen. Weil wir uns kennen, würde Georgi alle Fragen persönlich und ehrlich beantworten. Im Anhang die E-Mail-Adresse und seine Telefonnummer …«

Lachend meint Gerd: »Na los, Reporter! Wir haben noch drei Stunden bis zum Abflug.« Dann tröstend: »Du kannst ihn bestimmt auch von zu Hause anrufen.«

Und was sollte ich den stellvertretenden Ministerpräsidenten der Krim am Telefon fragen? Ob er ein Russe oder ein Krimtatar ist? Und wie gefährlich der Chemieunfall in Armjansk wirklich war? Und was er auf der Krim besonders liebt? Und was dort noch sehr schnell erledigt werden müsste? Und … Und … Und …

Im Flugzeug notiere ich für Wassja:

Ja, mein Freund, du hattest recht: Die Krim muss der Ursprung des Paradieses sein. Ich habe, wie du es wünschtest, am Ende auch noch die Erde hier geküsst. Alles, was ich erkunden konnte, werde ich nun versuchen aufzuschreiben. Wie und wann und was, weiß ich noch nicht. Nur eines kann ich schon jetzt sagen: Mein erster Satz wird auch wieder der letzte sein:

Ich stehe am Fenster.